本书为2024年度湖北省教育科学规划一般课题"高校图书馆在'三全育人'理念下的思政教育实践研究"（课题编号：2024GB553）研究成果

高校图书馆
中文文献编目实践研究

宋缨　汪海波　汤彩霞　朱晓燕◎编著

中央民族大学出版社
China Minzu University Press

图书在版编目（CIP）数据

高校图书馆中文文献编目实践研究 / 宋缨等编著. --北京：中央民族大学出版社，2024.11. -- ISBN 978-7-5660-2398-8

Ⅰ. G258.6

中国国家版本馆 CIP 数据核字第 20246X7372 号

高校图书馆中文文献编目实践研究

编　　著	宋　缨　汪海波　汤彩霞　朱晓燕
责任编辑	杨爱新
封面设计	舒刚卫
出版发行	中央民族大学出版社
	北京市海淀区中关村南大街27号　　邮编：100081
	电话：（010）68472815（发行部）　传真：（010）68933757（发行部）
	（010）68932218（总编室）　　　　（010）68932447（办公室）
经 销 者	全国各地新华书店
印 刷 厂	北京鑫宇图源印刷科技有限公司
开　　本	787×1092　1/16　印张：22
字　　数	315千字
版　　次	2024年11月第1版　2024年11月第1次印刷
书　　号	ISBN 978-7-5660-2398-8
定　　价	98.00元

版权所有　翻印必究

前　言

随着信息技术的飞速发展，图书馆的服务模式和资源管理方式正经历着前所未有的变革。在这样的背景下，中文文献编目作为图书馆资源管理的基础工作，重要性日益凸显，中文文献编目的理论和实践也面临着前所未有的挑战和机遇。本书旨在全面系统地研究高校图书馆中文文献编目实践，以期为高校图书馆的编目工作提供理论支持和实践指导。

本书开篇对文献编目的基本概念和术语进行了界定，明确了文献和文献编目的定义，以及中文文献的类型和特点；详细阐述了文献编目在图书馆工作中的作用，包括文献信息检索、文献信息分类、文献信息资源管理和文献信息资源共享开发等；接着指出文献编目的目的和原则，并详细介绍了中文文献编目的标准与规则，包括国际标准、国家标准、编目规则、分类法、主题词表等；最后，梳理了文献编目的工作流程，为读者提供了全面的编目工作规范。

在第二章中，本书详细讲解了普通中文文献的著录规则。从著录信息源、著录用文字、书目数据录入原则到各著录单元的著录规则，逐一介绍了集中著录与分散著录的原则和具体应用，为读者提供了在实际工作中进行选择的依据。

第三章是本书的重点章节之一，针对中文文献编目实践中的难点问题进行了深入研究，包括多卷书、连续出版物、译著文献、标准文献、港澳台地区文献、非正式出版文献（灰色文献）、录音资料文献、影像资料文献和地图（测绘制图资料）等的编目问题。对这些难点问题的探讨和实例分析，不仅有助于读者更好地理解和掌握中文文献编目业务，也为解决实际工作中遇到的问题提供了思路和方法。

第四章重点关注了《中国图书馆分类法》（第五版）部分类目的修订情况。作为图书馆分类编目工作的重要依据，《中国图书馆分类法》的具体修订情况对于编目工作具有重要意义。本书详细介绍了G25-G35类、H31英语类、法律类、MBA类图书、TP类、TN类和TU类等多个类目的修订内容，包括类目的停用、修改和新增内容等，研究了其在编目工作中的具体实际应用，提出了进一步修订的建议。这些内容的介绍，不仅反映了我国图书馆分类法的最新发展趋势，也为高校图书馆的分类编目工作提供了重要的参考依据。

在最后一章中，本书分析了高校图书馆中文文献编目工作面临的变化、挑战和机遇。首先，指出编目工作环境的转变，即由封闭逐渐走向开放。这种转变要求编目员具备更高的信息素养和适应能力，以应对日益复杂多样的编目对象；讨论了编目员角色的演变，即从幕后到台前。随着图书馆服务模式的创新，编目员需要更多地参与到图书馆的服务工作中来，与用户进行互动和交流。其次，分析了编目工作所面对的挑战和机遇。挑战包括应对编目对象多样化的考验、应对用户层面的挑战以及应对内容深度揭示与知识网络构建的挑战等；而机遇则包括积极应对新媒体挑战、深化新媒体认知、加强新技术整合与应用、强化编目员业务培训以及构建参与氛围等。最后，针对这些挑战和机遇，本书提出了相应的应对策略和建议，以期为高校图书馆的编目工作提供有益的参考。

本书由宋缨、汪海波、汤彩霞、朱晓燕共同编写。宋缨编写了前言、第一章第一节至第五节、第二章、第四章第三节，共7万余字；汪海波编写了第三章第五节至第九节、第五章第一节至第四节，共7万余字；汤彩霞编写了第三章第一节至第二节、第四章第一节至第二节，共7万余字；朱晓燕编写了第三章第三节至第四节、第四章第四节至第七节，共7万余字。

在编写本书的过程中，编者参阅了大量的相关论文和专著，得到了许多专家和同行的支持和帮助，使得本书得以顺利完成。在此，我们向相关文献的作者和同行表示衷心的感谢。

我们希望本书能够为广大图书馆学专业的学者、高校图书馆的编目员以及其他对图书馆工作感兴趣的读者提供有益的参考和启示。

目 录

第一章 概述 ·· 1
　第一节　文献编目的概念和术语 ·································· 1
　　一、文献和文献编目的概念 ···································· 1
　　二、文献编目常用术语 ·· 2
　　三、中文文献类型 ·· 7
　第二节　文献编目的作用 ·· 8
　　一、文献信息检索 ·· 9
　　二、文献信息分类 ·· 10
　　三、文献信息资源管理 ·· 11
　　四、文献信息资源共享开发 ·································· 12
　第三节　文献编目的目的和原则 ·································· 13
　第四节　中文文献编目的标准与规则 ··························· 16
　　一、国际标准书目著录（ISBD） ··························· 16
　　二、中国文献著录国家标准 ·································· 20
　　三、中国文献编目规则 ·· 22
　　四、中国图书馆分类法 ·· 23
　　五、中国分类主题词表 ·· 24
　　六、文献主题标引规则 ·· 25
　　七、中国机读目录格式 ·· 27
　　八、通用汉语著者号码表 ····································· 27
　第五节　文献编目的工作流程 ····································· 28

第二章 普通中文文献的著录······30
第一节 普通中文文献著录的一般规则······30
一、著录信息源······30

二、著录用文字······31

三、书目数据录入原则······31

四、集中著录与分散著录的原则······32

第二节 各著录单元的著录规则······33
一、记录头标区······33

二、0××标识块······34

三、1××编码信息块······37

四、2××著录信息块······41

五、3××附注块······49

六、4××连接款目块······50

七、5××相关题名块······52

八、6××主题分析块······52

九、7××知识责任块······54

十、801数据来源字段······56

第三章 中文文献编目实践中的难点问题研究与实例······57
第一节 多卷书编目······57
一、多卷书著录的现状······57

二、多卷书著录的探讨······60

三、CALIS对多卷书集中和分散著录的规定······64

四、如何判断多卷书的集中和分散著录······68

五、5种多卷书的著录分析······70

六、多卷书集中和分散著录的具体建议······75

七、多卷书集中和分散著录的具体格式······82

第二节 连续出版物编目······86

一、题名变化后创建新记录的解析 ·· 86
　　二、题名变化的具体解析 ·· 92
　　三、互相对立的著录方式的解析 ·· 100
　　四、容易混淆的著录方式的解析 ·· 106
　　五、相关题名块（5××）的著录解析 ······································· 110
　　六、团体名称变更与变异的解析 ·· 116
　　七、有关卷期标识和馆藏著录的解析 ·· 119
　　八、有关具体连续出版物实例类型的解析 ································· 122
第三节　译著文献编目 ·· 127
　　一、文献语种著录 ·· 128
　　二、附注项著录 ·· 128
　　三、并列题名著录 ·· 129
　　四、责任者著录 ·· 131
　　五、著者号的选取 ·· 133
第四节　标准文献编目 ·· 133
　　一、标准文献的内涵 ··· 133
　　二、标准文献分类 ·· 134
　　三、标准文献的特点 ··· 139
　　四、标准文献组成 ·· 140
　　五、中国标准文献的代号与编号 ··· 140
　　六、标准文献的分类方法 ··· 144
　　七、标准文献的著录特点与 CNMARC 记录的特殊要求 ············· 151
　　八、标准原编实例 ·· 161
第五节　港澳台地区文献编目 ·· 170
　　一、港澳台地区文献的特点 ·· 170
　　二、港澳台地区文献的著录信息源 ·· 172
　　三、港澳台地区文献编目著录分析 ·· 174
　　四、港澳台图书编目样例 ··· 183

第六节　非正式出版文献（灰色文献）编目 …………………… 186
 一、非正式出版文献的相关概念 ………………………………… 186
 二、非正式出版文献的特征 ……………………………………… 187
 三、非正式出版文献编目要点 …………………………………… 188
 四、涉密文献及不宜公开文献的处理 …………………………… 191
 五、非正式出版文献编目实例 …………………………………… 191

第七节　录音资料文献编目 …………………………………………… 195
 一、录音资料的著录项目 ………………………………………… 195
 二、录音资料常用字段的著录 …………………………………… 196
 三、录音制品编目实例 …………………………………………… 206

第八节　影像资料文献编目 …………………………………………… 209
 一、影像资料的著录项目 ………………………………………… 209
 二、影像资料著录的难点 ………………………………………… 210
 三、影像资料部分字段的著录说明 ……………………………… 211
 四、影像资料编目实例 …………………………………………… 221

第九节　地图（测绘制图资料）编目 ………………………………… 224
 一、地图的概念 …………………………………………………… 224
 二、地图资料的 CNMARC 著录 ………………………………… 225

第四章　《中国图书馆分类法》（第五版）修订的相关研究 … 232

第一节　《中国图书馆分类法》（第五版）G25-G35 类修订 …… 232
 一、G25-G35 类修订概述和分析 ………………………………… 232
 二、G25-G35 修订设想及建议 …………………………………… 235

第二节　《中国图书馆分类法》（第五版）H31 英语类修订 …… 238
 一、H31 类修订概况 ……………………………………………… 238
 二、H31 类修订分析 ……………………………………………… 239
 三、问题及修改建议 ……………………………………………… 242

第三节 《中国图书馆分类法》（第五版）法律类修订 ········ 247
一、《中国图书馆分类法》（第五版）法律类目设置概况 ········ 247
二、《中国图书馆分类法》（第五版）法律类修订概述 ········ 247

第四节 《中国图书馆分类法》（第五版）关于MBA类图书归类 250
一、MBA类图书分类标引现状 ········ 250
二、MBA类图书分类标引各异的原因 ········ 252
三、关于MBA类图书分类辨析 ········ 253
四、MBA类图书分类合理归类建议 ········ 256

第五节 《中国图书馆分类法》（第五版）TP类修订 ········ 260
一、《中国图书馆分类法》（第五版）TP类目修订汇总 ········ 260
二、TP类修订的主要特色 ········ 265
三、TP类目设置存在问题 ········ 267
四、TP类分类要点 ········ 274
五、计算机语言分类说明 ········ 283

第六节 《中国图书馆分类法》（第五版）TN类修订 ········ 292
一、TN类目修订汇总 ········ 292
二、TN类分类细则 ········ 297

第七节 《中国图书馆分类法》（第五版）TU类修订 ········ 303
一、TU大类类目修订汇总 ········ 303
二、TU类分类细则 ········ 308

第五章 高校图书馆中文文献编目工作面临的变化、挑战和机遇 ········ 312

第一节 编目工作面临的变化 ········ 312
一、编目工作环境的转变：由封闭逐渐趋向开放 ········ 312
二、编目员角色的演变：从幕后到台前 ········ 313
三、编目员的素质和技能要求：新挑战与高标准 ········ 314

第二节　编目工作所面对的挑战 …………………………………… 315
一、应对编目对象多样化的考验 ………………………………… 315
二、应对用户层面的挑战 ………………………………………… 316
三、应对内容深度揭示与知识网络构建的挑战 ………………… 317

第三节　编目工作如何应对挑战 …………………………………… 319
一、应对编目对象多元化的策略优化与深化 …………………… 319
二、应对用户挑战的策略探讨 …………………………………… 320
三、内容深度揭示与知识网络构建的策略 ……………………… 321

第四节　编目工作的机遇 …………………………………………… 323
一、积极应对新媒体挑战，提升编目员的心理素质与适应能力 … 323
二、深化新媒体认知，强化以读者需求为导向的服务观念 …… 324
三、加强编目工作中新技术的整合与应用 ……………………… 326
四、强化编目员业务培训，提升其新媒体时代适应性 ………… 327
五、构建参与氛围，创造编目员服务读者的契机 ……………… 328

参考文献 ……………………………………………………………… 331

第一章　概述

第一节　文献编目的概念和术语

一、文献和文献编目的概念

文献是记录知识或信息的一切载体。它是人类用文字、图形、符号、音频、视频等手段记录人类知识的一种物质形态，是人类传播知识、交流信息、发表见解等所使用的传播工具。文献编目是指按照一定的标准和规则，对某范围内文献信息资源每种实体（item）的外部特征和内容特征进行分析、选择、描述，并记录成为款目，继而将款目按一定顺序组织成为目录（catalogue）或书目（bibliography）的过程。

文献的价值主要体现在以下几个方面。

（一）学术价值

文献是学术研究的基础，为研究者提供了丰富的理论知识和实证数据。通过对已有文献的查阅和分析，研究者可以了解某一领域的研究现状、发展趋势和存在的问题，从而为自己的研究寻找方向和思路。

文献也是学术交流和传承的重要载体，通过引用和参考前人的研究成果，研究者可以建立自己的学术观点，并推动学科的发展和进步。

（二）实践价值

文献中的知识和信息可以为实践提供指导和支持。科研、教育、医疗、经济、管理等各个领域都需要参考和利用相关的文献来进行决策、解决问题和推动实践创新。

文献还可以为政策制定和做决策提供参考依据。政府和社会组织在制定政策时，需要参考相关领域的文献来评估政策的影响和效果，从而做出更加科学、合理的决策。

（三）历史价值

文献是记录历史的重要载体，通过查阅和分析历史文献，我们可以了解过去的历史事件、人物、文化、思想等，从而更好地理解现在和预测未来。

文献还可以为历史研究提供一手资料，帮助研究者还原历史真相，揭示历史规律，推动历史学科的发展。

（四）文化价值

文献是传承和弘扬文化的重要工具。通过查阅和分析文献，我们可以了解不同文化的特点、价值和影响，促进文化交流和融合。文献还可以为文学创作和艺术创作提供灵感和素材，推动文化艺术的创新和发展。

（五）教育价值

文献是教育的重要资源，为教学提供了丰富的素材和案例。通过查阅和分析文献，学生可以了解学科的前沿动态和热点问题，提高自己的学术素养和综合能力。文献还可以培养学生的独立思考和创新能力，通过学习和研究文献，学生可以逐渐形成自己的学术观点和研究方法，为未来的学术生涯奠定基础。

二、文献编目常用术语

著录（description）：亦可称为"书目描述"，是文献编目的重要组成部分，也是编目工作的基础。它是在编制文献目录时，对文献的内容和形式特征进行分析、选择和记录的过程。文献的内容特征是指文献的知识内容，比如提炼文献主旨的提要。文献的形式特征是指文献的实体形式，包括题名、责任者、版本、出版者、出版年、标准书号、价格、数量、尺寸、丛编等。著录工作的核心内容是相对客观地记录文献的内容特征和形式特征[①]。

文献编目（cataloguing）：按照一定的标准和规则，对某范围内文献信息资源每种实体（item）的外部特征和内容特征进行分析、选择、描述，并记录成为款目，继而将款目按一定顺序组织成为目录（catalogue）或书目（bibliography）的过程。

描述性编目（descriptive cataloguing）：提供描述性数据和非主题检索点的编目工作的组成部分。

主题编目（subject cataloguing）：提供主题标目／词和／或分类的编目工作组成部分。

书目著录（bibliographic description）：记录和标识书目资源的一组书目数据。

书目记录（bibliographic record）：描述、检索载体表现并标识其相关著作和内容的一组数据元素。

规范记录（authority record）：规范文档中的记录，标识实体（责任者、题名或主题）并可方便使用者访问该实体的规范检索点或显示该实体任何检索点的记录。

检索点（access point）：用以查找和识别某一书目记录、规范记录或参照所使用的名称、术语、代码等。

受控检索点（controlled access point）：在规范记录中为控制同一实体不同的名称、名称形式、术语或代码并明确标识该实体的检索点。受控检索点包括规范形式检索点和非规范形式检索点。

非控检索点（uncontrolled access point）：书目记录中不受规范记录控制的检索点。

资源（resource）：一种有形或无形的实体，它包含知识和／或艺术

---

① 刘小玲. CNMARC书目数据编制方法及操作实例[M]. 北京：国家图书馆出版社，2008.

内容，作为一个单位生产和/或发行，并构成一个书目著录的基础。资源包括文本、乐谱、静态或动态图像、图形、地图、录音资料和录像资料、电子数据或程序，也包括连续性资源。

文献（document）：记录有知识信息的一切载体。包括纸质的图书、报刊等出版物和非纸质的录音资料、影像资料、缩微资料、电子资源等。

连续性资源（continuing resource）：无限期连续发行的资源。连续性资源包括连续出版物和连续的集成资源。

连续出版物（serials）：定期或不定期地以连续的卷期号或年代编号分册陆续编辑出版，并且计划无限期出版下去的出版物。主要包括期刊、报纸、年度报告等。

集成资源（integrating resource）：通过更新方法增加或修改，不保持分立而是集成为整体的资源。集成资源可能是有限的，也可能是连续的。

多部分资源（multipart resource）：物理上分为有限若干部分，但作为一个单位独立出版的资源，各个部分可以有各自的题名和责任说明。各部分不分主次。

多部分单行资源（multipart mono graphio resource）：有限个物理上独立的部分，作为一个单位计划或出版的单行资源；各个独立部分可以有自己的题名和责任说明。这些部分不分主次（又译为多部分专著资源）。

多媒体资源（multimedia resource）：由两种或多种媒体，或由不同形式的同种媒体组成的资源，这些资源没有主次之分。一般作为一个单位使用。

总题名（collective title）：包含两种或更多单独作品的一种适合整个资源的题名。

共同题名（common title）：一组相关资源，除各自有不同的分辑题名外，还有其共同的题名部分。共同题名表示它们之间的关系，并和分辑题名一起共同标识某种资源。当补编或分丛编有从属题名时，共同题名也可以是正编和其补编所共同的题名，或者是主丛编及其分丛编共同的题名。

从属题名（dependent title）：本身不足以标识一种资源的题名，需要加上共同题名或主资源题名、主丛编题名才能充分标识该资源。例如分辑题名、某些补编题名、某些分丛编题名和某些多部分资源的部分题名。

从属题名标识（dependent title designation）：为区分有一共同题名的若干相关资源的单独编号或与从属题名结合的编号。

分辑标识（section designation）：共同题名后的编号。它单独地或与分辑题名一起，来区分一组有一共同题名的相关资源的一部分。

分辑题名（section title）：用于识别一组具有共同题名的相关文献中的一个组成部分的专有题名。

交替题名（alternative title）：由两部分（每一个部分都有独立题名的形式）组成的正题名的第二部分，它们之间通过"or"或其他等同词连接。

版本（edition）：实质上是由同一原始输入生产并由同一机构发行的某种资源的全部复本。版本可以通过资源的版本说明来识别，也可由编目员根据其内容有无重要区别或出版者提供的信息来推断。对于古籍，由某版式印制的资源的所有复本，应忽略印刷过程中出现的变化。

多层次著录（multilevel description）：是将描述信息分两层或多层的书目著录方法。第一层包含整个（主）资源共同的描述信息，第二层和以下各层包含有关单卷（或其他单位）的描述信息。

规定标识符（prescribed punctuation）：由书目机构提供的标识符，置于每个著录单元或著录项目信息的前面或外括。

规定信息源（prescribed source of information）：书目著录时，获取每个著录单元或著录项目信息的一个或多个来源。

丛编（series）：一组相互关联的单独资源，每种资源除有自身的正题名外，还有一个适用于整组的集合题名，即丛编正题名。各单独资源可能有编号，也可能没有编号。丛编内的各卷等，可能是专著或连续资源。

主丛编（main series）：包含一种或多种分丛编的丛编。

分丛编（subseries）：主丛编的一部分。分丛编有或没有从属于主丛编的题名，有或没有编号。

分丛编标识（subseries designation）：跟在主丛编后的编号，这个编号可能单独存在或是和分丛编题名连在一起。

一般资料标识（general material designation, gmd）：概括表示资源所属资料类别的术语（又称一般文献类型标识）。

特定资料标识（specific material designation, smd）：指出资源所属特定资料类别的术语（又称特定文献类型标识）。

机读目录（machine readable catalogue）：计算机可读的目录。

字段（field）：由字段号标识的被定义的字符串，可包含一个或多个子字段。

字段标识符（tag）：一组由三位数字组成的符号，也称字段号。如001、010、100、200、701。

子字段（subfield）：字段内定义的最小数据单元。

子字段标识符（subfield identifier）：由两个字符组成的代码，如$a、$d、$f、$c、$b、$4。第一位字符是ISO 646字符集中的控制字符，第二位为字母或数字。

字段指示符（indicator）：字段号后两个字符位的值，用来指明有关字段内容、本字段与其他字段的关系、某些数据处理过程中所需的操作等附加信息。一般为数字或空格，如＃＃、0＃、1＃、＃0、02。

定长字段（fixed length）：长度固定的字段。如100、105。

定长子字段（fixed length subfield）：长度固定的子字段。如200字段的$z子字段。

变长字段（variable feld）：长度可变的字段。如200、210、300。

字段分隔符（field separator）：位于每一个字段末尾的控制符（ISO 646字符集中的控制字符），用来区分相邻字段。

记录结束符（record terminator）：位于每一个记录末尾的控制符，表示该记录结束。

三、中文文献类型

（1）普通图书：各种印刷型汉语文图书（含现代出版的古汉语图书），如单册、多卷本或小册子等。

（2）古籍：1912年以前书写或印刷并具有中国古典装订形式的汉字古籍。

（3）金石拓片：金石（含砖、瓦、铁、木、玉、泥）拓片及临摹、双勾本影印、石印件。

（4）测绘制图资料：包括各种地图【如地形图、普通地理图、自然地图、社会经济地图（人文地图）、环境地图、地图集】、航空与航海图、天体图、航空摄影图和卫星影像图、地球仪、立体图、鸟瞰图等。

（5）乐谱：各种印刷出版的现代乐谱。其著录原则可供著录古代乐谱手稿或其他载体乐谱参照。

（6）录音资料：循环录音带、盒式录音带、开盘录音带、唱片及声道胶片等各种载体的录音制品。

（7）影像资料：循环录像带、盒式录像带、开盘录像带及视盘等各种录像制品和盒式循环电影片、盒式电影片、开盘电影片及环式电影片等各种电影制品。

（8）图示资料：幻灯条片、幻灯卷片、幻灯插片、投影片、显微标本片等各种静态放映的投影制品和美术复制品，闪视片、图表、照片、招贴画、挂图、工程图等各种图卡。

（9）连续出版物：各类型载体的连续出版物，包括印刷型连续出版物和连续出版的录音资料、影像资料、图示资料等。

（10）缩微资料：各种缩微资料，包括缩微卷片、缩微平片、缩微卡片、窗孔卡等。分成缩微复制品和原始缩微出版物两大类。

（11）电子资源：可直接或远程访问的计算机文件（含数据和程序）。

第二节 文献编目的作用

在信息资源管理的宏观视角下，文献编目工作不仅占据着举足轻重的地位，更是推动信息资源有序化、高效化的关键力量。文献编目不仅是文献信息资源的科学分类体系的基础，更是连接用户与文献信息的关键桥梁，为用户提供了一条清晰、便捷的文献检索路径。

文献编目工作的重点在于对文献的外部特征与内在内容进行全面准确的描述。通过对文献题名、作者、出版信息、文献类型等外部特征的精确标注，以及对文献内容、主题、参考文献等内在信息的深入剖析，文献编目工作为用户呈现了一个全面、立体的文献信息资源库。这使得用户在检索所需文献时能够迅速而准确地找到对应的资源，极大地提高了检索效率。

从文献编目工作的内容和性质来看，文献编目工作的主要作用体现在文献信息检索、文献信息分类、文献信息资源管理和信息资源共享开发这几个方面。[①]

首先，文献编目工作实现了文献信息的高效检索。通过科学的分类和准确的描述，文献编目工作为用户提供了一条清晰、明确的文献检索路径。用户只需根据自己的需求，在相应的分类或主题下进行检索，即可快速找到符合自己需求的文献资源。

其次，文献编目工作促进了文献信息内容的精准分类。通过对文献内容的深入剖析和分类整理，文献编目工作为用户呈现了一个结构清晰、层次分明的文献分类体系。这不仅有助于用户更好地理解文献的主题和内容，也为图书馆的文献管理工作提供了有力的支持。

---

① 何乐. 数字环境下我国文献编目工作的变革与创新研究[D]. 南昌：南昌大学，2017.

再次，文献编目工作提升了文献信息管理质量。通过对文献信息的全面描述和分类整理，文献编目工作使得图书馆的文献资源得到了更加有序、规范的管理。这不仅提高了文献的利用率，也为图书馆的长期发展奠定了坚实的基础。

最后，文献编目工作深化了信息资源共享开发。在数字环境迅猛发展的背景下，文献编目工作通过数字化、网络化的手段，使得文献信息资源得以在全球范围内实现共享和开发。这不仅促进了学术交流与合作，也为社会文化的繁荣与发展做出了重要贡献。

一、文献信息检索

文献信息资源在图书馆、档案馆及学术研究机构中有着非常重要的地位，而如何高效地检索这些资源则成了学术界和图书馆实践界共同关注的焦点。文献编目工作正是为了满足这一需求而诞生的，它通过精细化的管理，使得文献信息资源得以清晰展现其所有特征。

编目的标引信息，作为编目内容的核心部分，涵盖了文献的分类、主题、作者、出版信息等关键要素，为文献信息的分类和归档提供了有效指导。通过编目工作，图书馆员能够准确地对文献进行分类和标记，为后续的检索工作打下坚实的基础。

鉴于文献信息资源的复杂多样性，编目工作不仅确保了信息的有序化，而且其分类信息极大地便利了文献信息的检索过程。用户在进行文献检索时，只需输入相关的关键词或主题词，系统就能迅速定位到符合要求的文献。这种快速精确的检索方式，极大地提高了用户的工作效率。

经过编目处理的文献信息，不仅具备了清晰的分类和标引信息，还通过数字化、网络化的手段实现了全球范围内的共享。用户可以通过各种终端设备，随时随地访问这些文献资源，进行深入的阅读和研究。这种便捷的检索方式，不仅促进了文献信息资源的开发利用，也推动了学术交流和合作。

检索的效率和质量是衡量编目数据质量的重要标准。高质量的编目数据能够提供准确、全面的文献信息，帮助用户快速找到所需的文献资源。同时，高效的检索系统也能确保用户在短时间内获取大量的相关文献，为他们的研究提供有力的支持。

编目工作在信息资源的检索过程中扮演着至关重要的角色。它不仅影响着文献信息的检索效率和质量，还关系整个学术研究和知识传播的效率。为了适应数字环境下用户需求的不断变化，文献编目工作已经进行了相应的变革和创新，引入了先进的技术和方法，以提高检索的准确性和效率。同时，图书馆和档案管理机构也在不断加强对编目人员的培训和指导，提高编目人员的专业素养和技能水平，以确保编目数据的质量和准确性。这些努力共同推动，提升了文献信息检索的便捷性和高效性，进而为用户提供更加优质、高效的信息服务。

二、文献信息分类

编目工作的深入实施，有效地满足了文献信息分类的精确需求，对于提升文献信息资源管理的整体水平具有重要意义。在馆藏文献信息资源管理过程中，文献信息的分类工作占据着核心地位，其质量直接关系文献的归档、系统管理以及用户的检索体验。分类信息不仅是文献信息管理不可或缺的组成部分，更是确保信息有序性和高效性的基石。

在文献信息编目数据中，主题标引和分类标引信息作为核心要素，为文献信息的分类提供了明确指导。这些信息不仅可用于文献的分类管理，还能通过先进的分类算法和工具，有效提高分类的准确性和一致性。文献编目为文献信息分类提供了专业的分类手段和工具，确保了分类工作的规范性和科学性，为文献信息资源的有效利用奠定了坚实基础。

文献信息分类过程中常遇到的问题，如分类方法的选择、分类规则的制定以及对分类理解的差异等，都可能影响书目数据的质量。文献编目工作通过遵循统一的规则和方法，有效解决了这些问题，确保了书目数据的准确性和可靠性。这不仅提高了文献信息资源管理的效率，还为用户提供了更加便捷、高效的检索体验。

文献信息分类的精准实现对于促进学术交流和知识传播也具有重要作用。通过准确的分类，用户可以更加便捷地获取到所需文献信息，促进学术研究的深入发展。分类信息也有助于图书馆和档案馆等机构更好地了解用户需求，为他们提供更加个性化的服务。

文献编目在解决文献信息分类问题方面发挥了重要作用。它不仅为文献信息资源的合理分类和管理提供了有力支持，还推动了文献信息管理工作的持续发展。随着信息技术的不断进步和编目工作的不断优化，文献信息分类的精准实现将变得更加高效和便捷，为文献信息资源管理带来更多的机遇和挑战。

三、文献信息资源管理

文献编目工作在文献信息资源管理中占据着基础而关键的地位，极大地便利了管理流程，并为应对数字环境下海量信息资源的有效管理提供了有力支持。随着信息技术的飞速发展，文献信息资源的管理面临着前所未有的挑战与机遇。在这一背景下，文献编目工作的作用愈发凸显，成为提升文献信息资源管理质量与效率的关键环节。

文献编目不仅为文献信息提供了科学的分类手段，还在文献检索方面提供了丰富的信息支持。通过精确的分类和高效的检索，文献编目工作在提升文献信息管理中的分类和检索效率方面发挥了重要作用。分类的精确性直接影响文献信息的检索效率和用户满意度，而高效的检索则能够确保用户迅速、准确地找到所需信息。这种分类与检索的紧密结合，使得文献信息资源的管理更加高效、便捷。

对于用户而言，文献编目工作的精确分类和高效检索能够确保他们迅速、准确地找到所需信息，从而在保障信息质量的同时显著提升检索效率。无论是在学术研究、教学还是企业决策等领域，用户都能够通过文献编目系统快速定位到所需文献，获取有价值的信息资源。这种高效的信息检索方式不仅提高了用户的工作效率，还为用户提供了更加便捷、个性化的服务体验。

文献编目工作的实施还推动了文献信息资源管理的发展和变革。它促进了管理流程的标准化和规范化，为文献信息管理的标准化建设提供了有力支持。通过统一的分类标准、规范的编目方法和精确的数据录入，文献编目工作确保了文献信息资源管理的准确性和一致性。这种标准化的管理方式不仅提高了管理效率，还为用户提供了更加可靠、可信的信息资源。

随着文献编目工作的不断发展，其在文献信息资源管理中的作用将更加凸显。通过引入先进的技术手段和工具，文献编目工作将进一步提升分类和检索的精确性和效率性。同时，随着大数据、人工智能等技术的应用，文献编目工作还将实现更加智能化、个性化的服务，为用户提供更加精准、高效的信息支持。这些变革和发展将推动文献信息资源管理向更高水平迈进，为学术研究、教学和企业决策等领域提供更加优质的信息资源服务。

四、文献信息资源共享开发

文献编目工作作为文献信息资源管理的重要组成部分，已从传统的手工封闭模式转变为现代的共享合作方式。这一转变不仅象征着技术的革新，更代表了信息共享理念的深化，使得编目数据信息的流通范围从图书馆内扩展至更广泛的领域。在这一过程中，编目数据所反映的文献内容特征日益丰富，知识价值凸显，为文献信息资源的开发和利用提供了有力支持。

随着信息资源共享建设的不断发展，网络已成为实现资源共享的核心平台。通过网络，信息资源的传播和利用变得更加迅速和高效，显著增强了信息传播的时效性和利用率。同时，信息资源的共享也减少了信息处理过程中的重复劳动，提高了工作效率。更重要的是，这种共享模式有助于挖掘信息资源间的深层关联和隐藏知识，为学术研究和知识创新提供了更为丰富的资源支持。

在文献信息资源共享建设中，编目数据共享发挥着举足轻重的作用。它不仅是信息资源共享建设的重要组成部分，也是推动信息资源共享发展的关键力量。随着文献编目工作的不断发展，编目数据的标准化和规范化水平不断提高，为文献信息资源的共享提供了更为可靠的基础。

联机编目工作模式的推出，是编目数据共享建设中的一项重要举措。这种工作模式通过整合多个机构的编目资源，实现了编目数据在更广泛范围内的共享。它不仅提高了编目数据的利用效率，也为文献信息资源的检索提供了更为便捷和高效的方式。此外，编目数据共享的建设成果还为科学建设方法的理论研究提供了实践基础，为文献信息资源共享建设的其他方面提供了宝贵的参考。

随着环境和技术的不断变化，编目数据的共享也在持续优化和改进。例如，通过引入先进的信息技术和数据分析方法，可以进一步提高编目数据的质量和准确性；通过加强与国际国内其他机构的合作与交流，可以推动编目数据共享的国际化和标准化。在这一过程中，编目数据的共享不仅为文献信息资源共享建设提供了更为丰富的信息服务，也持续推动着文献信息资源共享建设的深入发展。

第三节 文献编目的目的和原则

《国际编目原则声明》是一份用以指导编目规则制定的原则性文件。该文件最初在2003年的IFLA国际编目规则第一次专家会议上获得通过，并经过多次更新和讨论，最终在2009年发布了最后印刷正式版，该版本包含了20种文字的译文。

这份声明扩展和深化了早期的"巴黎原则"，该原则在1961年的国际编目原则会议上通过，作为编目国际标准化的基础，其后的世界各国制定的编目条例大多严格遵循或至少在很大程度上遵循了巴黎原则的要求。新原则不仅涵盖了各种文献类型，而且扩展到了包括书目记录和规范记录的各个方面，超越了原先仅关注文字内容作品和款目选择与形式的范围。

《国际编目原则声明》的首要目标是为目录用户提供便利，包括原则和目标（目录的功能），应当收入各国编目规则的指导性规定，以及有关查找和检索功能的指南。它旨在增进国际书目数据和规范数据的共享，同时为致力于制定一部国际性编目规则的编目条例制定者提供指导。

这份声明详细阐述了文献编目的各个方面，包括实体、属性和关系的描述，书目著录的标准，检索点的设置以及目录的目标和功能等。它是基于国际上主要的编目传统，同时考虑到国际图联"书目记录的功能需求（FRBR）"提出的概念模型，力求在国际层面上实现编目的标准化和规范化。此外，该声明还关注词汇表的制定和参考来源的明确，以便于编目工作的统一和规范。在后续的版本中，还对某些不再使用的术语进行了更新和调整，以适应编目领域的发展和变化。[①]

《国际编目原则声明》旨在指导编目规则的制定工作，指出文献编目的最高目的是满足用户使用的便利性。

（1）用户使用的便利性。在对著录以及用以检索的名称的受控形式作出抉择时应该考虑到用户。

（2）通用性。在著录与检索中使用的词汇应与大多数用户所用的词汇相一致。

（3）表达性。著录以及名称的受控形式应按实体描述其本身的方式来确定。

（4）准确性。应如实描述被著录的实体。

（5）充分性与必备性。只应包含那些在著录以及用以检索的名称的受控形式中对完成用户任务所必需的，以及对唯一识别某一实体所必不可缺

---

① 林明.《国际编目原则声明》的几点重要修改[J].大学图书馆学报，2010（4）：72-76.

的数据单元。

（6）有意义。数据单元应具有目录学意义。

（7）经济性。当达到某一目标存在多种途径时，应选择整体经济性佳的途径（费用少或方法简单）。

（8）一致性与标准化。应尽可能实现著录与确立检索点工作的标准化。这样能够取得更大的一致性，从而提高共享书目数据与规范数据的能力。

（9）集成化。各类文献的著录以及各类实体名称的受控形式应在适用范围内基于一套共同的规则。

编目规则中的规定应具备可论证性而非随意性。人们认识到，有时这些原则在特殊情况下可能会互相矛盾，应当采取可论证的、实用的解决方法。

《国际编目原则声明》强调了目录的目标和功能。

目录应当是经济有效的工具，它使用户能够：

（1）查找（find），在利用资源的属性或关系进行检索后，从某一收藏中查找书目资源；

（2）识别（identify）一个书目资源或代理（确认所著录的实体对应于所搜寻的实体，或者区分具有相似特征的两个或多个实体）；

（3）选择（select）一个适合用户需求的书目资源（选取一个在媒介、内容、载体等方面能满足用户要求的资源，或放弃一个不适合用户需求的资源）；

（4）获取（acquire）或存取（obtain access）所著录的文献（提供信息，使用户能够通过购买、借阅等方式获取某一文献，或者以电子方式通过联机连接远程来源检索某一文献），或者检索、获取或存取规范数据或书目数据；

（5）浏览（navigate）目录和目录以外的其他领域（通过书目数据、规范数据的逻辑排列和清晰的漫游途径的展示，包括作品、内容表达、载体表现、单件、个人、家族、团体、概念、实物、事件和地点之间关系的展示）。

第四节　中文文献编目的标准与规则

一、国际标准书目著录（ISBD）

《国际标准书目著录》（*International Standard Bibliographic Description*，以下简称ISBD）是国际图书馆协会与机构联合会（International Federation of Library Associations and Institutions，以下简称IFLA）主持制定的国际信息资源描述标准。ISBD最初是为世界范围内的描述性编目做出一致的规定，帮助国家书目机构间、图书馆界和其他信息机构间进行书目记录的国际交换，共建共享书目数据库。标准中规定了各个著录项目、著录单元、著录顺序，以及用于标识各个著录单元的符号系统。从而可以实现以下三个具体目的：不同来源的数据可相互交换，一个国家生产的数据能够很容易地被其他国家的图书馆目录或其他书目所接受；跨越语言障碍对记录进行解释，使某一种语言的记录能够被其他语言的使用者所理解；加强与其他内容标准间的相互操作，使书目数据转换为电子格式更为容易。

统一编目规则是国际书目控制的首要条件，继1961年国际编目原则会议和1969年国际编目专家会议后，20世纪70年代由工作组专门制定了ISBD。ISBD家族中第一个出现的是ISBD（M，专著，1971年）。ISBD问世以来，在图书馆、书目机构及各种信息服务领域得到了世界各国广泛的认同和应用，随着时代发展先后修订或改动数次，甚至发生了重大变化。

2011年7月，ISBD统一版（正式版）正式问世。ISBD统一版协调、合并了之前的1个总则和7个专门规则，实现了融合和一体化。目前统一版除英文本外，已有汉语、俄语、西班牙语、法语、意大利语、塞尔维亚语、斯洛文尼亚语、保加利亚语、立陶宛语等多个译本。ISBD 2011版规定了图书馆馆藏出版资源的著录和标识要求，希望负责编目规则的国家级或国际性机构将它作为本机构著录规则的基础，用以描述每种资源的内容、载体和发行方式。具体目的有四个，除了上述三个目的外，新增的一个目的为：促进书目数据在语义网环境下的可移植性以及ISBD与其他内容标准之间的可互操作性。

为促进书目著录的规范化、标准化，ISBD统一版涵盖了各种资源描述著录的详细规则，其结构分为以下五个部分。[①]

（1）引言（introduction）。开宗明义阐述了ISBD的目的、性质及其广泛的适用性，提出了指导ISBD修订工作的目标和原则，强调了与FRBR的一致性，回顾了ISBD的发展历程及2007版形成的过程和特点，也介绍了ISBD统一版正式版的新特点。

（2）概述（general chapter）。包括A1—A11共11个方面。阐述了该规则的适用范围、主要目的与应用方式，明确了书目著录的对象、著录项目、著录单元与标识符、著录信息源及著录语言文字等及其处理方法。

（3）著录单元说明（specification of elements）。详细说明每一个著录项目及其著录单元的著录规则，是本规则的主体部分。其结构是从第0项到第8项共分为9章，即：内容形式和媒介类型项，题名和责任说明项，版本项，资料或资源类型特殊项，出版、制作、发行等项，载体形态项，丛编和多部分单行资源项，附注项，资源标识号和获得方式项。每一章都包括了引言、目次、规定标识符、规定信息源及各著录单元的著录细则等内容，全面地阐述了各种资源的描述著录规则。在组织各个项目的著录规则时，先列举所有类型资源著录的一般条款，再列举特殊资源类型著录所要求的特定条款或是与一般规则不同的例外条款，以便充分揭示不同类型资源著录的共性与差异。

（4）附录（appendices）。包括多层次著录、双向记录、参考文献、缩略语和词汇表共五个附录。

（5）索引（index）。从著录单元名称指引到该著录单元在本书正文

[①] 孙更新，张燕飞.《国际标准书目著录（2011年统一版）》的新变化——纪念ISBD发表40周年[J].图书情报知识，2013（6）：62-69.

中的所有条款。

2011年，ISBD评估组决定将ISBD描述对象扩展至未出版资源。2017年，ISBD评估组对ISBD元素集进行了调整，协调了《IFLA图书馆参考模型》(IFLA *Library Reference Model*)，为ISBD统一版的修订做了铺垫。2022年2月，《国际标准书目著录（2011年统一版2021年更新）》(*International Standard Bibliographic Description 2021 Update to the 2011 Consolidated Edition*, 以下简称"更新版"）正式发布。

统一版有机融合了ISBD原先的1个总则和7个专门规则，资源类型包括图书、地图、连续出版物、录音制品、电子资源等，这也是统一版的最大特色。统一版规定了可能出现在图书馆馆藏中的出版（包括限量发行出版或按需出版）资源的著录和标识的规则；而更新版进一步拓展了资源类型，增加了对未出版资源的著录规定。未出版资源的重点是手稿，包括音乐手稿。

统一版规定的文献著录单元包括以下8项。

1. 题名和责任说明项

1.1 正题名

1.2 并列题名

1.3 其他题名信息

1.4 责任说明

2. 版本和草稿等项

2.1 版本和草稿等说明

2.2 并列版本和草稿等说明

2.3 与版本和草稿等相关的责任说明

2.4 附加版本和草稿等说明

2.5 与附加版本说明和草稿等相关的责任说明

3. 资料或资源类型特殊项

3.1 数学数据（地图资源）

3.2 乐谱格式说明（乐谱）

3.3 编号（连续出版物）

3.4 非出版说明

4. 出版、制作、发行等项

4.1 出版、制作和/或发行地

4.2 出版者、制作者和/或发行者名称

4.3 出版、制作和/或发行日期

4.4 印刷或生产地

4.5 印刷者或生产者名称

4.6 印刷或生产日期

5. 载体形态项

5.1 资料数量

5.2 其他物理细节

5.3 尺寸

5.4 附件说明

6. 丛编和多部分单行资源项

6.1 丛编或多部分单行资源的正题名

6.2 丛编或多部分单行资源的并列题名

6.3 丛编或多部分单行资源的其他题名信息

6.4 与丛编或多部分单行资源相关的责任说明

6.5 丛编或多部分单行资源的国际标准号

6.6 丛编或多部分单行资源内部的编号

7. 附注项

7.0 关于内容形式和媒介类型项以及对于特殊类型资料的附注

7.1 关于题名和责任说明项的附注

7.2 关于版本项和资源书目沿革的附注

7.3 关于资料或资源类型特殊项的附注

7.4 关于出版、制作、发行等项的附注

7.5 关于载体形态项的附注

7.6 关于丛编和多部分单行资源项的附注

7.7 关于内容的附注

7.8 关于资源标识号和获得方式项的附注

7.9 关于形成著录基础的期、部分、更新等的附注

7.10 其他附注

7.11 关于手头复本的附注

8. 资源标识号和获得方式项

8.1 资源标识号

8.2 识别题名（连续性资源）

8.3 获得方式

在中国，ISBD 最早的汉语版本是中国科学院图书馆于1980年翻译出版的铅印本《国际标准书目著录》（专著本，由毛卓明翻译，阎立中校对），依据1974年首个标准版译出。全国文献工作标准化技术委员会于1983年12月出版了油印本《国际标准书目著录》（非书资料）。后来，ISBD 各个专门版本的中译本分别由不同的出版社出版，特别值得一提的是书目文献出版社（现国家图书馆出版社）和华艺出版社出版的版本。华艺出版社2002年版包括国际标准书目著录（总则）〔ISBD（G）〕、国际标准书目著录（连续出版物）〔ISBD（S）〕、国际标准书目著录（乐谱）〔ISBD（PM）〕、国际标准书目著录〔古籍（善本）〕〔ISBD（A）〕、国际标准书目著录（电子资源）〔ISBD（ER）〕，这应该是 ISBD 各个专门版本的最近一组中译本。[①]

二、中国文献著录国家标准

在文献著录的国家标准制定以前，我国文献编目领域普遍采用的著录规则是1979年由北京图书馆（现国家图书馆）编制，1981年修订再版的

---

① 顾犇.《国际标准书目著录》统一版之更新版引发的思考[J].图书馆建设，2023（5）：4-7.

《中文普通图书统一著录条例》（以下简称《条例》），该《条例》作为我国中文图书著录的试用标准，一直被全国的文献机构在图书著录时采用，对全国文献著录标准化起到了积极的推动作用。然而，该《条例》与国际标准之间存在明显差距，所以制定与国际标准接轨的文献著录规则势在必行。1979年年底，全国文献工作标准化技术委员会成立大会在无锡召开，会上成立了由北京图书馆牵头的我国文献目录著录标准起草小组，该小组经过几年的工作，于1983年7月2日发布了我国文献著录国家标准的第一个文本——《文献著录总则》（GB/T3792.1-1983），随后又制定了适用于不同类型文献著录的一系列分则。从1990年开始，我国又陆续对GB/T3792系列标准进行了修订。

我国文献著录的国家标准由总则和一系列分则构成。《文献著录总则》是为概括各类型文献共同特点而制定的，对文献著录的原则、内容、标识符号、格式和规则等的统一规定。分则包括《普通图书著录规则》《连续出版物著录规则》《非书资料著录规则》《档案著录规则》《地图资料著录规则》《古籍著录规则》6个著录规则，详见表1-1。总则、分则各尽其职，形成有机的整体。[①]

表1-1 我国文献著录标准的组成及实施年限

标准名称	实施时间
GB/T3792.1-1983《文献著录总则》	1984.04
GB/T3792.2-1985《普通图书著录规则》	1985.10
GB/T3792.3-1985《连续出版物著录规则》	1985.10
GB/T3792.4-1985《非书资料著录规则》	1985.10
GB/T3792.5-1985《档案著录规则》	1986.01
GB/T3792.6-1986《地图资料著录规则》	1987.01
GB/T3792.7-1986《古籍著录规则》	1987.10

---

① 张秀兰.我国文献编目规则的历史沿革[J].图书馆论坛，2016，36（10）：32-40.

三、中国文献编目规则

在中国文献工作标准化技术委员会和中国图书馆学会的大力支持下，以适应文献编目自动化、数字化为宗旨的《中国文献编目规则》（第二版，简称《规则》）于2005年4月问世。该《规则》在修订过程中，既遵循国际通行的编目方法，如ISBD的规则和AACR2的做法，又体现了中国文献编目的特色。它根据计算机编目的特点，考虑了网络环境下电子资源的特点，同时尽量采纳国际标准，确保《规则》的连续性和稳定性。全书分著录法、标目法、附录三个部分；内容包括：普通图书著录法；学位论文、科技报告、标准文献著录法；乐谱著录法；影像资料著录法；连续性资源著录法；等等。

《中国文献编目规则》中规定的著录项目是指在进行文献编目时，按照一定的规则对文献的形式特征和内容特征进行分析、选择和记录的项目。这些著录项目系统地反映了文献的某一方面的特征，并由不同的著录单元（小项）组成。

下面详细介绍一些主要的著录项目。

（1）题名与责任说明项：这是著录中的核心项目，包括正题名、并列题名、副题名及说明题名文字，以及文献类型标识、第一责任者和其他责任者。这些信息对于准确识别和理解文献内容至关重要。

（2）版本项：版本项反映文献的版本特征，包括版次、其他版本形式以及与版本有关的责任者。这有助于区分同一文献的不同版本，对于版本研究和版本选择具有重要意义。

（3）文献特殊细节项：主要用于著录连续出版物的起讫年卷期，图的比例尺寸和投影法等。

（4）出版发行项：包括出版地或发行地、出版者或发行者、出版日期或发行日期等。这些信息有助于使用者了解文献的来源、出版情况和传播范围。

（5）载体形态项：描述文献的物质外形特征，如数量及其单位、图及其他形式等。这有助于使用者了解文献的物理形态，对于文献的保存和利用具有指导意义。

（6）丛编项：如果文献属于某一丛编或系列，需要著录丛编的名称、编号等信息。这有助于揭示文献之间的关联性和系统性。

（7）附注项：用于记录其他需要说明的信息，如题名的差异、别名、原书著录等。附注项提供了对文献著录的补充和说明，有助于增强著录的完整性和准确性。

（8）文献标准编号与获得方式项：包括国际标准书号（ISBN）、国际标准连续出版物号（ISSN）等标准编号，以及文献的获取途径和方式。这些信息对于文献的检索和获取具有重要意义。

这些著录项目共同构成了文献目录记录的主要内容，它们相互关联、相互补充，共同反映了文献的全貌和特征。在进行文献编目时，需要根据这些规则和标准，对文献进行准确、全面、规范的著录，以确保文献信息的准确性和可用性。

四、中国图书馆分类法

《中国图书馆分类法》是我国图书馆普遍使用的一部工具书，是中华人民共和国成立后编制出版的一部具有代表性的大型综合性分类法，是当今国内图书馆使用最广泛的分类法体系，简称《中图法》。1975年科学技术文献出版社出版了《中图法》第一版，1980年书目文献出版社（现国家图书馆出版社）修订出版《中图法》第二版，1990年修订出版《中图法》第三版，1999年《中图法》进行了第四次修订，2010年《中图法》第五版出版。《中图法》第五版共分5个基本部类、22个大类，采用英文字母与阿拉伯数字相结合的混合号码，用一个字母代表一个大类，以字母顺序反映大类的次序，在字母后用数字作标记。

这5个基本部类和22个大类见表1-2。

表1-2 《中图法》基本部类和大类

基本部类	基本大类
马克思主义、列宁主义、毛泽东思想、邓小平理论	马克思主义、列宁主义、毛泽东思想、邓小平理论（A类）
哲学、宗教	哲学、宗教（B类）
社会科学	社会科学总论（C类）、政治、法律（D类）、军事（E类）、经济（F类）、文化、科学、教育、体育（G类）、语言、文字（H类）、文学（I类）、艺术（J类）、历史、地理（K类）
自然科学	自然科学总论（N类）、数理科学和化学（O类）、天文学、地球科学（P类）、生物科学（Q类）、医药、卫生（R类）、农业科学（S类）、工业技术（T类）、交通运输（U类）、航空航天（V类）、环境科学、劳动保护科学（安全科学）（X类）
综合性图书	综合性图书（Z类）

五、中国分类主题词表

《中国分类主题词表》（以下简称《中分表》）是在《中国图书馆分类法》（第三版）[含《中国图书资料分类法》]和《汉语主题词表》（1980年版）的基础上编制的对照索引式的分类标引、主题标引一体化的信息资源组织工具。自1994年出版以来，受到了图书馆界和情报界的普遍欢迎，被广泛使用。《中分表》具有分类序化和主题序化双重功能，使分类标引和主题标引可以同时进行，降低了文献标引的难度和成本，提高了信息组织的质量和效率。2005年出版了《中国分类主题词表》（第二版）及其网络版。2010年《中图法》第五版出版后，与《中图法》第五版相对应，根据其新增加与修订的类目，《中分表》Web版也进行了增补与修订，随后在2014—2017年进行了3次更新，共增补了7000多条学科主题、个人名称、地理名称、机构名称等概念款目，并更新所有数据的关系系统，充分发挥了互联网的优势，使《中分表》成为我国各类信息资源组织、检索和利用的最大、最全面、可扩展更新的知识体系，一个通用的数字型检索语言交换平台。①

《中国分类主题词表》电子版是情报检索语言在网络时代发展与应用的产物，是从内容上组织整序和检索的主要电子工具。《中国分类主题词表》机读数据格式包括"《中图法》机读数据格式"（CLCMARC）和"主题词规范数据格式"（China MARC Format of Subject Authorities）两部分，在此基础上，对可自定义的某些字段和指示符进行了规定，以便数据对应。这套格式是分别依据"UNIMARC Classification Format""International Federation of Library Associations and Institutions Guidelines for Subject Authority and Reference Entries（GSAR）"、国家标准《汉语叙词表编制规则GB/T 13190-91》与《文献主题标引规则GB/T 3860-1995》的有关规定，并结合《中图法》结构特点和我国主题规范工作的实际情况而编制的，清楚地描述了《中图法》类目体系、结构关系以及与主题词的对应关系、主题词参照关系等。

六、文献主题标引规则

《文献主题标引规则》（GB/T 3860-2009）是2010年2月1日实施的一项中国国家标准。

《文献主题标引规则》规定了文献审读、主题分析以及依据各种主题词表进行文献主题受控标引的原则、方法，可以作为标引人员分析文献主题和确定主题概念以及选择主题词的指导，适用于建立文献的手工式检索工具、计算机检索系统以及对文献信息报道工具进行的人工标引，即由标引人员进行文献审读和主题分析并选定标引词。该规则适用于以规范化主题语言进行受控标引的文献系统，也可供计算机辅助主题标引、网络信息

---

① 卜书庆，汪东波.网络时代《中国分类主题词表》的发展与应用[J].图书情报工作，2005（7）：25-28+75.

检索系统的主题标引参考使用。①

文献主题标引的基本原则包括：

（1）标引的准确性：标引应准确反映文献的主题内容，突出文献的主要特点。这要求分析出来的主题必须与文献的实际主题相一致，确保标引结果能够真实反映文献的核心内容。

（2）标引的简明性：标引应简明扼要、清晰明了，用词应具有较高的代表性和概括性。这有助于减少冗余和复杂的标引词，提高检索效率。

（3）标引的逻辑性：标引应符合语义逻辑，标引词之间应具有一定的逻辑关系和语义关联。这有助于确保标引结果能够形成一个连贯、有逻辑性的主题体系。

（4）标准化原则：标引应尽可能使用标准化的主题词表或分类法，以便于不同用户之间的交流与理解。标准化的主题词表有助于统一标引规范，提高标引的一致性和准确性。

（5）避免歧义、重复和混淆：标引应注意避免歧义、重复和混淆等问题，确保标引结果的准确性和可靠性。这需要对标引词进行仔细筛选和比较，避免使用可能引起误解或混淆的词语。

在具体标引过程中，可以采用概括性整体标引和重点分析标引相结合的原则，进行适度标引。同时，对于分散著录的多卷书、丛书等，主题标引要采取相应的查重措施，以保证标引结果的一致性。选用的主题词的书写形式应与词表一致，不得随意改变。首先必须选用词表中与文献主题相对应的、专指度最高的主题词标引。当词表中没有最专指的主题词时，应选用相对泛指的主题词进行组配标引。当词表中没有专指主题词，又没有合适的主题词进行组配标引时，可选用最直接的上位主题词进行上位标引。必要时，上位标引还应同时标引一个自由词。此外，文献主题标引按语词是否受控可分为受控标引与非控标引。受控标引是指采用事先规范化的叙词表（主题词表）中的特定语词标引文献；非控标引又称自由词标引，是

---

① 文献主题标引规则GB/T 3860-2009[S].北京：中国标准出版社，2009.

指不设规范词表而由标引人员直接选用文献内自然语言词标引文献。自然语言具有易用性、检索方便简单、标引简便、易于实现自动化、标引速度快等优点，但也存在不显示词间等同关系、等级关系和相关关系等缺点。

七、中国机读目录格式

《中国机读目录格式》（CNMARC）是一种用于描述文献著录项目的国际标准格式，是实现计算机处理书目信息及资源共享的基础。CNMARC格式遵循机器可读目录（MARC）的通用原则，即利用计算机识读和处理目录信息，使文献编目内容经过计算机处理，以代码形式记载在一定载体上。在CNMARC中，一条机读记录相当于传统卡片目录中的一张款目，由若干个逻辑记录构成的信息集合称为文件或文档。每一条机读记录都由记录头标区、地址目次区、数据字段区和记录分隔符四部分构成。数据字段区又进一步分成功能块、字段、子字段或数据元素等层次。明确加以标识的最小数据单元称为数据元素，它们构成子字段，若干个子字段又构成一个字段，而若干个字段则构成一个功能块。记录头标位于一条机读记录的开端，记载了该记录的有关参数，它由一位字母字符构成，并按照ISO 2709的规定设立。整个头标区固定为24个字符长，由固定长数据元素组成，这些数据元素通过字符位置来标识。在CNMARC中，主标识符（main entry）是目录的主要标识符，通常是书名、文献标题或期刊名称。附注（note）部分包括目录的附加信息和解释，例如版本信息、出版商信息、目录述评等。主题词（subject heading）则是采用图书馆的主题词汇表对目录进行主题索引，以方便用户检索。

八、通用汉语著者号码表

《通用汉语著者号码表》是《中图法》编委会、全国文献标准化技术委员会第五分会、中国图书馆学会学术委员会分类主题研究分会联合编制的一部以著者名称为同类书排列依据的号码表，1992年由海洋出版社出版。著者号码表是编制著者号的工具。该表是为了适应在中文图书分类的基础上，为同类书的排列编制汉语拼音著者号这种需要而编制的。《通用汉语著者号码表》采用查号法编制，做到"区分性强，重号少；规律性强，一致性好；便于取号，方便检索；容量大；篇幅和号码长度适中"。以汉字的字顺为排列规则，依汉语拼音音节及声调排序，同声调的字再依笔画笔顺排，与《汉字属性字典》中汉语拼音索引的顺序取得一致。该表著者号码的标记符号采用的是由一个汉语拼音首字母和三位阿拉伯数字组成的混合号码。号码的分配原则是以汉字在著者名称首字中出现的频率为依据，频率高的汉字多配号，频率低的汉字少配号，每个汉字至少有一个号码。《通用汉语著者号码表》是由主表和著者复分表两部分构成。主表共收汉字2867个，对需要分配多个号码的汉字编制了著者复分表。主表所收汉字是以个人著者的姓、团体著者首字、部分图书题名首字，以及《中图法》类目下规定按名称排列的首字及其相关的常用复合词为范围，罕用字和《汉字属性字典》中未收的字一般不收。另外，还收录了少量地区名称和机关团体名称。地区名称收录范围为国名、省名、直辖市名、计划单列市名和省会市名等，机关团体名称的收录范围为主要的党政机关、高等院校、科研和文化部门的名称。

第五节　文献编目的工作流程

文献编目的工作流程是从接收文献开始到编目完毕的整个工作过程，主要分为文献验收，文献查重，分类编目，数据审校，数据加工，典藏和调拨这几个部分。文献经过一些特定渠道（如订购，赠送，交换等途径）进入文献管理机构（如图书馆等），首先要进行验收和登记，确认文献是否符合馆藏政策，文献质量有无问题。确认无误后，再移送到编目部门进行文献编目。编目工作人员也要对所要编目的对象进行清点核对和查重，从而确定检查编目对象是复本还是新的文献。如果是复本就不需要进行编目，只需要进行增加单册索书号的操作。如果是馆藏里没有的文献，则属于新的文献，需要进行文献的分类编目，按照相应的编目规则对文献进行准确的描述和著录，再对内容进行分类标引和主题标引。完成分类编目后，工作人员会对编目数据进行严格校对，以确保其准确性。按照文献管理机构制定的规则，给予文献相应的索书号。确认无误后，这些编目数据将被提交至书目数据库，然后进行目录组织，如建立书标，分配馆藏地等，最后将完成编目的文献放置在相应的馆藏地管理，[①] 为读者提供检索、查找、借阅等服务。具体流程见图1-1。

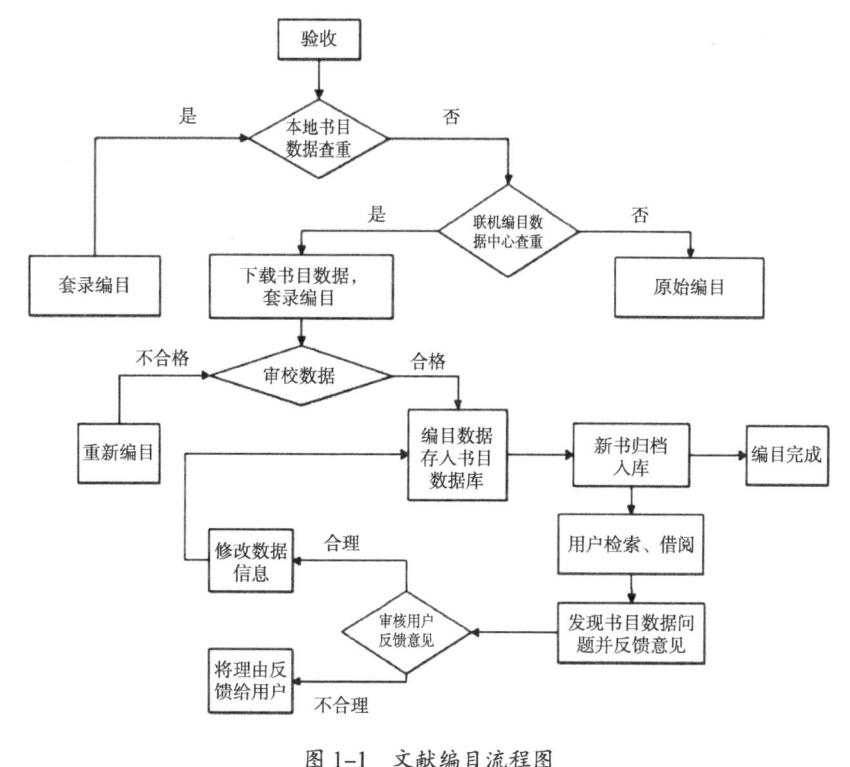

图1-1 文献编目流程图

---

① 何乐.数字环境下我国文献编目工作的变革与创新研究[D].南昌：南昌大学，2017.

第二章 普通中文文献的著录

第一节 普通中文文献著录的一般规则

一、著录信息源

（1）著录的主要信息源为题名页，各著录项目的规定信息源如表2-1所示。取自规定信息源以外的著录信息可置于"[ ]"内，并在3××字段加以说明。

表2-1 著录项目的规定信息源

著录项目	规定信息源
题名与责任说明项	题名页；无题名页的版权页、封面、序言等
版本项	版权页或题名页、封面、出版说明等处
出版、发行项	版权页或题名页、封面、出版说明等处
载体形态项	整部图书及附件
丛编项	丛编/专著题名页、封面、封底、其他
附注项	任何信息源
标准号与获得方式项	任何信息源

（2）著录的文献应依据首卷册著录；若首卷册未入藏，应查明其他卷

册情况，并在303字段注明"据第×卷（册）著录"。无法确定时，应根据信息源最充分者著录。

二、著录用文字

（1）题名与责任说明项、版本项、文献特殊细节项、出版发行项和丛编项一般按所著录文献本身的文字（数字除外）著录，无法按文献本身文字著录的图形及符号等，可改用相应内容的其他形式著录，并用方括号"[ ]"括起。如转录的文字出现谬误，应如实照录，同时在3××字段加以说明，并在5××字段提供正确的题名检索点形式。

（2）形态项、附注项、标准编号与获得方式项，除文献原题名、引用部分及识别题名外，一般用规范化的汉字（汉字古籍可用繁体字）著录。

三、书目数据录入原则

（1）除必须用全角状态输入的字符外，其他基本上在半角状态下录入数据。

（2）著录时在拉丁字符集与汉字字符集中出现的字符（如阿拉伯数字、罗马数字、某些标点符号），采用拉丁字符集（西文状态）输入。

（3）ISBD（M）所规定8个著录项目的标识符号原则上由系统自动生成，需编目员添加的标识符有"="" [ ]"" … "，其录入方法按照ISBD有关规定执行。凡著录中所需标点符号的录入按照西文书写习惯执行。

例1：

2001#$a机器人编程探索与实践$f（德）#托马斯·布劳恩著$g吕斌译

例2：

2001#$a零点$f（英）#阿加莎·克里斯蒂著$d=#Towards zero $f Agatha Christie $g周力译$zeng

215##$a240页 $c肖像 $d22cm

701#1$a克里斯蒂 $g（Christie, #Agatha）, $f1890-1976$4著

（4）半角状态（或汉字字符集）输入的标点符号（不是著录用的标识符）有：顿号（、）、中圆点（·）、中文句号（。）、书名号（《》）和双引号（""）。

（5）汉字的处理方法是按汉语拼音方案罗马化，并在303字段描述字形结构。如缺字位于需如实转录的著录项目，应将其用"[拼音]"表示（方括号中为小写的汉语拼音）。

（6）西文题名的书写按西文书写习惯执行。

（7）文字和数字混用时，按照以下规则录入：

英文与数字：无论谁先谁后均空1字符位。

数字和中文：无论谁先谁后均不空位。

英文与中文：无论谁先谁后均不空位。

四、集中著录与分散著录的原则

对多物理部分构成的文献，如多卷书、连续出版物，一般采用集中著录的原则，但也可根据具体情况选用分散著录的原则。例如：各卷期有其独立检索意义且在主要信息源上处于显著位置的题名。这一原则可以具体为：

（1）具有以下特征的连续出版物或多卷著作，可以考虑集中著录。

具有连续出版物特性的文献，例如：年鉴、年刊以及其他具有同一题名的定期或不定期的连续出版物，可以采取集中著录的方式。此时记录头标07字符位书目级别代码应为"s"（连续出版物），编码数据字段应为110字段，而不是105字段，记录中还应包含207资料特殊细节项（注意：当该连续出版物的ISBN或ISSN相同，而各卷期价格不同时，价格可不著）。

无分卷册题名（200$i）的多卷书或多卷书虽有分卷题名，但是没有

独立意义，一般应集中著录，并在327著录分卷题名。若分卷题名具有检索意义，还需在517字段提供各分卷的题名检索点。

文史资料通常采用集中著录的方式。分卷题名在327字段反映。

（2）具有以下特征的丛书和多卷著作，可以考虑分散著录。

多卷书有分卷题名，而且有独立意义，以分卷题名作为正题名，多卷书总题名作为丛编名。

具有独立的、有检索意义的题名、责任者、国际标准书号、价格等条件的丛书的单册，可分散著录。

具有分卷题名的地方志，可采用分散著录的方式，以总题名作为正题名著录于$a，分卷题名著录于$i。

第二节　各著录单元的著录规则

一、记录头标区

记录头标区是记录的必备字段，不可重复。其总长度为24个字符位。除5—8字符位需由编目员根据文献具体情况人工录入外，其他均由计算机系统自动生成。

（一）5字符位：记录状态代码

记录状态是反映记录处理状态的数据元素，有5种记录状态，一般均用"n"，即为新记录。对书目记录进行了较大修改或更新（主要指标目改变或检索点发生了变化），用"c"。（注意：该字符位用"c"时，需加上修改馆修改记录的801字段。）例：

cam0

801#0aCNbNLC$c20191222

801#2aCNbWUL$c20200603

（该记录由国家图书馆2019年12月22日编制，2020年6月3日武汉大学图书馆对其进行了较大的修改。）

（二）6字符位：记录类型代码

可根据所编文献类型选择相关代码，共有15种记录状态，如果所编文献为图书，则用"a"，即为印刷型文字资料。

（三）7字符位：书目级别代码

单册图书、集中著录的多卷书均用"m"；集中著录的连续出版物如年鉴、丛书等用"s"。

（四）8字符位：层次等级代码

无等级关系的单册图书、集中著录的多卷书一律用"0"，无论是丛书的单册，还是分散著录的多卷书，均为"#"。

二、0××标识块

本标识块包含标识记录或编目文献的标识号。常用字段有001和010、011子段。

（一）001记录控制号

此字段记录由CALIS联合目录分配给书目记录的具有唯一性的标识号，由系统自动生成。它是必备字段，不可重复。

（二）010国际标准书号（ISBN）

本字段用于记录ISBN及其限定内容、文献获得方式、定价。本字段有则必备，可重复。

本字段包含四个子字段：

（1）$a子字段，记录正确的ISBN，包括数字和短横；本子字段有则必备，不可重复。

同一图书具有多个有效的ISBN，可重复010字段；

同一种书不同印次，ISBN不同，重复010字段（为避免与以年代作为卷期的连续出版物的著录相混淆，不在010的$b子字段反映印刷年）。

同一种图书，有平装和精装两种版本，且ISBN不同时，或ISBN相同但价格不同时，均重复010字段。

例1：

010##$a978-7-01-025992-5$b第1卷$dCNY29.00

010##$a978-7-01-025991-8 $b精装#；#第1卷$dCNY78.00

例2：

010##$a978-7-5462-3542-4$b精装$dCNY68.00

010##$dCNY19.00

（平装、精装ISBN相同，但价格不同）

若集中著录的多卷图书，有整套和分卷的ISBN者，应优先著录整套图书的ISBN，再著录分卷的ISBN。

当图书附带光盘时，在010字段$d子字段价格后注明"（含光盘）"字样。若图书和光盘有各自的ISBN和ISRC时，将图书的ISBN著录在010字段，光盘的ISRC著录在016字段，并在016字段的$b子字段添加"光盘"限定信息。如果光盘也有ISBN，仍将其著录在010字段。

例：

010##$a978-7-5144-0765-5$b精装$dCNY500.00（2册，含光盘）

010##$a978-7-900408-43-3$b光盘

（珠海市香洲区志）

（2）$b子字段，是对于$a子字段中ISBN范围的说明，通常是指出版商名、编目文献的装订方式，或者是ISBN与整套文献或特定卷册的关系说明。本子字段有则必备，不可重复。

图书的装帧形式，除平装可省略外，其他装帧形式如精装、盒装、线装等都要在$b子字段中给予反映。

图书的卷册信息，应著录在此子字段。它的表达形式是：按在编文献出现的卷册形式如实照录。

若有限定ISBN的"精装""盒装"等信息应放在卷期限定信息前面，形式为：$b精装#；#6（使用半角录入分隔符号，分号前后各空一字符位）。

（3）$d子字段，著录获得方式和定价，本子字段不可重复。

010$d人民币符号统一使用CNY，CNY与其后用阿拉伯数字表示的价格之间无空位。

图书价格若无角和分，在整数后要加".00"。

图书单册著录，但价格是全套价格时，需在价格后的圆括号内著录全套或×册字样。

在编文献有不止一种币值的价格时，重复010字段。

例1：

010##$a978-7-5017-2157-2$b精装 $dCNY450.00

010##$b精装 $dHKD500.00

多卷书只有一个ISBN，但分卷价格不同时，重复010字段。

例2：

010##$a978-7-222-01989-8$b第1卷 $dCNY39.00

010##$b第2卷 $dCNY34.00

010##$b第3卷 $dCNY32.00

港台等地出版的中文图书只著录港币、台币等的价格，代码为HKD（港币）、TWD（台币）。

（4）$z错误的ISBN，经校验确认ISBN有错，则将其录入此子字段。

若ISBN有错，应先将正确ISBN著录于$a子字段，再将错误的ISBN著录于$z子字段。

若ISBN出现明显错误，如少一位或多一位，记录在010字段的$z。

若版权页数据、版权页与封底的ISBN不一致，位数都为十位，且经校验均为有效的ISBN时，以版权页、封底、CIP的顺序依次选择"正确的"ISBN著录在$a，其余著录在$z。通常CIP数据不作为主要依据。

010字段的子字段著录顺序为：abdz或zb$d（如果010字段无$a）。

（三）011国际标准连续出版物号（ISSN）

本字段记录ISSN中心根据ISO3297标准分配的、具有唯一性的连续出版物的标识号（ISSN）以及说明获得方式的词语和/或价格。本字段可重复。有关注意事项可参照010字段。

三、1××编码信息块

本信息块记录定长编码数据元素。常用字段：100、101、102、105、106、110。

（一）100一般处理数据

本字段是用于记录各种载体文献的定长编码数据。本字段必备，不可重复。

本字段有一个子字段$a通用数据处理，不可重复。它是定长的，36位，其中：

0—7字符位：入档日期。通常情况下，由系统自动生成。

8—16字符位：出版日期类型、出版日期1与出版日期2。出版日期类型要与出版日期1、出版日期2相匹配，出版日期著录见表2-2。

表2-2　出版日期著录

出版日期类型	出版日期1	出版日期2	备注
a	起始出版年或不同于出版年的创刊年	9999	现期出版的连续出版物；日期若不确定，未知字符位用#表示
c	起始出版年或不同于出版年的创刊年	####	刊行状态不明的连续出版物；日期若不确定，未知字符位用#表示
d	出版年	####	单册书、一次或一年内出齐的专著
e	复制、重印年	原出版年	复制、重印的文献；日期不确定，未知字符位用#表示

续表

出版日期类型	出版日期1	出版日期2	备注
f	可能的最早出版年	可能的最晚出版年	出版日期不确定的专著；两个日期都不允许包含空位
g	起始出版年	最终出版年或9999	时间延续超过一年的专著（仍在出版中）；日期不确定时，未知字符位用#表示

17—19字符位：读者对象代码。注意一般a不能与b、c、d、e组配；代码f不再使用。

20字符位：政府出版物代码。必备。

21字符位：记录修改代码。该代码必备。0=未修改；1=修改过。通常情况下用"0"。

22—24字符位：编目语种代码。必备。通常情况下用chi。

25字符位：音译代码。通常情况下用y。

26—29字符位：字符集。必备。目前用50##。

30—33字符位：补充字符集。通常情况下不需要补充字符集，故此处用####。

34—35字符位：题名文字代码。表明正题名所用文字。在中文书目机读目录数据中，200字段题名与责任者项除用汉字（可含外文字或数字）著录外，还由计算机辅助生成汉语拼音，故此处应用ea。

著录此字段时需注意每一字符的正确位置，不得错位，尤其是出版日期（因为它会影响到查重、数据合并、限制性检索）、读者代码、政府出版物等字符位更应注意。

只有当在编文献为复制品时，如摹真复制（影印）、购得版权的重印版等，8字符位才用"e"，多次印刷的文献8字符位用"d"。

（二）101 文献语种

本字段用于记录文献题名及其正文的语种代码。如为译著，还需揭示其原著语种。本字段必备，不可重复。

指示符1：0=原著；1=译著；2=含译文（编译文献选用此代码，若仅仅是文献中的文章摘要等翻译，不应用此代码）。通常情况下，字典、词典用"0#"，对照读物用"2#"。

文献正文语种入$a子字段。若正文语种不止一种又在三种之内（包括三种）时，重复$a子字段；超过三种，则采用$a mul表示。

若文献为译著，则$a录入正文语种，$c录入原著语种；如果文献并非译自原著而是转译自某中间语种时，录入方法是：$a 正文语种，$b 中间语种，$c 原著语种。

当文献的提要或文摘语种与正文语种不同时，将该语种著录于$d子字段。

当文献的目次页、题名页及正题名语种与其正文语种不同时，需将其语种分别著录于$e、$f、$g子字段（有则必备）。

（三）102 出版国或地区

本字段包括图书出版国和出版地区代码。本字段不可重复。

本字段包含两个子字段：

$a 出版国代码，可重复。

$b 出版地代码，可重复。（注意：重庆为500000，香港为810000，澳门为820000，台湾为710000）

若出版者分属一国的两个不同地区，其表现形式为：

aCNb110000aCNb120000

（出版者位于中国北京市和天津市，表示由两地联合出版）

若出版者分属不同国家或地区，其表现形式为：

aCNb110000$aUS

（出版者位于中国北京市和美国）

（四）105 编码数据字段：专著性文字资料

本字段用于著录专著性印刷型语言文字资料的编码数据。集中著录的连续出版物没有此字段。本字段为图书完全级记录的必备字段，不可重复。

0—3字符位是图表代码,不足四位时用#补足。注意与215载体形态项$c对应。

自然科学文献中的示意图,应用代码a,并在215$c子字段著录"图";

与图书本身不连续编码的图,应用代码f,同时在215$a子字段录入图版的页码,在$c子字段描述图的类型;

各种类型的表、表格,应用代码"k",但在215$c子字段不著录"表""表格"等字样。

在描述图的类型时,采用"图、图(部分彩图)、地图、肖像、摹真"等表达形式。

4—7字符位是内容特征代码,不足四位时用#补足。除了代码c只能在文献本身是索引时才用外,其他代码在文献含有或文献本身完全是这种类型构成时均可采用。当代码用a时,注意与320字段对应。

8字符位是会议代码。0=非会议出版物;1=会议出版物。

9字符位是纪念文集指示符。0=非纪念文集;1=纪念文集。

10字符位是索引指示符。0=无索引;1=有索引。若用1,则应注意与320字段的对应。

11字符位是文学体裁代码。一种以上的文学体裁或文学研究、文学评论等用代码z。注意所用代码应与本记录的第一分类号相匹配。代码a=小说,b=戏剧,c=散文,d=幽默,e=书信,f=故事,g=诗词,h=演说,y=非文学作品。

12字符位是传记代码。注意所用代码应与本记录的第一分类号相匹配(代码为"d"时除外,即在编文献为含传时,第一分类不一定是传记分类号)。

(五)106编码数据字段:文字资料——形态特征

本字段著录文字资料的物理形式代码。本字段不可重复。

若著录实体为印刷型资料,通常用r表示普通印刷品(普通开本)。此外,还有以下几种类型:d=大型印刷本(宽大于35cm);j=小型印刷本（宽小于10cm）；g=微型印刷本（宽小于5cm）。

（六）110编码数据字段：连续出版物

本字段记录连续出版物的编码数据，包括集中著录的丛书、年鉴、年刊及其他连续出版物。本字段不可重复。

当记录头标区第7字符位为s时，采用此字段。

本字段应按照所要编目的连续出版物的实际情况，如实录入相应代码。比如，年鉴一般采用akah###0xx0。

四、2××著录信息块

本信息块包括ISBD所规定的、除附注项与国际标准书号外的主要著录项目。常用字段有：200、205、207、210、215、225。

（一）200题名与责任说明项

本字段与ISBD的题名与责任者项相对应。按照所编目的文献上出现的形式如实照录文献的正题名、并列题名、其他题名信息、责任说明等。本字段必备，不可重复。

本字段指示符一般采用1#，表示题名有意义，做检索点。

1. $a 正题名子字段（必备，可重复）

正题名是图书的主要题名，著录时原则上按照规定信息源所载题名如实照录。正题名中所含标点、符号、数字、汉语拼音、外文字母及其起语法标点作用的空位，原则上客观照录。为避免与本项著录用标识符混淆，正题名所含方括号应改用圆括号；正题名中所含"/"用半角录入，不加任何空位。例：

2001#$a80386/80486原理及应用$f艾德才，#李文彬编著

2001#$a天地之间$e合法直销≠非法传销$e= Not deceiving, but legal direct selling$f杜若军，冉雅清编著$zeng

交替题名是正题名的一部分，著录于正题名第一部分之后，用"，#又名，#"（或其他相应的词语）连接。并在517字段提供交替题名检索

点。例：

2001#$a女基督山伯爵，#又名，#丽人复仇记

2001#$a醒世奇言，#又题，#醒梦骈言

正题名中含有数字表示的年代、会议届次时，如能判明其为连续出版物，则可不著于200$a子字段，有两种处理方法。

（1）当此种连续出版物集中著录时，将其著录在010$b子字段。

如在编文献为：《韶山年鉴2021》，可判定其为连续出版物，则：

010##$a978-7-5144-4452-0$b精装#；#2020#（总第3卷）$dCNY180.00

010##$a978-7-5144-4931-0$b精装#；#2021#（总第4卷）$dCNY180.00

2001#$a韶山年鉴$b其他连续出版物$f韶山年鉴编纂委员会主编

（2）分散著录时，将其作为分辑号著录在200$h子字段。例：

010##$a7-300-02387-8$dCNY17.00

2001#$a研究生入学考试数学模拟题及题型分析$h1998$f葛严麟主编

5171#$a1998年研究生入学考试数学模拟题及题型分析

如不能判别该文献属于连续出版物则原题照录，并在517字段为排除年代、会议届次的题名形式作检索点。例：

2001#$a第四届"信用法治·韶山论坛"优秀论文集$f谭曼，顾敏康主编

5171#$a信用法治·韶山论坛优秀论文集

正题名组成部分如冠有责任者名称或冠于书名前的"钦定""笺注""校订""袖珍""插图""图解"等字样，均应如实照录。并在517字段为排除这些字样的题名做检索点。例：

2001#$a图解中国建筑史

5171#$a中国建筑史

2001#$a钦定科场条例

5171#$a科场条例

规定信息源有两种或两种以上文种题名，应选择与图书正文文种相同的题名为正题名著录（正题名可以是外文）。

2. $d 并列题名子字段（可重复）

题名页有两种或多种文种的题名信息，未被选作正题名的其他文种题名应作为并列题名著录于正题名之后 $d 子字段，并在并列题名前加"=#"。

出现在题名页之外的并列题名不能著录在 $d 子字段。若该并列题名出现在附加题名页，则用 513 字段生成检索点；出现在其他信息源上的并列题名，应在 312 字段做相关题名附注，并在 500 字段生成检索点。

当文献有并列题名时，通常情况下有下列几种结构形式。

（1）若在编文献有正题名和其他题名信息，而只有正题名的并列题名时，其结构形式为：2001#$a 正题名 $d=# 并列正题名 $e 其他题名信息。

（2）若正题名与其他题名信息分别有各自的并列题名时，其结构形式为：2001#$a 正题名 $e 其他题名信息 $d=# 并列正题名 $e 并列其他题名信息。

（3）若正题名与分卷题名均带有各自的并列题名时，其结构形式为：2001#$a 正题名 $i 分卷题名 $d=# 并列正题名 $i 分卷并列题名。

（4）若在编文献有正题名和分卷题名，而只有分卷题名的并列题名时，其结构形式为：2001#$a 正题名 $i 分卷题名 $i=# 并列分卷题名。

（5）若在编文献有正题名和其他题名信息，而只有其他题名信息的并列题名时，其结构形式为：2001#$a 正题名 $e 其他题名信息 $e=# 并列其他题名信息。如果该并列题名信息本身已将正题名和使用该正题名语言的其他题名信息的内容结合为一体时，其结构形式则应为：2001#$a 正题名 $e 其他题名信息 $d=# 并列正题名。

3. $e 其他题名信息子字段（可重复）

其他题名信息指的是出现在规定信息源上正题名、并列题名之外的题名补充信息，应著录在与其相关的题名之后的 $e 子字段。

图书的卷数、章回数等应视作其他题名信息，一律用图书本身的文字著录。例：

2001#$a 红楼梦 $e 一百二十回 $e 校注本 $f（清）#曹雪芹, 高鹗著 $g 裴效维校注

2001#$a聊斋志异$e十二卷$f(清)#蒲松龄著

题名页如有多个其他题名信息,应按照排版顺序依次重复$e子字段。

译著的原文版次说明不作为其他题名信息处理。当该译著有原著题名等信息时,在305字段说明"据原书××××年×文第×版译出"。

4. 责任说明(可重复)

责任说明主要指对文献的知识内容负主要责任的个人或团体,第一责任说明著录在$f子字段,其他责任说明著录在$g子字段。

责任说明按规定信息源原题名称形式和顺序如实照录。

责任说明应著录在其负有责任的相应题名之后。例:

2001#$a时间的螺旋$e贝壳里的人类史$f(英)海伦·斯凯尔斯著$d=# Spirals in time $ethe secret life andcurious afterlife of seashells $fHelen Scales $g刘利平,李慷译$zeng

著录同一责任方式的多个责任者,一般不超过三个,除第一个外,其余责任者均用",#"分隔;若超过三个只著录第一个,后加"…#[等]"表示。

若文献题名页上的个人责任者既有主编,又有编者时,只著录主编,编者不著;若文献题名页上的主编为个人责任者,而编者为团体机构时,则该团体机构责任者仍需著录。既有主编,又有编著者、编纂者、编写者等不同于主编或编者的责任方式时,第一责任说明著录在$f子字段,其他责任说明著录在$g子字段,若其他责任方式不止一种,则重复$g子字段。

文献题名中已包含责任者名,而规定信息源中又没有相应的责任说明时,不必另加责任说明,只要在7×1字段反映即可。

个人责任者名称前后冠有头衔等字样,一般不予著录。若外国责任者在题名页同时载有汉译名与另一文种的姓名,而题名项只有中文,则重复$f或$g子字段,将另一文种的姓名著录于汉译姓名后,其前用等号"=#"标识。例:

2001#$aPython与R语言数据科学实践$f(加/意)里克·J.斯卡韦塔,

（保）博扬·安格洛夫著 $f=#Rick J. Scavetta, Boyan Angelov $g 黄德滨译

连续出版物一般只著录团体责任者，通常情况下个人责任者不予反映。

责任者的责任方式应根据规定信息源所示如实著录，若著录信息源上的责任者与责任方式表现为"主编×××"，则相应的著录形式也是"主编×××"，不应著录为"×××主编"。责任方式与责任者之间不加空位。若规定信息源未予载明，则不必另加。如必须反映时，可置于"[]"中。

国内责任者（包括香港、澳门、台湾）不必注明国别或地区名称。

（二）205版本项

本字段包括有关文献的版本说明、附加版本说明及与本版有关的责任说明。本字段可重复。

本字段设三个子字段：$a 版本说明；$b 附加版本说明；$c 与本版有关的责任说明

除第1版外，各个版次均著录于 $a 子字段，版次一律用阿拉伯数字表示。著录时需用"第×版"的形式。

版次之外的其他版本说明应著录在 $b 子字段；若无版次说明，只有文字形式的版本说明，如"影印本、修订本"等，则著录于 $a 子字段。

以下几类版本说明可著录在版本项：

①地区版本说明，如"农村版""华南地区版"。

②特殊对象版本说明，如"医师版""学生版"。

③特殊版式或外形说明，如"盲文版""大字印刷版"。

④文种版本说明，如"藏文版"。

⑤其他版本说明，如"影印版"等。

译著的原版本说明不著录在本字段，而是在305字段说明。例：

305##$a 据德国维多里奥·克劳斯特曼出版社1996年德文第3版译出

版本说明文字已经成为书名的组成部分时，不能著录在版本项。如：新版英汉大辞典。

(三) 210出版、发行项

本字段著录有关文献的出版、发行和制作方面的信息。本字段不可重复。

1. $a 出版地或发行地

出版、发行地是指规定信息源所载出版、发行者所在的城市名称，有出版地时不著发行地。为避免重名和识别不知名的地名可在城市名后圆括号中加上其所属省份、国别。

图书题有两个出版、发行地，重复$a子字段；题有三个以上者，按原题顺序著录第一个地名，后加"[等]"字样。

当图书未载明出版、发行地时可推测著录，推测的出版发行地置于方括号中；无法推测出具体城市时，可著录所推测的省或国家名称；无从查考时，可著录为"出版地不详"，并用方括号括起。

2. $c 出版者或发行者

出版、发行者著录于出版、发行地之后的$c子字段。原则上以出版发行机构为准；图书有出版者时，不著发行者。如仅有发行者名称时，则该发行者必须著录（其后不必加发行字样）。

同时充当责任者的出版者，不可著录"著者""编者"等字样。

图书题有两个出版、发行者，若两个出版、发行者同属一个出版地，重复$c子字段；若分属不同出版地，则著录顺序为$aca$c。题有三个以上（含3个）者，接原题顺序著录第一个出版、发行者，后加"[等]"字样。

当图书未载明出版、发行者时可推测著录，推测的出版发行者置于方括号中；无从查考时，可著录为"出版者不详"，并用方括号括起。

若出版地、出版者、出版日期中有两个以上（含两个）著录单元无从查考时，应将这些著录单元置于同一组方括号中。例：

210##$a[出版地不详$c出版者不详]$d2005

210##$a[出版地不详$c出版者不详$d199-?]

3. $d 出版年或发行年

出版、发行年著录于出版者之后的 $d 子字段。

出版年一律用阿拉伯数字著录，并只著录到年。如出版年为非公元年，应如实著录，并在其后方括号内注明公元纪年。

图书未载明出版、发行年，可考证推测著录一个年代，并置于方括号内。如 [2011]；[1998?]；[2000-?]；[19--?]。

多卷书出版年各不相同时，如集中著录，100 出版类型代码用"g"，210$d 子字段著录最初和最后出版年，其间用连字符"–"连接；尚未出齐的多卷书，只著录第一卷或在编文献的出版年，后加连字符"-"，待出齐后，再著录最后出版年。

（四）215 载体形态项

本字段说明图书的形态特征。本字段可重复。

1.$a 特定资料标识及文献数量

著录页数或/和卷册数及与图书文字不连续编码的图版的页数。著录页码时，数字（无论是阿拉伯数字还是罗马数字）依出版物上出现的实际情况著录。例：

215##$avii, 354 页, [8] 页图版

文献的页数一般包括正文页数及正文前后其他页数。若正文前后的内容甚为重要，页数较多（超过 10 页，含 10 页），应按照"正文前，正文，正文后"的顺序分段著录，中间用","标识。

集中著录的多卷书，页数连续编码时，先著总册数，并将总页数著在其后的圆括号中；当各卷图书单独编码时，3 册以内（含3册）先著总册数，再将各卷正文页数分段著录在其后的括号内。3 册以上只著总册数，不著录总页数和单册页数。例：

215##$a2 册 #（635 页）

215##$a3 册 #（301，267，322 页）

215##$a5 册

多卷书分散著录时，如页数为连续编码，则著录起讫页码，中间用连

字符"-"连接。例：

215 ##$a356-588页

图书未标明页码或多段编码（3段以上，不含3段）时，可著录为1册。

2.$c 图及其他形态细节

图及其他形态细节著录于"数量及特定文献型标识"之后的$c子字段。应与105字段0—3字符位图表代码对应。

内容主要由图组成或书名已明确为图的文献，仍需著录"图"字。包括图、彩图、地图、肖像、摹真等应按顺序逐一列出，中间用"，"标识。难以列出图的类型时，著录为"图"；表格不著录。

3. $d 尺寸

尺寸用阿拉伯数字著录，一般只著录图书的高度，以cm为单位，不足1cm的尾数按1cm计算。

图书的宽度大于高度者，应著录为：高度×宽度（×用全角，区位码0133）。

4. $e 附件

附件是分离于图书的主体部分，并与图书结合使用的附加材料，著录于尺寸之后的$e子字段。

附件的著录形式：附件类型、附件数量及计量单位。附件的数量用阿拉伯数字，单位可用"张、袋、册、片、页、叶"等。例：

说明书（16页；29cm）（已经编页的单册说明书，且说明书的开本与原书开本不同）

说明书10叶（单面印刷、散页、未编页码的说明书）

折图1袋（18张）

软盘、光盘、唱片等计量单位统一用"片"。

（五）225丛编项

本字段著录丛编的正题名、并列题名、其他题名信息、责任说明、分丛编名、卷册标识及有关丛编的其他信息。本字段可重复。

丛编的责任者可不著录。

丛编题名若有多种并列题名时只著录一种。

丛编题名在各信息源表现形式不同时，按照丛编/专著题名页、封面、封底、其他的顺序依次选择"正确的"丛编题名著录在225$a子字段，其余的丛编题名在308字段作附注，225字段不再重复反映。

丛编的各种数字型编号在$h子字段客观照录，在$v子字段用阿拉伯数字表示。

某些丛书尽管未注明为丛书，而是用"文库、文集、系列"等表示，实际上具有丛编性质，也应按丛编著录。

五、3××附注块

本附注块可采取自由行文的方式对以上各项因著录规则的规定未予著录而又必须进一步补充说明的内容加以说明。某些附注内容可采用固定导语的形式，导语后用冒号标识。

原则上各类附注都应使用相应的专指附注字段。附注行文尽量统一、规范。

严格使用3××字段，只有不属于301-345专指类别，又有必要给予说明的一般性附注才可著录在300字段，如"国家自然科学基金资助项目"等。有专指字段则不用300字段。

连续出版物若非依据起始卷著录，则将著录依据记入303字段。例：
303##$a据1992年第3辑著录

在任何著录项目中出现的表外字一律著录在303字段，可以有以下几种形式：

303##$atao=陶（-）阝（表示陶字去掉左边的阝，其中用（-）表示去掉汉字中的某部分）

303##$acheng=徵（彳→氵）（表示将彳更换为氵，其中用→来表示更换部件，→区位0190）

303##$alian=帘（繁）（表示用帘的繁体）

303##$azui=山（左）罪（右）（表示左右结构。对于字型较复杂的结构，可按照左上、左下、右上、右下的顺序描述）

303##$aling=竹（上）令（下）（表示上下结构，对于字型较复杂的结构，按照上左、上右、下左、下右的顺序描述）

有关200字段题名与责任说明的附注记入304字段，如"题名取自封面"等。

关于在编文献的版本及书目沿革的附注记入305字段，如在编文献的原版本信息等。例：

305##$a本书原由商务印书馆1956年出版

摹真品（影印）的版本信息用324字段，而非305字段。例：

324##$a本书据上海开明书店1931年版影印

"内部发行""由××国××出版社授权出版"等表明出版及发行限制的文字著录在306字段。

翻译作品的原著版本、译本依据等著录在305字段。形式可以是"据××国××出版社××××年×文第×版译出"。

在编文献含有参考书目和/或索引时著录在320字段。建议使用规范的表述形式："有书目（第××-××页）和索引"。

在编文献的内容附注著录在327字段。若在编文献有多个组成部分，则将其各个组成部分分别著录在327字段的各个$a子字段中，各$a子字段间用"；"或"."隔开。（各$a子字段内容中，仅有组成部分的题名时，用"；"，若各组成部分既有题名又有责任者时，用"."。）

有关用户对象的附注，如"高等学校教材"等，著录在333字段。

六、4××连接款目块

本著录块能够清楚地揭示出相关记录之间的层次关系（总集、分集、单册和单册分析）、平行关系（同一作品不同语种、不同载体形态的记录）

和时间关系（先前块目和后续款目）。

本规则选取最常用的连接字段410、423，其他连接字段则根据在编文献的具体情况选择使用。

（一）410丛编

本字段用于实现著录实体与含有该实体的丛编的连接，当200字段所著录的图书是某丛编的一个单册时，用本字段来实现其与丛编的向上连接。本字段可重复。

410字段中丛编的检索点必须是规范的丛编名称。

410字段只连接$a丛编正题名子字段和$v卷标识子字段。

若某一专著同时隶属于两种或两级丛编，可以重复410字段。

（二）423字段

无总题名图书的合订题名，若为同一责任者，则正题名依次重复著录于$a子字段；若为不同责任者，则第一个正题名为$a，其他正题名依次著录在200$c子字段，这两种情况都要在423字段做连接。正题名超过三个只著录第一个正题名及责任者，其后用省略号表示，其余的题名在311字段说明，然后分别做423字段连接。例：

2001#$a古今注$f（晋）#崔豹撰$g焦杰校点#...

311##$a 本书与：中华古今注#/#（五代）#马缟撰#；#封氏闻见记#/#（唐）#封演撰#；#资暇集#/#（唐）#李匡义撰#；#刊误#/#（唐）#李涪撰#；#苏氏演义#/#（唐）#苏鹗撰#；#兼明书#/#（五代）#丘光庭撰 合订一册

423#0$12001#$a中华古今注$1701#0$a马缟

423#0$12001#$a封氏闻见记$1701#0$a封演

423#0$12001#$a资暇集$1701#0$a李匡义

423#0$12001#$a刊误$1701#0$a李涪

423#0$12001#$a苏氏演义$1701#0$a苏鹗

423#0$12001#$a兼明书$1701#0$a丘光庭

七、5×× 相关题名块

本字段用于著录正题名以外的与在编文献有关的题名。这些题名不一定都出现在题名页，并且与正题名的形式有所不同。

为具有不同题名的同一种文献选定的为人熟知的、通用的题名——统一题名著录在500字段。统一题名可用于原著，也可用于译著，但必须是规范的名称数据。

正题名的其他文字形式，无论其是否出现在书名页，都著录在510字段以生成检索点。

出现在文献封面，与200字段正题名的形式不同的封面题名信息在512字段生成检索点。

出现在文献附加题名页，与200字段正题名的语种不同的附加题名信息在513字段生成检索点。

出现在文献正文第一页起始处即卷端，与200字段正题名的形式不同的卷端题名信息在514字段生成检索点。

出现在文献的书脊，与200字段正题名的形式不同的书脊题名信息在516字段生成检索点。

八、6×× 主题分析块

本记录块著录的是根据不同体系（包括主题法和分类法）构成的文献的主题数据。

本规则只是规定主题标引和分类标引的格式问题，对于分类和主题标引的标引规则概不涉及。

主题组配时，无论是限制性组配还是交叉组配均用 $x。

文献类型启用 $j 子字段表示（$j 的使用可以参照文献类型常用词表）。

文献类型常用词表：《教材》《教学参考资料、自学参考资料》《习题、试题、解题、图解》《摄影集、图集、地图集》《文集、选集、全集、作品集、会议录》《学位论文、毕业论文》《人名录、名录、目录、索引、文摘》《手册、指南、字典、词典、百科全书》《丛书、年鉴、期刊》《普及读物、通俗读物、对照读物、语言读物》。

以个人名称作为主题时，应记录在600个人名称主题字段。600$a子字段只记录个人名称的款目要素，该名称必须是规范的检索点形式，与70×字段个人名称规范形式保持一致。

若在编文献的主题为团体名称或会议名称时，将其著录在601字段。该名称必须是规范的检索点形式，与71×字段团体名称规范形式保持一致。例：

60102$a中国共产党$x党的建设$x研究

只有当某会议作为在编文献的中心主题时，即以该会议作为研究对象才将会议名称设为主题。例：

60112$a八七会议（1927.8）$x史料

以某一部或某几部作品为研究对象的在编文献的主题应该用题名主题。若被研究的著作为有著者的著作则用604字段，著者不详的用605字段。605字段$a子字段记录的作品题名不必加"《》"。例：

604##$1701 0$a蒲松龄，$f1640-1715$150010$a聊斋志异$x小说研究

605##$a诗经$x诗歌研究

若在编文献以地名作为主题标目时记录在607字段。

若标引词涉及中国的具体朝代，在朝代后的圆括号中可不加该朝代的具体年代限制。例：

6060#$a古代史$y中国$z唐代

用《中图法》第五版对文献所作的分类标目记录在690字段，已使用《中图法》其他版次类分的文献，若分类号与四版分类号不同时，则重复690字段，$v子字段选用相应的版次说明。其他分类法的分类号如《中国十进分类法（皮高品分类法）》《中国科学院图书馆图书分类法》《中国人民大学图书馆图书分类法》等分别著录在686、692、694等相应字段。

九、7××知识责任块

本功能块著录对所编文献的内容负有知识责任的个人或团体、会议的名称。

不同责任方式责任者每一项最多可选择3个。

未出现在200字段的责任说明,应先在314字段说明,然后再在7××字段作责任者名称检索点。

对著作负有主要知识责任的个人名称的规范的检索点形式著录在701字段。次要的知识责任说明的个人名称记录在702字段。

对著作负有主要知识责任的团体名称的规范的检索点形式著录在711字段。次要的知识责任说明的团体名称记录在712字段。

当主、次要责任方式的责任者相同时,只在7×1字段为其作责任者检索点。

当责任者为"本书编辑部""本书编写组"时,不在71×字段设立检索点。(同理,责任者为"书名+编辑部或编写组"时,也不在7××字段设立检索点)

若能查出或考证出个人责任者的生卒年代,将其著录在$f子字段。本字段有则必备。

汉名的著录形式有以下几种:

$a姓名,$f生年—卒年;

$a姓名,$f生年—(表明此人仍然健在);

$a姓名,$f?—卒年;

$a姓名,$f生年—?(表明此人确已去世,但卒年不详);

$a姓名,$f朝代(中国古代责任者若考证不出其确切生卒年代,只知道其生活的朝代,则在$f字段著录朝代,不必在其后的括号中加年代限制,如:$f清代。

外国责任者的著录形式:

(1)若在编文献上载有或能够考证出其规范的汉译姓及姓名原文,著录格式为：70×#1$a汉译姓，$b名字的原文缩写（缩写形式有一个以上时，中间加一空位，如$bH.#J.），$g（原文姓，#原文名），$f生卒年，$4责任方式。例：

701#1$a莎士比亚，#$bW.$g（Shakespeare，#William），$f1564-1616$4著

70×字段的各子字段有则必备。

（2）若在编文献只载有汉译姓和名的缩写形式，其著录形式为：70×#1$a汉译姓，$b名字的原文缩写。例：

701#1$a理查德，$bG.#R.

（3）若在编文献只载有汉译姓和汉译名，经查考也未能查到原文姓名，其著录形式则为70×#1$a汉译姓，$b汉译名或汉译名和名的原文缩写。例：

701#1$a克里摩尔，$b迪克

701#1$a阿多波罗费西亚，$b迈克尔·Y.

（4）若在编文献未给出外国个人责任者的汉译姓，应查出，查不到则根据音译表翻译。也就是说70×字段的$a子字段的款目要素必须是中文形式。

（5）若外国团体责任者有统一的或约定俗成的汉译名，如：Microsoft Corporation通常采用"美国微软公司"作标目，著录在71×的$a子字段；经查考确无统一的汉译名称时，可将其原文形式著录在71×字段的$a子字段。

（6）会议文集须在711字段作会议名称标目，会议名称标目的著录形式为71112$a会议名称$d（会议届次#：$f会议日期#：$e会议地点）。其中会议届次用序数词，会议日期记录会议召开年。会议文集的主编著录在7×2字段。例：

71112$a全国音乐分析学学术研讨会$d（第3届：$f2015：$e武汉市，湖北省）

（第三届全国音乐分析学学术研讨会2015年在湖北省武汉市召开）

十、801 数据来源字段

本字段是对记录来源的说明，本字段必备，可重复。

本字段著录格式：

801#0aCNb原始编目机构代码$c处理日期（用YYYYMMDD的形式）。

801#2aCNb修改记录的机构代码$c处理日期。

套录数据时应保留原始编目机构的801字段，如对书目数据做了较大的修改可加上本馆修改记录的801字段。（注意：此时头标5字符位记录状态代码应为"c"）

第三章 中文文献编目实践中的难点问题研究与实例

第一节 多卷书编目

一、多卷书著录的现状

(一)多卷书的概念

《普通图书著录规则》(GB/T 3792.2-1985)定义多卷书为:同一著作分若干卷(册)出版的图书。《〈中国图书馆分类法〉(第四版)使用手册》规定,多卷书是一种分卷、辑、册逐次或一次出版的文献。综上所述,多卷书是同一著作分若干卷(册)出版的,有一个共同书名,每分卷(册)的内容都围绕一个中心主题,装帧形式一致,共同构成一个联系紧密的有机整体,有分卷(册)名,也可无分卷(册)名。[①]

(二)多卷书著录的现状

目前,多卷书的著录有集中著录和分散著录两种情况。《国际标准书目著录》(ISBD)认为:(1)以各个部分的共同题名为正题名,而把各个

[①] 夏红兵.也谈多卷书的CNMARC著录——兼与崔江、崔波二君商榷[J].图书馆建设,2005(4).

部分的题名著录在内容附注中;(2)以每个部分的正题名为正题名,将各个部分的共同题名著录在丛编中;(3)将各部分的共同题名和每个部分的题名相结合,作为正题名著录。国家标准《普通图书著录规则》中规定:"多卷(册)图书以整套综合著录为原则,各个分卷(册)次或编号,连同各个副书名为子目,一并著录于附注项";"多卷(册)图书的各个组成部分单独著录时,卷(册)次、顺序号等编次作为书名的组成部分,空一格。如出现若干层次,必要时可重复空格",准确指出整套著录和分散著录两种形式。但由于多卷书本身及出版的复杂性,国家标准缺乏对集中著录和分散著录的一些具体规定,多卷书在何种情况下集中著录、何种情况下分散著录,尚无统一说法。

通过对各类型图书馆的馆藏书目数据的对比分析,发现由于各编目单位著录上的主观随意性,同一种多卷书机读书目数据不一致的情况时有发生。

张晓峰主编的《世界园林博览》(重庆出版社2003年1月出版)24卷本,有共同的ISBN号、总价,有分卷标识和分卷题名,分卷题名下还有分卷标识,国家图书馆、上海图书馆、深圳图书馆对该书的书目数据处理各不相同,现举其中的《园林建筑》(一)(《园林建筑》共2卷)的书目数据为例加以说明。

```
世界园林博览(卷1)
  园林设计师图典
  园林建筑(一)
```

版权页示意图

国家图书馆的数据:

010##$7-5366-5971-7$dCNY912.00(全套24卷)

2001#$a世界园林博览$i园林建筑$h一~二$e[图集]$f张晓峰主编

210##$a重庆$c重庆出版社$d2003

215##$2册(1~80页)$d31×31cm

2252#$a园林设计师图典$v1卷~2卷

461#0$a园林设计师图典

607##$a园林艺术$y世界$j图集

607##$a园林建筑$y世界$j图集

690##$aTU986.61-64$v4

上海图书馆的数据：

010##$a7-5366-5971-7$dCNY912.00（全24卷）

2001$a园林建筑$f张晓峰主编

210##$a重庆$c重庆出版社$d2003

215##$a2册（80页）$d32cm

2252#$a世界园林博览$e园林设计师图典$v卷1~2$f张晓峰主编

461#0$12001#$a世界园林博览

462#0$12001#$a园林设计师图典

6060#$a园林设计$y世界$j图集

6060#$a园林建筑$x园林设计$y世界$j图集

690##$aTU986.2-64$v4

690##$aTU986.4-64$v4

深圳图书馆的数据：

010##$a7-5366-5971-7$dCNY38.00（套CNY912.00）

2001#$a世界园林博览$h卷1$e园林设计师图典$i 园林建筑$h-$f张晓峰主编

210##$a重庆$c重庆出版社$d2003

215##$a40页$d32cm

6060#$a园林建筑$x园林设计$y世界$j图集

690##$aTU986.2-64$v4

国家图书馆和上海图书馆对该多卷书总体上采用了丛书的著录，对分卷题名下的分册采取了小集中的著录方式,但二者对丛书名的选取迥异;深圳图书馆则全部采用"一册书一条书目记录"的分散著录方式,充分揭示了各卷内容。代表中国数字化前沿的三大图书馆的CNMARC数据在确认分散著录的前提下尚且差异如此,其他图书馆在集中著录和分散著录上的处理的不一致就可想而知,从而影响了书目数据质量控制和书目资源共享。[①]

二、多卷书著录的探讨

针对同一套多卷书、同类型的书在各个图书馆编目数据中做法不统一,集中和分散著录方法普遍并存的现状,编目工作者积极探讨、努力寻找多卷书集中或分散著录的规律,力求多卷书著录能够更加准确、规范、统一。

(一)众说纷纭的探讨

熊光莹(《计算机编目技术手册》主编)认为:无分卷题名的多卷书应集中著录,若陆续到馆,则在215字段$a子字段作"开口"处理;有分卷题名、但其不具有独立检索意义时,应分散著录,正题名由共同题名与附属题名组成;分卷题名具有独立检索意义时,应将其选为正题名,而将共同题名作丛编题名处理。

中国文献编目规则小组(见《中国文献编目规则》)认为:一次出版的多卷书就整套著录,陆续出版的多卷书就分散著录,无分卷题名的多卷书整套著录,有分卷题名的多卷书分散著录。

CALIS在《CALIS联合目录中文图书著录细则》和《CALIS中文图书编目业务培训教材》中则规定:有共同题名的多卷书,当分卷名没有独立的检索意义时,应集中著录;多卷书有共同题名且分卷题名有独立检索意义,可以分散著录。

---

① 夏红兵. 也谈多卷书的CNMARC著录——兼与崔江、崔波二君商榷[J]. 图书馆建设, 2005(4).

崔文在比较分析CALIS数据和许多高校图书馆的书目数据后认为，以分卷题名物理层次是否单一（物理层次单一是指分卷题名下面没有其他分卷名，但分卷名可以有自己的副题名和责任者），即以分卷题名下面是否还有分卷题名作为集中或分散著录的主要依据，这能够使多卷书采用集中还是分散著录的判断变得更为简单和容易，该观点还归纳了多卷书的5种类型和相应的著录方法。

夏红兵认为：藏书组织只能单线排列，一种书排列在一个位置上，即先按分类号顺序排列，分类号相同，再按区分不同品种、不同书名以至不同版本的辅助号排列，一直区分到各类图书的不同品种，这样得到的藏书排架号就是分类目录组织中的馆藏索取号。为了集中多卷书的各册或一种书的不同版本，须在辅助号上加上册次号或版次号，体现在CNMARC格式中的905字段的$v、$y子字段。[①] 例：

《张岱年全集》（10册本），相应的著录字段应为：
010##$a7-202-01990-6$b精装$dCNY24.00（全10册CNY240.00）
2001#$a张岱年全集$h第一册$f张岱年著
690##$aB26$v4
905##$dB26$e1228$vV.1$y1996

如此分散著录，得到的藏书索取号细致深入，便于馆员研究和熟悉馆藏，便于读者系统选择使用藏书，从而提高了检索效率，使取书归架迅速简便，节省了时间和劳动消耗。

所以，夏红兵认为，不论从图书在藏书组织和分类目录组织中的排列顺序，还是从读者查询、检索图书、流通使用的效果以及网上资源共享的角度，多卷书以采用分散著录的方式为好。

（二）夏红兵分散著录的观点

夏红兵通过他所在图书馆的书目数据库建设实践和各图书馆网上书目数据的对比分析，认为，不论从图书在藏书组织和分类目录组织中的排列

---

① 夏红兵. 也谈多卷书的CNMARC著录——兼与崔江、崔波二君商榷[J]. 图书馆建设，2005（4）.

顺序，还是从读者查询、检索图书、流通使用的效果以及网上资源共享的角度看，多卷书采用分散著录的方式最好。其中又分几种情况：

1. 共用一个ISBN号的多卷书

对于各分卷共用一个ISBN号的多卷书，则不论分卷题名、分卷标识的层次如何，不论分卷题名是否有独立的检索意义，均以多卷书的总书名作为正书名著录于200字段的$a子字段，分卷标识著录于$h子字段，分卷题名著录于$i子字段，总编者作为第一责任者著录于$f子字段，分卷著者作为其他责任者著录于$g子字段（无总编者，则以分卷著者作为第一责任者著录），如将分卷题名作为检索点，则著录在517字段的$a子字段。[①] 例：

迟轲主编，樊林，陈儒斌编著的多卷书《世界雕塑图典》（由《形象化的民族自传：古代中国亚洲埃及希腊 罗马部分》《从神性向人性的升华：欧洲中世纪文艺复兴"巴洛克风格部分"》和《星群璀璨的年代：西方十八、十九、二十世纪部分》3卷构成）共用一个ISBN，有总价，则应著录为3条记录：

010##$a7-5394-1197-X$dCNY 30.00$z7-5394-111-2

2001#$a世界雕塑图典$h1$i形象化的民族自传$e古代中国亚洲埃及希腊罗马部分$f迟轲主编$g樊林，陈儒斌编著

210##$a武汉$c湖北美术出版社$d2002

215$a153页$d21cm

330##$a本书收入了古代中国、亚洲、埃及和希腊、罗马的雕塑作品，其中包括中国的（青铜）（商代）/犀尊，中国的（青铜）（秦代）/驷马车，日本的（本雕饰金）（公元8—9世纪）/千手观音等。

5171#$a形象化的民族自传

6060#$a雕塑$y世界$z近代$j图集

690##$aJ331$v4

---

① 夏红兵. 也谈多卷书的CNMARC著录——兼与崔江、崔波二君商榷[J]. 图书馆建设, 2005（4）.

2. 各有 ISBN 号，无分卷题名的多卷书

对该类多卷书，则不论其分卷标识的层次如何，一律将总书名著录于 200 字段的 $a 子字段，分卷标识著录于 200 的 $h 子字段。① 例：

李英杰主编的《概率论与数理统计》（2 册），有总书名，各有 ISBN 号和单价，则相关字段的著录为：

010##$a7-80010-083-2$dCNY6.00

2001#$a 概率论与数理统计 $h 第一册 $f 李英杰编

210##$a 北京 $c 能源出版社 $d1990.3

690##$aO21$v4

3. 各有 ISBN 号，有分卷题名但不具备独立检索意义的多卷书

夏红兵认为，所谓分卷题名有独立检索意义，是指分卷题名具有完整的概念内涵，能够与总书名分离而独立存在。该类多卷书的著录方式应与共用一个 ISBN 号的多卷书的著录方法相似，只是分卷题名不在 517 字段的 $a 子字段予以揭示。② 例：

陈高华、徐吉军主编的多卷书《中国风俗通史》，按中国历史顺序分为原始社会卷、夏商卷、两周卷等 12 卷，各有 ISBN 号，有单价和分卷著者，则相关字段的著录应为：

010##$a7-5321-2428-2$dCNY40.00

2001#$a 中国风俗通史 $i 两周卷 $f 陈高华，徐吉军主编 $g 陈绍棣著

210##$a 上海 $c 上海文艺出版社 $d2003

215##$a12，670 页 $c 图 $d20cm

330##$a 本书介绍了两周时期的饮食风俗、服饰风俗、居住与建筑风俗、行旅交通风俗、婚姻风俗、生育风俗、卫生保障和养老风俗等内容

6060#$a 风俗习惯史 $y 中国 $z 周代

---

① 夏红兵. 也谈多卷书的 CNMARC 著录 —— 兼与崔江、崔波二君商榷[J]. 图书馆建设，2005（4）.

② 夏红兵. 也谈多卷书的 CNMARC 著录 —— 兼与崔江、崔波二君商榷[J]. 图书馆建设，2005（4）.

690##$aK892$v4

4. 各有ISBN号，有分卷题名且有独立检索意义的多卷书

该类多卷书的著录，应将总书名作为丛编题名著录在225字段的$a子字段，分卷题名下的分卷标识和分卷题名著录在200字段的$a子字段，分卷标识著录在225字段的$v子字段，将分卷题名作为正书名著录在200字段的$a子字段，分卷题名下的分卷标识和分卷题名著录在200字段相应的$h、$i子字段。① 例：

顾晓鸣主编的多卷书《中国的智慧》，各有ISBN、单价和分卷著者，并且其分卷题名《先秦政治中的智慧和谋略》《中国生财理财的智慧》《中国佛门的大智慧》等都可以与总书名《中国的智慧》分离而独立存在，因此，实际工作中，书目数据的相关字段应作如下著录：

010##$a7-213-00725-4$dCNY2.80

2001#$a先秦政治中的智慧和谋略$f曹峰著

210##$a杭州$c浙江人民出版社$d1991.10

215##$a179页$d19cm

2252#$a中国的智慧$f顾晓鸣主编

330##$a本书主要考察中国古代政治智慧，内容包括道德与政治、法与政治、传统与革新、治国之道及对政治智慧的超越等。

461#0$a中国的智慧

6060#$a政治思想$x思想史$y中国$z先秦时代

690##$aD092.31$v4

三、CALIS对多卷书集中和分散著录的规定

关于多卷书，《CALIS联机合作编目手册（上）》（谢琴芳主编）是这样定义的：多卷书是一种分卷、分辑、分册陆续出版或一次出版的图书。

---

① 崔江. 对CALIS多卷书著录的分析和建议[J]. 图书馆论坛，2004（10）.

多卷书有一个总题名，绝大多数有分卷标识，大多有分卷名，有的分卷题名还带有副题名；或除分卷题名外，还有自己的分卷题名等。其最大特点是它各卷的内容是一个有机整体，有着内在的联系。多卷书的著录应该尽可能体现这个特点。①

CALIS联合编目中心在《CALIS联机合作编目手册（上）》（谢琴芳主编）、《CALIS联合目录中文图书著录细则》（2001年12月修订）和《CALIS中文图书编目业务培训教材》（2002年12月）中对多卷书的著录作出的总体规定是：一般而言，多卷书以集中著录为原则。同时，还作出集中著录和可以考虑分散著录的一些具体规定。这些规定归纳起来有以下情况②。

（一）可以集中著录的情况

有总题名、有分卷标识、无分卷名，一般应集中著录；

有总题名、有（或无）分卷标识，有分卷名但分卷名没有独立检索意义，一般应集中著录；

文史资料的多卷书，通常集中著录。

（二）可以考虑分散著录的情况

有总题名、有分卷标识，有分卷名，分卷名有独立检索意义，可分散著录；

有总题名、有（或无）分卷标识，有分卷名，分卷名没有独立检索意义，没有相同的ISBN和总的责任者，可以考虑分散著录；

有总题名、分卷出版的地方志可采用分卷著录。

《CALIS中文图书编目业务培训教材》（2024年5月）对集中著录与分散著录的原则是：对以多卷或丛编形式出版的图书文献的著录，各种著录规则均认为，既可分散著录，也可集中著录。多卷书或丛书只有一个ISBN，一个总价并且页码连续，应集中著录。每册单独编页的多卷书，其单册题名无意义，共同题名著录于200$a，单册题名作为附属题名著录

---

① 崔江. 对CALIS多卷书著录的分析和建议[J]. 图书馆论坛，2004（10）.
② 崔江，崔波. 多卷书的集中和分散著录与标引[J]. 情报杂志，2004（5）.

于200$i。

每册单独编页的多卷书,其单册题名有独立意义,如果分卷册题名在题名页版式上明显突出,以分卷题名作为正题名著录于200$a,共同题名作为丛编题名著录于225字段;如果共同题名和分卷册题名在版式上字体大小相差无几,可以由共同题名和分卷册题名共同组成正题名,分别著录在200字段的$a和$i。

CALIS联合编目中心作出集中和分散著录具体规定的意图十分明显,那就是尽可能使多卷书著录规范化,进一步提高编目数据质量。然而CALIS的规定本身就是造成差异的重要原因。

首先,许多规定在用词上就暗含允许同种多卷书集中和分散著录方法并存的意思。

从上面介绍的著录规定中,我们能看到"一般""通常采用""可以考虑""可采用"等用词,虽然这些用词包含了CALIS联合编目中心的著录倾向性,但这些模棱两可的词用在规定中,用于152个成员馆里,必然大大增加判断的可变因素,容易造成混乱。给人的理解就是编目人员可以采用"一般""可以""通常"的处理方法,也可以不采用"一般""可以""通常"的处理方法。体现在编目数据上常常就是相同的多卷书,各个馆集中和分散著录情况有别。

如《美国通史（1—6卷）》(刘绪贻,杨茂总主编),有"美国的奠基时代""美国的独立和繁荣"等6个分卷题名且有"独立检索意义"。按照上面的著录的要求,则"可以分散著录",但同时暗含"可以不分散著录"的意思。北京大学、清华大学等图书馆就采取了"可以分散著录"的著录方法,即每一分册著录一条数据。著录方法是:总书名著录在200$a子字段,分卷标识和分卷题名分别著录在200$h子字段和$i子字段;517字段为分题题名设检索点。南京大学、南京师范大学等图书馆采取"可以不分散著录"的著录方法,142即整套多卷书著录一条数据,著录方法是:总书名著录在上200$a子字段,分卷标识著录在010$b子字段(如果各分卷有各自的ISBN号,则重复010子段并将分卷号著录在对应的010 $b子字段），各分卷题名集中著录在327字段，按照ISBD格式著录在重复的517字段为各分卷题名设检索点。于是，差别就产生了。再如连续出版的多卷书《宗教与民族》（牟钟鉴主编），没有分卷名，本来很容易统一，但实际情况是南京大学、南京师范大学等图书馆采用集中著录方法，清华大学等图书馆采用分散著录方法。造成差别的原因，在于有的馆选择了"可以"，而有的馆没有选择"可以"。

其次，CALIS对有分卷题名的多卷书集中或分散著录的规定很含糊。

CALIS强调的是分卷题名"有"或"无"独立检索意义。若"有独立检索意义"可以分散著录；若"没有独立检索意义"则集中。然而这个"独立检索意义"本身就是一个模糊概念。因为"有独立检索意义"和"无独立检索意义"不是绝对的，而是相对的，取决于从什么角度来理解分卷题名。许多分卷题名外延很大，其意义范围往往相当宽泛。似乎没有确指某件具体的事物，似乎可以判断为"无"独立确切的检索意义；但是将它们放置于全套书中来理解时，分卷题名往往代表着或概括了各分册的内容是全套书不可分割的组成部分，"有"独立确切的检索意义。

许多分卷题名实际上就处在"有独立检索意义"或"无独立检索意义"之间，编目人员判断起来很难，意见很难统一。这样一来一套书完全相同或类型相同的书，不同的馆，甚至同一馆不同的编目人员的理解和处理就很可能不同。比如《英语读写教程》一套多卷书有两个分卷题名"教师用书""学生用书"，作为名词短语"教师用书""学生用书"所指范围太大，包括的内容太多，没有专指性，几乎没有独立确切的意义；作为分卷题名，却将本套教程进行了使用对象的分类，又不能说它们无意义。再如《罗洛文集》的分卷题名"诗歌卷""译诗卷""诗论卷""散文、译文、科学论著选"等，它们在总题名统罩下，才有标明各分卷内容的具体意义的作用，离开了总题名，又成了一个个十分空泛、不表达确切独立意义的概念。以"'有'或'无'独立检索意义"作为标准来判断集中还是分散著录，必然造成各个成员馆认识不统一、编目数据不统一，从而呈现出两种著录方法的结果。

同一套或同种类型的多卷著录不统一，往往造成卷书著录情况混乱。

从横向看，造成各个馆之间的差异不利于协调统一；从纵向看，影响各个馆的数据库建设以及CALIS联合目录数据库的建设。

四、如何判断多卷书的集中和分散著录

多卷书的最大特点是各分卷的内容是一个有机整体，有着内在的联系，由此决定了多卷书的著录、主题标引、分类标引应该尽可能地体现这个特点。[①]

《CALIS联机合作编目手册（上）》（谢琴芳主编）对多卷书标引是这样要求的：多卷书无论是主题标引还是分类标引，都应以整套书的内容进行集中标引，如果分卷是全书的一个专题且有分卷书名，还应对分卷作分析标引，这样多卷书的内在联系才不至于割裂开来。从著录角度讲，多卷书各卷的内容是一个有机整体，有着内在的联系，因此CALIS联合编目认为多卷书一般以集中著录为原则，并作出应集中著录和可以考虑分散著录的一些具体规定。这些规定有些是易于被掌握，不容易产生分歧，比如对连续出版的多卷书的著录规定、对没有分卷题名的多卷书的著录规定等，都比较容易被广大编目工作人员理解和达成共识，但有些规定的划分标准，特别是对"有分卷题名"的多卷书采取集中还是分散著录的规定却不容易在编目工作人员中达成一致。[②]

CALIS在《CALIS联合目录中文图书著录细则》（2001年12月修订）和《CALIS中文图书编目业务培训教材》（2002年12月）中是这样规定的：有共同题名的多卷书，当分卷名没有独立的检索意义，一般应集中著录；多卷书有共同题名和分卷题名，且有独立检索意义，可以分散著录。

"'有'或'没有'独立的检索意义"是比较模糊的概念，因为"独立检索意义"不是绝对的，而是相对的，取决于从什么角度来理解分卷题名。许多分卷题名外延很大，其意义范围往往相当宽泛，似乎没有确指

---

① 崔江，崔波.多卷书的集中和分散著录与标引[J].情报杂志，2004（5）.
② 崔江，崔波.多卷书的集中和分散著录与标引[J].情报杂志，2004（5）.

某个具体的事物，"无"独立确切的意义，但是将它们放置于全套书中来理解时，分卷题名往往代表着或者概括了各分册的内容，是全套书不可分割的组成部分，"有"独立确切检索的意义。有许多分卷名实际上就处在"有"或"无"之间，编目人员判断起来很难，意见很难统一。这样一来，对一套完全相同或类型相同的多卷书，不同的馆处理的方法就很可能不同。虽然我们认为，只要各个馆遵循CALIS的多卷书著录的总原则，体现出在编文献的特点并兼顾各个馆的书目体系和著录规则，保持著录方法的前后一致，集中或分散著录都没有错，但在编目工作中积极探讨、努力寻找多卷书集中或分散著录的规律，力求将多卷书著录得更加准确也是每一个CALIS成员馆和编目人员的责任。

我们通过对CALIS数据和许多高校图书馆的数据进行分析比较，发现对于有分卷题名的多卷书，如果避开"'有'或'无'独立的检索意义"这个容易产生歧义的判断标准，换用更客观、更直观的判断标准，从分卷题名物理层次是否单一，即以分卷题名下面是否还有分卷题名作为集中或分散著录的主要依据，反而能使多卷书是集中还是分散著录的判断方法变得简单和容易。为了直观，将常见的多卷书形式按照集中著录和分散著录进行划分，列成简表（如表3-1）。①

表3-1 常见多卷书集中、分散著录划分

集中著录	分散著录
有总题名、有分卷标识、无分卷题名	有总题名、有分卷标识、有分卷题名但分卷名下还有分卷题名
有总题名、有分卷标识、有分卷题名且分卷题名层次单一	有总题名、无分卷标识、有分卷题名但分卷名下还有分卷题名
有总题名、无分卷标识、有分卷题名且分卷题名层次单一	

注：分卷标识不一定出现在主要信息源，前言、后记、内容介绍等出现的也算数。

---

① 崔江，崔波.多卷书的集中和分散著录与标引[J].情报杂志，2004（5）.

由表3-1可见，集中著录与分散著录区分的关键点在于分卷题名，看分卷题名物理层次是否单一。所谓物理层次单一是指分卷题名下面没有其他分卷名，但分卷名可以有自己的副题名和责任者。如果分卷题名层次单一（包括第一种情况中没有分卷名的情况），就集中著录；如果分卷名层次不单一，就分散著录。集中著录的一般方法是：一套多卷书做成一条CNMARC数据，总题名著录在200 $a子字段，总责任者著录在200 $f子字段，分卷标识著录在重复的010 $b子字段中，各分卷名的副题名和责任者与各分卷题名一起著录在327重复的$a子字段中。分散著录的一般方法是每一分卷做成一条数据。

分散著录一般方法有二：其一，总题名著录在200 $a子字段，分卷标识著录在200 $h子字段，分卷名著录在200 $i子字段中。分散著录之所以没有像集中著录时用327字段集中反映各分卷题名，是因为这时的分卷题名还有自己的下级分卷名，现行的编目规则包括CALIS的规则对327字段只定义了$a子字段。327字段集中反映。其二，总题名著录在225 $a子字段，分卷题名著录在200 $a子字段。

五、5种多卷书的著录分析

第1种情况：有总书名、分卷标识，无分卷名的多卷书，采用集中著录方法。著录方法：总书名著录在上200 $a的子字段，分卷标识著录在010 $b子字段。如果各分卷有各自的ISBN号，则重复010字段，并将分卷标识著录在与ISBN号对应的010 $b子字段。

主题标引与分类标引：集中标引，以全套书概括性内容进行标引。例：

010##$a7-202-01990-6$ b精装 $dCNY240.00（8册）

2001#$a张岱年全集

6060#$a哲学 $x研究 $y中国 $z现代 $j文集

690##$aB261-53 $v4

第三章　中文文献编目实践中的难点问题研究与实例

```
LDR    01073nam0^2200325^^^450^
010  a 7-202-01990-6
     b 精装
     d CNY240.00 (8册)
100  a 19971006d1996^^^^ekmy0chiy50^^^^^^ea
101 0 a chi
102  a CN
     b 130000
105  a cfh^z^^^000yy
106  a r
200 1 a 张岱年全集
      A zhang dai nian quan ji
210  a 石家庄
     c 河北人民出版社
     d 1996
215  a 8册 [16] 页图版
     c 肖像,摹真
     d 21cm
600 0 a 张岱年
      A zhang dai nian
      f 1909-2004
      j 文集
606 0 a 哲学
      A zhe xue
      x 研究
      y 中国
      z 现代
      j 文集
690  a B261-53
     v 4
701 0 a 张岱年
      A zhang dai nian
      f 1909-2004
      4 著
```

张岱年全集 (张岱年,) 出版年: 1996.	
说明	索书号
第一卷	B261-53/Z266/(1)
第二卷	B261-53/Z266/(2)
第三卷	B261-53/Z266/(3)
第四卷	B261-53/Z266/(4)
第五卷	B261-53/Z266/(5)
第六卷	B261-53/Z266/(6)
第七卷	B261-53/Z266/(7)
第八卷	B261-53/Z266/(8)

第2种情况：有总书名、分卷号且分卷名层次单一的多卷书采用集中著录方法比较直观。

著录方法：总书名著录在上200 $a子字段，分卷标识著录在010 $b子字段，如果各分卷有各自的ISBN号，则重复010子段，并将分卷号著录在对应的010 $b 子字段，各分卷名著录在327字段，按照ISBD格式著录，如果各分卷的责任者不同，也要著录在相应的分卷名之后。分卷题名的检索点著录在517子段 $ a字段。

主题标引：集中标引或双重标引。以全套书内容进行集中标引；若分卷是全书的某一专题，先以全套书概括性内容进行集中标引，再依分卷的学科内容进行分析标引。

分类标引：集中标引。以全套书内容进行概括性分类标引。例：
010##$a7-5394-1197- X $d CNY30.00（3册均价）$z 7-5394-1111-2
2001#$a世界雕塑图典 $ f迟轲主编
3271#$a1#形象化的民族自传（古代中国亚洲埃及希腊罗马部）# / #迟轲，樊林，陈儒斌编著#；$ a2 #从神性向人性的升华#（欧洲中世纪文艺复兴"巴罗克"风格部分）# / #樊林#陈儒斌编著#；$ a3 #星群璀

璨的年代#（西方十八、十九、二十世纪部分）

  5171#$a形象化的民族自传

  5171#$a从神性向人性的升华

  5171#$a星群璀璨的年代

  6060#$a雕塑$x世界$j图集

  690##$aJ331$v4

（注：因为各分卷涉及的内容跨越的时段和地区太大，这里就没有进行主题的分析标引。）

```
LDR    ^^^^^nam0^2200241^^^450^
010    a 7-5394-1197-X
       d CNY30.00 (3册均价)
       z 7-5394-1111-2
100    a 20021005g2002^^^^em^y0chiy0110^^^^ea
101  0 a chi
102    a CN
       b 420000
105    a a^^^z^^^000yy
106    a r
200  1 a 世界雕塑图典
       A shi jie diao su tu dian
       f 迟轲主编
210    a 武汉
       c 湖北美术出版社
       d 2002-
215    a 3册
       d 21cm
327  1 a 1形象化的民族自传(古代中国亚洲埃及希腊罗马部) / 迟轲，樊林，陈儒斌编著；
       a 2从神性向人性的升华(欧洲中世纪文艺复兴"巴罗克"风格部分) / 樊林，陈儒斌编著；
       a 3星群璀璨的年代(西方十八、十九、二十世纪部分
517  1 a 形象化的民族自传
       A xing xiang hua de min zu zi zhuan
517  1 a 从神性向人性的升华
       A cong shen xing xiang ren xing de sheng hua
517  1 a 星群璀璨的年代
       A xing qun cui can de nian dai
606  0 a 雕塑
       A diao su
       y 世界
       j 图集
690    a J331
       v 5
```

  第3种情况：有总书名无分卷号，且分卷名层次单一的多卷书，大多采用集中著录方式。

  著录方法：与第2种情况的著录方法很相似，只是这里没有$h子字段。

  主题标引与分类标引：同第2种情况。例：

2001#$a20世纪中国文学作品选$f主编高永年

3271#$a诗歌卷；$a小说卷；$a散文卷；$a戏剧卷

6060#$a文学$y中国$z20世纪$j作品综合集

6060#$a戏剧$y中国$j作品集

6060#$a小说$y中国$j作品集

6060#$a诗歌$y中国$j作品集

690##$a217.1$v4

但计算机的这类多卷书较多地采用分散著录和集中标引的方法（具体方法与第4或第5种情况类似），如《全国计算机等级考试教育部考试中心笔试试题及答案汇编》。

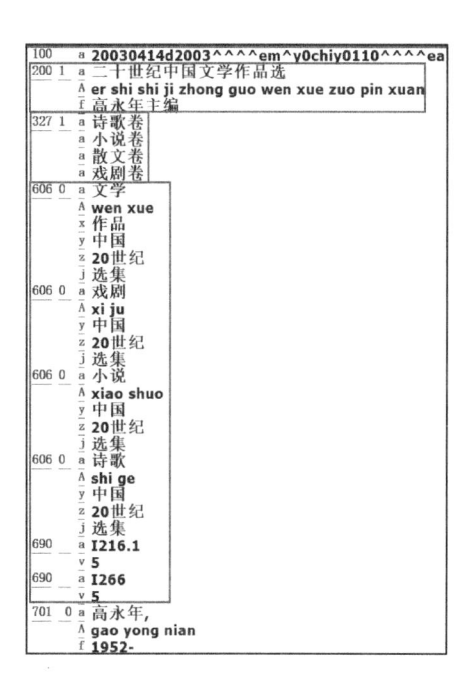

```
100    a 20030414d2003^^^^em^y0chiy0110^^^^ea
200 1  a 二十世纪中国文学作品选
       A er shi shi ji zhong guo wen xue zuo pin xuan
       f 高永年主编
327 1  a 诗歌卷
       a 小说卷
       a 散文卷
       a 戏剧卷
606 0  a 文学
       A wen xue
       x 作品
       y 中国
       y 20世纪
       j 选集
606 0  a 戏剧
       A xi ju
       y 中国
       y 20世纪
       j 选集
606 0  a 小说
       A xiao shuo
       y 中国
       y 20世纪
       j 选集
606 0  a 诗歌
       A shi ge
       y 中国
       y 20世纪
       j 选集
690    a I216.1
       v 5
690    a I266
       v 5
701 0  a 高永年,
       A gao yong nian
       f 1952-
```

第4种情况：有总书名，有分卷标识，有分卷题名且其下还有分卷题名的多卷书，采用分散著录。

著录方法：总书名著录在200 $a子字段，卷次标识和分卷题名分别著录在200 $h子字段和$ i子字段；总责任者著录在$ f子字段，放在总题名之后，分卷责任者著录在$ f子字段，放在分卷题名之后。分卷题名的检索点著录在517子字段$ a字段。

主题标引：多重标引。先以全套书概括性内容进行集中标引，再依分卷的多方面内容进行分析标引。

分类标引：双重标引。先以全套书概括性内容进行集中标引，再依分卷的内容进行分析标引（一般不要求对分卷题名下面的分卷做分析标引）。例：

2001#$a中华人民共和国地质矿产部地质专报$h六$i水文地质工程地质$h第1号$i洛塔岩溶及其水资源评价与利用的研究$f洛塔岩溶地质研究所编

5171#$a水文地质

5171#$a工程地质

6060#$a地质学$x研究报告$y中国

6060#$a水文地质$x研究报告$y中国

6060#$a工程地质$x研究$y中国

6060#$a岩溶水$x研究$y中国

690##$aP5$v4690##$aP64$v4

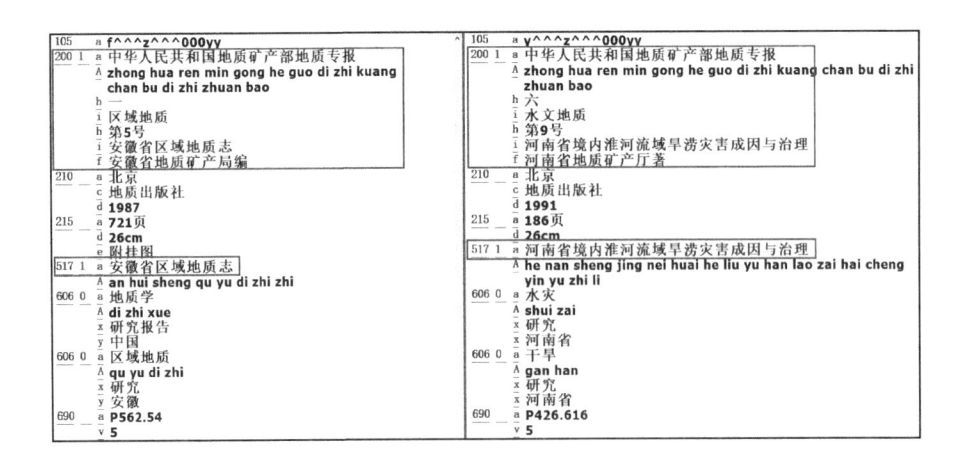

105	a f^^^z^^^000yy
200 1	a 中华人民共和国地质矿产部地质专报
	A zhong hua ren min gong he guo di zhi kuang chan bu di zhi zhuan bao
	i 区域地质
	h 第5号
	i 安徽省区域地质志
	f 安徽省地质矿产局编
210	a 北京
	c 地质出版社
	d 1987
215	a 721页
	d 26cm
	e 附柱图
517 1	a 安徽省区域地质志
	A an hui sheng qu yu di zhi zhi
606 0	a 地质学
	A di zhi xue
	x 研究报告
	y 中国
606 0	a 区域地质
	A qu yu di zhi
	x 研究
	y 安徽
690	a P562.54
	v 5

105	a y^^^z^^^000yy
200 1	a 中华人民共和国地质矿产部地质专报
	A zhong hua ren min gong he guo di zhi kuang chan bu di zhi zhuan bao
	h 六
	i 水文地质
	h 第9号
	i 河南省境内淮河流域旱涝灾害成因与治理
	f 河南省地质矿产厅著
210	a 北京
	c 地质出版社
	d 1991
215	a 186页
	d 26cm
517 1	a 河南省境内淮河流域旱涝灾害成因与治理
	A he nan sheng jing nei huai he liu yu han lao zai hai cheng yin yu zhi li
606 0	a 水灾
	A shui zai
	x 研究
	y 河南省
606 0	a 干旱
	A gan han
	x 研究
	y 河南省
690	a P426.616
	v 5

第5种情况：有总书名，无分卷标识，有分卷题名且其下还有分卷题名的多卷书，大多适宜采用分散著录。

著录方法：与第4种情况的著录方法很相似，只是没有$h子字段。

主题标引与分类标引：同第4种情况。例5：

2001#$a交际英语教程$i核心课程$i教师手册$d＝#CECL$ecommunicative

English for Chinese learners $i core course $I teacher's handbook

  $f 主编李筱菊 $zeng

  5171#$a 核心课程

  6060#$a 英语学习 $j 教材

  6060#$a 交际英语 $x 英语口语 $j 教材

  690##$aH31$v4

  690##$aH319.9$v4

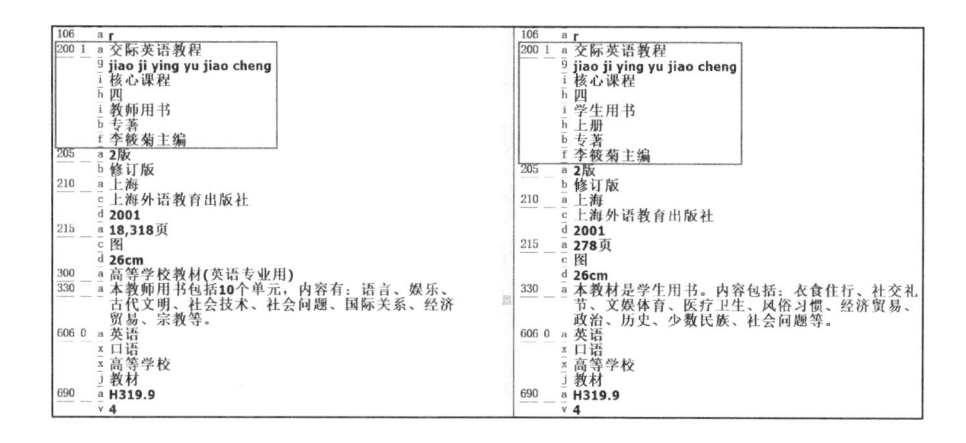

106	a	r
200	1	a 交际英语教程
		9 jiao ji ying yu jiao cheng
		i 核心课程
		h 四
		i 教师用书
		b 专著
		f 李筱菊主编
205		a 2版
		b 修订版
210		a 上海
		c 上海外语教育出版社
		d 2001
215		a 18,318页
		c 图
		d 26cm
300		a 高等学校教材(英语专业用)
330		a 本教师用书包括10个单元，内容有：语言、娱乐、古代文明、社会技术、社会问题、国际关系、经济贸易、宗教等。
606	0	a 英语
		x 口语
		y 高等学校
		j 教材
690		a H319.9
		v 4

106	a	r
200	1	a 交际英语教程
		9 jiao ji ying yu jiao cheng
		i 核心课程
		h 四
		i 学生用书
		h 上册
		b 专著
		f 李筱菊主编
205		a 2版
		b 修订版
210		a 上海
		c 上海外语教育出版社
		d 2001
215		a 278页
		c 图
		d 26cm
330		a 本教材是学生用书。内容包括：衣食住行、社交礼节、文娱体育、医疗卫生、风俗习惯、经济贸易、政治、历史、少数民族、社会问题等。
606	0	a 英语
		x 口语
		y 高等学校
		j 教材
690		a H319.9
		v 4

六、多卷书集中和分散著录的具体建议

（一）多卷书集中著录还是分散著录的具体操作办法

  从以上的分析可以看出，用分卷题名物理层次是否单一这种标准来判断多卷书，判断起来更容易，执行起来更方便。其可操作性体现在以下方面。

  其一，将多卷书的物理特性与CNMARC各字段特点，特别是327字段的设定特点密切结合，分卷题名层次单一，便于在327字段集中反映，就采用集中著录的方法；分卷题名层次不单一，在327字段无法体现，就采用分散著录的方法。

其二，对分卷题名物理层次进行判断，方法直观明确，可以避免对分卷题名"'有'或'无'独立检索意义"理解上的分歧，更容易达成共识。

其三，与CALIS对多卷书著录的总体要求更吻合。这个判断标准包容性更大，只要分卷题名层次单一的，无论有无独立检索意义，无论有无相同的ISBN号，无论有无总的责任者，无论有无总价格，都能够集中著录，包括的多卷书的类型更广，因而更能执行CALIS的"一般而言，多卷书以集中著录为原则"的总体要求。

其四，比以前的判断标准更突出整套书的内在特点和完整性。以前的标准对分卷题名强调的是有无独立检索意义，认为分卷名有了独立检索意义就可以成单册著录，强调的是各个分卷的独立性。而这个标准既兼顾了各个分册的独立检索意义（在517设立了检索点），更考虑各个分册对整套书的意义，更注重从整套书角度来把握各分卷书。

其五，在实际操作中，与原来的标准有较大程度的重合度。当分卷题名没有独立检索意义时在原来的标准中采用集中著录方法，在新的标准中没有独立检索意义的分卷题名，其层次关系也往往是单一的，同样该采用集中著录的方法。当分卷题名有独立意义时，原来的标准要求可以分散著录，可是在原来的标准下，依然有较多分卷题名有独立意义的多卷书采用了集中著录的方法。如《中国心理学史（1—6）》（杨鑫辉主编）、《李敖大全集（1—40）》《20世纪中国侦探小说精选（1—3）》等多卷书的分卷题名都有很独立的检索意义，可是在北京师范大学、中国人民大学、南京师范大学等图书馆采用的就是集中著录的方法。[①]

（二）多卷书集中著录还是分散著录的具体建议

1. 多卷书整套、分卷著录的差异

题名是读者查找多卷书最常用的检索点，其标准化和规范化程度将会大大地影响读者检索的查全率和查准率。在多卷书编目实践过程中发现编目数据存在着如下三个方面的差异。[②]

---

① 崔江，崔波. 多卷书的集中和分散著录与标引[J]. 情报杂志，2004（5）.
② 何玉花. 中文多卷书编目标引的思考[J]. 四川图书馆学报，2015（2）.

（1）对于ISBN相同的多卷书，装帧形式一样的，如果只有分卷辑册号没有分卷册名，应做集中著录。

对于没有分题名的多卷书，应采用集中著录方法，即以多卷书的总书名为正题名。采用这种方法著录，就可以集中反映整套多卷书的全貌和各分卷的具体情况，全面、客观、准确地揭示文献的特征，读者在检索时可以了解整套多卷书的书目信息，多卷书的ISBN只有一个，集中著录显然比分散著录合理。在集群环境编目条件下，多卷书著录应本着尽可能地采用集中著录的方式，最大限度地使多卷书的书目信息集中，以便于读者检索使用，同时又能最大限度地节省数据库资源空间，使书目数据的规范化程度得以进一步提高。例：韦力编《古书题跋丛刊》全34册，影印本，正题名200$a古书题跋丛刊，论题主题606$a古籍，论题复分$x题跋，论题地理复分$y中国，论题形式复分$j汇编，分类综合标引690$aG256.4。①

（2）对于ISBN相同的多卷书，如果有分卷辑册名，应作分散著录。

多卷书有分卷题名且其分卷题名有独立检索意义时，应作分散著录，以方便读者及工作人员利用分卷题名检索馆藏图书。四川大学古籍整理研究所编《儒藏》，精装全80册，正题名200$a儒藏，分册题名$i史部，分册$h101册，出版时间2009年第1版，2013年重印，本书有子目作子目题名327$a儒林。

史传第一册标引，论题主题综合标引606$a丛书，论题复分$x古籍，论题地理复分$y中国，论题年代复分$z现代，分类综合标引690$aZ121.7，还要作单集分析标引，正题名200$a儒林史传，分册$h第一册，有子目作子目题名327$a史记诸儒传/（汉）司马迁原著；王小红选编；刁忠民审稿。——据百衲本整理影印等标引，做总集数据连接单集数据463字段连接，单集论题主题606$a儒学，论题复分$x思想家，论题复分$x列传，论题地理复分$y中国，论题年代复分$z古代，分类分析

---

① 何玉花.中文多卷书编目标引的思考[J].四川图书馆学报，2015（2）.

标引690$aB222。

（3）对于ISBN不同的多卷书，如果有分卷辑册名，应作分散著录。

多卷书的每种书的ISBN不一样，应作分散著录，详细全面、客观、准确地揭示文献特征。

中国美术全集编辑委员会[编]《中国美术全集》，精装全60卷，正题名200$a中国美术全集，分卷$h第1卷，分卷题名总目录索引年表，论题主题606$a美术，论题复分$y中国，论题形式复分$j画册，论题主题606$a美术，论题复分$y中国，论题形式复分$j图书目录，论题主题606$a美术，论题复分$y中国，论题形式复分$j索引，论题主题606$a美术，论题复分$y中国，论题形式复分$j年表，分类综合标引690$aJ121，分类分析标引690 $aZ8。①

2. 多卷书标引著录的方法

（1）多卷书采取综合著录的方式，多卷书应按整体主题进行综合标引，并视分卷辑册的主题情况进行分析标引。

多卷书主题单一，各分卷辑册主题一致，只进行综合标引。

如《微积分》全上下册，论题主题606$a微积分，论题复分$x高等学校，论题形式复分$j教材，分类号690$aO172，上下册进行综合标引，论题主题和分类号标引要保持一致。

（2）多卷书整体主题明确，各分卷辑册主题不一致，局部主题明显，应在整体主题综合标引的基础上，对各分卷辑册局部主题进行分析标引。

如《新概念物理教程》，正题名200$a新概念物理教程，从属题名$i热学，论题主题综合标引606$a物理学，论题复分$x高等学校，论题形式复分$j教材，对分卷题名进行分析标引，论题主题606$a热学，论题复分$x高等学校，论题形式复分$j教材，综合标引分类690$a O4，分卷分析标引分类号690$ aO551。这类书既要综合标引，又要分析标引。分卷著录，分类号应为O551。

---

① 何玉花.中文多卷书编目标引的思考[J].四川图书馆学报，2015（2）.

（3）多卷书整体主题不明确，难以概括，各分卷辑册主题不一致、差异很大。

如果只有两三卷辑册，可用所有分卷辑册局部主题的分析标引代替综合标引；如果卷辑册较多，可用较大的学科概念主题词（社会科学、自然科学）做综合标引，并对各分卷辑册进行分析标引。

如祝总斌著《材不材斋文集——祝总斌学术研究论文集》上编，正题名200$a材不材斋文集——祝总斌学术研究论文集，从属题名$i中国古代史研究，论题主题综合标引606$a中国历史，论题复分$x古代史，论题形式复分$j文集，对各分卷辑册进行分析标引，论题主题606$a政治制度，论题地理复分$y中国，论题年代复分$z古代，论题形式复分$j文集，综合标引分类690$aK220.7，分卷分析标引分类690$aD691.2-53。这套书先综合标引，后分卷分析标引，上下编标引一致，分类号应放入D691.2-53。①

（4）三层以内（含三层）的多卷书，应该逐层主题标引三层以上的多卷书，除综合标引外，主题标引可以只进行最下两层，省略其中间层。分类标引除综合标引外，只对最下层分析标引。

如《中国动物志：无脊椎动物》第二十九卷，从属题名$i软体动物门，从属题名$i腹足纲，从属题名$i原始腹足目，从属题名$i马蹄螺总科，论题主题综合标引606$a动物志，论题地理复分$y中国，对最下两层各分卷进行分析标引，论题主题606$a古腹足目，论题复分$x动物志，论题地理复分$y中国，论题主题606$a马蹄螺科，论题复分$x动物志，论题地理复分$y中国，综合标引分类690$aQ958.52，分卷分析标引分类号690$aQ959.212.08。这套书从属题名较多，先综合标引，后对最下两层各分卷辑册进行分析标引，分类号应放入Q958.52。

（5）各科教材、教学参考书多卷书，整体主题不明确的，主题标引只进行分析标引，省略综合标引；整体主题明确、有专科的，主题标引既综合标引也分析标引。

---

① 何玉花.中文多卷书编目标引的思考[J].四川图书馆学报，2015（2）.

这是一个特例。分类标引按一般多卷书处理，综合标引与分析标引结合使用。《最新全国成人高等学校统一招生考试教材——专科起点升本科》，从属题名 $i生态学基础，论题主题606$a生态学，论题复分 $x成人高等学校，论题形式复分 $j教材，综合标引分类690$aG724.4，分析标引分类690$aQ14。这类书是成人高等学校的教材，分卷著录，分类号应放入G724.4。[1]

（6）某些多卷书的第一卷可能不含多卷信息，标引时应注意保持标引工作的一致性。

如《水粉静物表现技法一点通》，论题主题606$a水粉画，论题复分 $x静物画，论题复分 $x绘画技法，分类690$aJ215；后又进《水粉静物表现技法一点通》第2集，与前面论题主题和分类号标引要保持一致，整套著录。

（7）某些按届次出版的文献，具有多卷书的属性，应注意保持标引工作的一致性。另外，重印书、再版书也应注意保持标引工作的一致性。

如陆凤翔主编《内科临床鉴别诊断》，210出版地南京，出版者江苏科学技术出版社，出版时间2000年，论题主题606$a内科，论题复分 $x鉴别诊断，分类690$aR504，后又进陆凤翔主编《内科临床鉴别诊断》2版，210出版地南京，出版者江苏科学技术出版社，出版时间2005年，出版时间发生变化，再版书与前面论题主题和分类号要保持一致，整套著录。

（8）有些题名的著录方式容易被误认为多卷书，应正确辨别。

如《中国画·工笔》，论题主题606$a工笔画，论题复分 $x国画技法，论题复分 $x高等学校，论题形式复分 $j教材，分类690$aJ212。

以上介绍的几种多卷书类型是在编目工作中经常遇见的类型，但还不能囊括所有类型。工作中多卷书著录在坚持著录规则的前提下应该做到两点[2]。

---

[1] 何玉花.中文多卷书编目标引的思考[J].四川图书馆学报，2015（2）.

[2] 何玉花.中文多卷书编目标引的思考[J].四川图书馆学报，2015（2）.

一是不能死守规则。具体到某一种书，要从它本身的特点出发来决定是集中还是分散著录。有一些特殊的"没有总题名、主题相差较大却分别标明上下册"的书，或上集为小说下集为散文；或上集为某人著作下集为该人传记；或上集介绍前一阶段人物或事物，下集介绍后一阶段人物或事物；等等。虽然没有总题名，但标明了上下集，它们在内容上往往互相关联，上下册之间的关系或者是流程的前后阶段，或者是事情的不同方面，或者是过程的不同环节，或者是人物的不同侧面，等等。著录时由于没有总题名，只能分册著录，但主题和分类标引时要灵活。建议以上下册概括性内容进行集中标引，并集中取号，便于排架时放在一起。

二是要坚持兼顾与遵从协调一致的原则，应尽可能兼顾各个馆的书目体系和著录规则，特别是对有分卷题名的多卷书，采用与馆内数据著录方法相一致的著录方法，保持各个馆书目数据体系的统一性和延续性。但更重要的是各个馆的要求应该尽可能服从于CALIS中心的总要求，尽量向CALIS中心的著录规定靠拢。对于那些明显适合集中，著录却已经按照分散方法著录过一些分卷的多卷书，应该进行数据整理，尽量将已著录的各分卷的数据合并起来，按照集中著录方法处理；对于那些类型相同，却一时集中著录一时分散著录的多卷书，各个馆应该统一认识、统一要求，减少随意性，规范数据库。①

鉴于CALIS的某些规定具有模糊性造成各馆理解不同，以及各个馆原有的书目数据体系和著录规定不同造成同一套多卷书、同类型的书在各个高校图书馆编目数据中做法不统一，集中和分散著录方法普遍并存的现状，在没有找到更好的解决办法之前，建议CALIS联合编目中心能够针对各个馆，对同一种多卷书著录方法的不同要求，向各成员馆提供同一种多卷书的集中和分散两种著录数据，使各个馆根据本馆的著录要求择其所需，用上现成的规范数据，从真正意义上实现服务于大家的宗旨。②

总之，多卷书的著录，虽然没有绝对统一的定规，但也是有规律可

---

① 崔江，崔波.多卷书的集中和分散著录与标引[J].情报杂志，2004（5）.
② 崔江，崔波.多卷书的集中和分散著录与标引[J].情报杂志，2004（5）.

依，有捷径可循。面对出版信息越来越复杂的多卷书，只有不断补充、修订和进一步完善著录规则，才能适应市场发展变化的需要，提高著录数据的准确度。

七、多卷书集中和分散著录的具体格式

（一）集中著录

选择集中著录多卷书时有几个问题要注意。

（1）没有一次出版发行的多卷书的各分卷（册）的ISBN号不同。集中著录时应按各卷（册）出版顺序（出版时间顺序）或卷（册）次顺序，重复使用010字段著录各不同的ISBN号，同时在100字段中出版类型代码选择"g"用于表示出版时间超过一年的专著；210字段的子字段$a著录该套书最早至最后出版日期，中间用连字符"-"。尚未出齐的多卷书，只著录起始年，后加连字符"-"。待图书出齐后再著录最后出版年。[①] 例：

010##$a978-7-02-002268-5 $b1979年版 $dCNY18.50

010##$a978-7-02-002269-3 $b1979年版 $dCNY19.70

010##$a978-7-02-002270-7 $b1981年版 $dCNY20.30

010##$a978-7-02-002271-5 $b1983年版 $dCNY19.10

010##$a978-7-02-002272-3 $b1985年版 $dCNY19.70

100##$a20021109g19791985em#y0chiy0120####ea

210##$a北京 $b北京 $c人民文学出版社 $d1979-1985

010##$a978-7-80107-725-3 $dCNY54.00

100##$a20040107g2004####em#y0chiy0110####ea

210##$a北京 $b北京 $c中国方正出版社 $d2004-

（2）一次出版发行的多卷书的各分卷（册）ISBN号相同，但没有注明全套价格，各分卷（册）均单独标价。集中著录时，在010字段$d中反

---

① 平清. 用机读目录格式著录中文多卷书的探索与实践[J]. 现代情报，2005（5）.

映。例：

010##$a978-7-222-01989-8 $d CNY1.95（1卷）CNY2.10（2卷）CNY2.25（3卷）

（3）集中著录多卷书，正题名应是多卷书的共同题名，责任者取总集的责任者，不取分卷（册）责任者。多卷书的"从属名标识"（编次）、"从属题名"（分卷名）不在200字段的子字段$h、$i中著录，而集中在327字段$a中作附注，然后再在905字段中注明卷（册）次。这是多卷书集中著录与分散著录的一个区别。例：

2001#$a中国文学史演义 $f钱念孙著

3271#$a上，先秦至唐代篇 $a下，宋代至清代篇

（4）著录215字段的$a时，各分卷（册）页数连续编码时，先著录总卷（册）数，后著录总页数。若分卷（册）单独编码时，分两种情况处理，处理办法以3册为界，3册以内（含3册）先著录总卷（册）数，后分段著录各分卷（册）的页数，其间用","分隔。3册以上仅著录总卷（册）数。无论是连续编码还是单独编码，著录的页数都紧随总卷（册）数之后并置于"（）"内。例：

215##$a2册（707页）

215##$a3册（314，130，319页）

215##$a19册

（5）如果组成多卷书的各分卷（册）的尺寸不同时，215字段的$d应该著录最小至最大尺寸，中间用连字符。例：

215##$a5册 $d19cm-27cm

（二）分散著录

分散著录多卷书就是把多卷书的各分卷（册）单独拿出来著录。在这里有个概念要清楚，就是多卷书的各分卷（册）的单独著录不同于单本图书的单册著录，这两种著录在一些著录项目中是区别的，多卷书的分散著录比单本图书的著录要复杂些，所以在进行此项著录时必须更加细致，注意多卷书的各分卷（册）图书的"体貌特征"，并在相应的字段中著录这

些"体貌特征"。①

（1）整套书的价格是统一标价，各分卷（册）不分开标价，分散著录时须在010字段$d子字段中价格后的"（）"内著录"全套"等字样。例：

010##$a978-7-81074-494-1 $d CNY76.00（全2册）

（2）分散著录多卷书时200字段的著录有两种方法。

第一种：正题名取分卷（册）题名著录，此时"从属名标识（编次）"和"从属题名（分卷名）"不用著录。责任者取各分卷（册）的责任者著录。总题名和"从属名标识"在225字段中著录。

第二种：正题名取总集题名著录，此时，必须著录"从属名标识"，若有"从属题名"还要著录"从属题名"。责任者取总集责任者为第一责任者著录，各分卷（册）有单独责任者的取为第二责任者著录。② 例：

2001#$a一代风流$h第五卷$i万年春$f欧阳山著

2001#$a万年春$f欧阳山著

2252#$a一代风流$h第五卷

461#0$12001#$a一代风流$h第五卷

（3）著录215字段时，若多卷书的各分卷（册）是连续编码，则应著录起讫页码，中间用连字符"-"连接。例：

2001#$a一代风流$h第五卷$i万年春$f欧阳山著

215##$a1741-2182页$a20cm

---

① 平清.用机读目录格式著录中文多卷书的探索与实践[J].现代情报，2005（5）.
② 平清.用机读目录格式著录中文多卷书的探索与实践[J].现代情报，2005（5）.

（三）著录举例

1. 集中著录举例

```
010    a 978-7-5540-2441-6
       d CNY1680.00（全10册）
100    a 20231114d2022^^^^em^y0chiy50^^^^^^ea
200 1  a 良渚文献集成
       A liang zhu wen xian ji cheng
       f 王国平总主编
       g 良渚博物院（良渚研究院）编
210    a 杭州
       c 浙江古籍出版社
       d 2022
215    a 10册
       c 图（部分彩图）
       d 25cm
225 2  a 杭州全书
       A hang zhou quan shu
300    a 浙江文化艺术发展基金资助项目
327 1  a 第1-4册，良渚考古发掘史料集成（浙江卷）；
       a 第5-8册，良渚考古发掘史料集成（江苏卷）；
       a 第9册，良渚考古发掘史料集成（上海卷）；
       a 第10册，良渚考古发掘史料集成（其它卷）．
410  0 1 2001^
       a 杭州全书
517 1  a 良渚考古发掘史料集成（浙江卷）
       A liang zhu kao gu fa jue shi liao ji cheng（zhe jiang juan）
517 1  a 良渚考古发掘史料集成（江苏卷）
       A liang zhu kao gu fa jue shi liao ji cheng（jiang su juan）
517 1  a 良渚考古发掘史料集成（上海卷）
       A liang zhu kao gu fa jue shi liao ji cheng（shang hai juan）
517 1  a 良渚考古发掘史料集成（其它卷）
       A liang zhu kao gu fa jue shi liao ji cheng（qi ta juan）
```

2. 分散著录举例

```
010    a 7-5006-3585-0
       d CNY138.00(全四卷)
100    a 20000525d1999^^^^em^y0chiy0121^^^^ea
200 1  a 王小波文集
       A wang xiao bo wen ji
       h 第1卷
       i 黄金时代·白银时代
       f 王小波著
210    a 北京
       c 中国青年出版社
       d 1999
215    a 614页
       d 20cm
330    a 本卷收作者"黄金时代"小说五篇、"白银时代"小
         说三篇，分别为《时代三部曲》之一。
606 0  a 文学
       x 作品
       y 中国
       z 现代
606 0  a 选集
       a 中篇小说
       y 中国
       z 现代
       j 选集
690    a I217.52
       v 4
690    a I247.53
       v 4
701  0 a 王小波,
       A Wang Xiaobo
       f 1952-1997
       4 著
       3 CAL n2004172341#
       jt0yjt0y
       7 ec0yec0y
```

```
010    a 7-5006-3585-0
       d CNY138.00(全四卷)
100    a 20000525d1999^^^^em^y0chiy0121^^^^ea
200 1  a 王小波文集
       A wang xiao bo wen ji
       h 第2卷
       i 青铜时代
       f 王小波著
210    a 北京
       c 中国青年出版社
       d 1999
215    a 654页
       d 20cm
330    a 本卷收作者小说三篇，包括《万寿寺》《红拂夜奔》《寻找
         无双》，为《时代三部曲》之一。
606 0  a 文学
       x 作品
       y 中国
       z 现代
606 0  a 选集
       a 长篇小说
       y 中国
       z 现代
       x 三部曲(作品)
690    a I217.52
       v 4
690    a I247.53
       v 4
701  0 a 王小波,
       A Wang Xiaobo
       f 1952-1997
       4 著
       3 CAL n2004172341#
       jt0yjt0y
       7 ec0yec0y
```

第二节 连续出版物编目

连续出版物是"一种具有持续关系的、以独立的卷期或部分以定期或不定期的方式发行的连续性资源,通常带有编号,但无明确的终止日期"的一种出版物,是连续性资源中最常见的一种类型,也是连续性资源编目工作的主题部分。根据"定期或不定期发行""有编号""无明确的终止日期"等关键词,属于连续性出版物范畴的除了有期刊、报纸等文献类型,还有年鉴、指南、连续性名录、集中著录的专著丛编、系列报告、系列会议录、科学进展、团体会刊及有编号的专著丛编等。

连续出版物是一种特殊的文献类型,区别于其他出版物的最大特征就是出版发行方式的连续性。正是这种连续性使得文献的题名、责任者、出版发行、周期等诸多特征都有可能因各种原因发生变化,有时变化情况还很复杂,给编目工作造成很多困难,有些具体问题,即使查找有关编目规则也难以解决,这也是连续出版物编目较其他类型文献更为复杂和困难的地方。下文就连续出版物编目中常见的几个难点进行解析。[1]

一、题名变化后创建新记录的解析

刊物信息经常会发生一些变化,比如刊名、出版频率、标识号等,在《CALIS联合目录中文期刊MARC记录编制细则》(以下简称《细则》)第3页到第5页"0.7印刷型期刊创建新记录的原则说明"一节,详细阐述了刊物信息发生变化时的判断原则,什么情况下应该创建新记录,并列举了各种例子。当刊物发生变化时,参照该原则做相应的处理。

(一)基本原则

(1)当连续出版物发生主要变化时,视发生主要变化的连续出版物为新连续出版物,需要创建新记录,原连续出版物与新连续出版物之间为先

---

[1] 蔡蓉华.连续出版物编目难点解析[J].大学图书馆学报,1996,14(4).

前—后续关系，新连续出版物以发生主要变化的卷期作为起始卷期；当连续出版物发生次要变化时，不需要创建新记录，只在记录中相关的3××附注字段加以说明，如有必要可为变化的题名和/或责任者提供检索点。

（2）主要变化一般指题名的文字、结构完全改变或者题名和版本说明的变化导致题名、版本说明的含义或主题内容有明显的改变。

（3）次要变化一般指题名和版本说明在文字上的细微变动不足以造成题名、版本说明的含义或主题内容有明显的改变；编辑或主办者、出版或发行者、编号、出版频率、物理尺寸等在持续出版发行过程中发生的变化也视为次要变化。

（二）主要变化举例

《云南师范大学哲学社会科学学报》改名为《云南师范大学学报·哲学社会科学版》，具体实例如下：

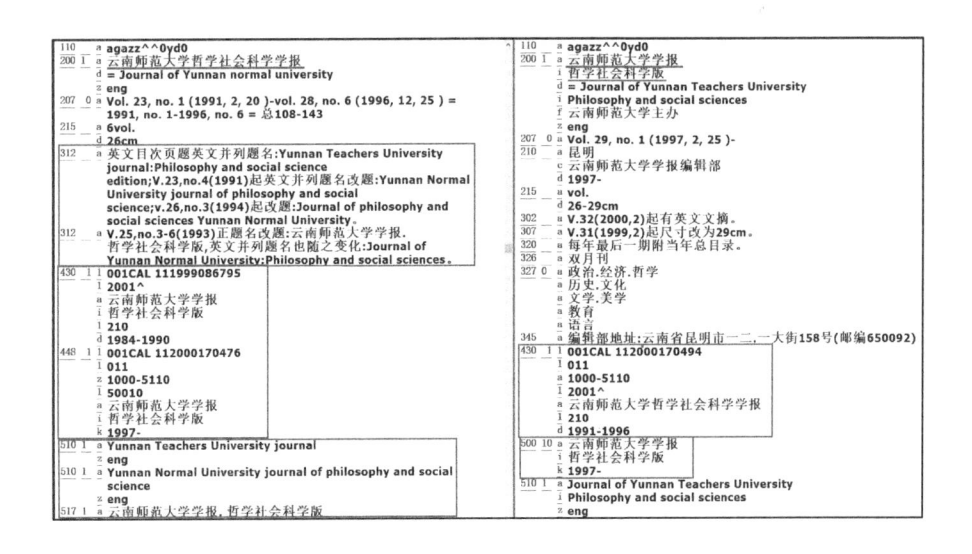

```
110    a agazz^^0yd0
200 1  a 云南师范大学哲学社会科学学报
       d = Journal of Yunnan normal university
207 0  a Vol. 23, no. 1 (1991, 2, 20)-vol. 28, no. 6 (1996, 12, 25) =
         1991, no. 1-1996, no. 6 = 总108-143
215    a 6vol.
       d 26cm
312    a 英文目次页题英文并列题名:Yunnan Teachers University
         journal:Philosophy and social science
         edition;V.23,no.4(1991)起英文并列题名改题:Yunnan Normal
         University journal of philosophy and social
         science;v.26,no.3(1994)起改题:Journal of philosophy and
         social sciences Yunnan Normal University.
312    a V.25,no.3-6(1993)正题名改题:云南师范大学学报.
         哲学社会科学版,英文并列题名也随之变化:Journal of
         Yunnan Normal University:Philosophy and social sciences.
430 1 1  001CAL 111999086795
       1 2001^
       a 云南师范大学学报
       i 哲学社会科学版
       l 210
       k 1984-1990
448 1  1 001CAL 112000170476
       l 011
       x 1000-5110
       z 50010
       a 云南师范大学学报
       i 哲学社会科学版
       k 1997-
510 1  a Yunnan Teachers University journal
       z eng
510 1  a Yunnan Normal University journal of philosophy and social
         science
       z eng
517 1  a 云南师范大学学报.哲学社会科学版
```

```
110    a agazz^^0yd0
200 1  a 云南师范大学学报
       i 哲学社会科学版
       d = Journal of Yunnan Teachers University
       f Philosophy and social sciences
       f 云南师范大学主办
       z eng
207 0  a Vol. 29, no. 1 (1997, 2, 25)-
210    a 昆明
       c 云南师范大学学报编辑部
       d 1997-
215    a vol.
       d 26-29cm
302    a V.32(2000,2)起有英文文摘
307    a V.31(1999,2)起尺寸改为29cm.
320    a 每年最后一期附当年总目次.
326    a 双月刊
327 0  a 政治,经济,哲学
       a 历史,文化
       a 文学,美学
       a 教育
       a 语言
345    a 编辑部地址:云南省昆明市一二,一大街158号(邮编650092)
430 1  1 001CAL 112000170494
       l 011
       x 1000-5110
       l 2001^
       a 云南师范大学哲学社会科学学报
       l 210
       k 1991-1996
500 10 a 云南师范大学学报
       i 哲学社会科学版
       k 1997-
510 1  a Journal of Yunnan Teachers University
       i Philosophy and social sciences
       z eng
```

左栏说明：当题名的结构发生了变化，需要创建新记录（右栏）。新记录的刊名与本记录的先前题名相同，但已分属不同的记录，分别记录在本记录的430和448字段；由于先前款目（430字段）和后续款目（448字段）题名相同，因此448字段必须连接统一题名，以区分相同题名的不

-87-

同种期刊。207字段记录了该刊同时存在的三个编号标识，之间用"#=#"相连。不同信息源上的英文题名不同，如有必要在312字段说明，并在510字段作检索点。英文并列题名后来发生变化，也按照这种方法处理。改刊已停止出版，在相关的字段作封口处理。1993年有4期刊名改题"云南师范大学学报·哲学社会科学版"，由于时间较短，视为次要变化，作为本题名下的变异题名，记录在517字段。①

右栏说明："云南师范大学哲学社会科学学报"改名为"云南师范大学学报·哲学社会科学版"，题名的结构发生了变化，是主要变化，需要创建新记录。由于本记录与数据库中另一条记录的题名完全相同，因此在本记录中增加500统一题名字段，通过附加的出版日期信息区分相同题名的不同种期刊。由于本记录沿用了原记录的ISSN，ISSN著录在011字段$z子字段标识。②

（三）次要说明举例

但是，有的题名发生变化是不需要创建新记录的，因为它发生的变化是次要变化，如《山东师大学报·哲学社会学版》，具体实例如下：

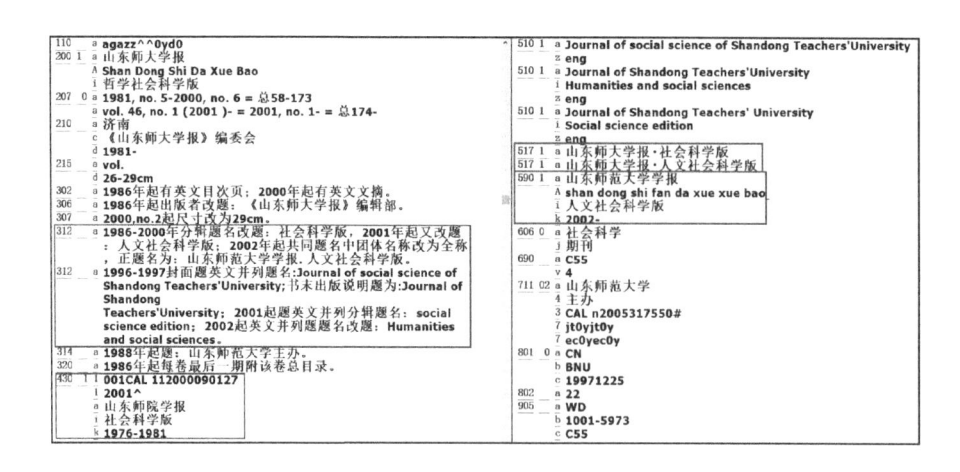

110 a agazz^^0yd0 200 1 a 山东师大学报 　　A Shan Dong Shi Da Xue Bao 　　i 哲学社会科学版 207 0 a 1981, no. 5-2000, no. 6 = 总58-173 　　a vol. 46, no. 1 (2001) - = 2001, no. 1- = 总174- 210 a 济南 　　c《山东师大学报》编委会 　　d 1981- 215 a vol. 　　d 26-29cm 302 a 1986年起有英文目次页；2000年起有英文文摘。 306 a 1986年起出版者改题：《山东师大学报》编辑部。 307 a 2000,no.2起尺寸改为29cm。 312 a 1986-2000年分辑题名改题：社会科学版，2001年起又改题：人文社会科学版；2002年起共同题名中国体名称改为全称，正题名为：山东师范大学学报.人文社会科学版。 312 a 1996-1997封面题英文并列题名:Journal of social science of Shandong Teachers'University; 书末出版说明题为:Journal of Shandong Teachers'University；2001起题英文并列分辑题名：social science edition；2002起英文并列题名改题：Humanities and social sciences. 314 a 1988年起题：山东师范大学主办。 320 a 1986年每卷最后一期附该卷总目录。 430 |1 001CAL 112000090127 　　　2001^ 　　　a 山东师院学报 　　　a 社会科学版 　　　1976-1981	510 1 a Journal of social science of Shandong Teachers'University 　　z eng 510 1 a Journal of Shandong Teachers'University 　　i Humanities and social sciences 　　z eng 510 1 a Journal of Shandong Teachers' University 　　i Social science edition 　　z eng 517 1 a 山东师大学报·社会科学版 517 1 a 山东师大学报·人文社会科学版 500 1 a 山东师范大学报 　　a shan dong shi fan da xue xue bao 　　i 人文社会科学版 　　k 2002- 606 0 a 社会科学 　　a 期刊 690 a C55 　　v 4 711 02 a 山东师范大学 　　4 主办 　　3 CAL n2005317550# 　　7 jt0yjt0y 　　7 ec0yec0y 801 0 a CN 　　b BNU 　　c 19971225 802 a 22 905 a WD 　　b 1001-5973 　　c C55

---

① 《CALIS联合目录中文期刊MARC记录编制细则》（修订本）[EB/OL].[2024-3-27].https://www.docin.com/p-17254114.html.

② 《CALIS联合目录中文期刊MARC记录编制细则》（修订本）[EB/OL].[2024-3-27].https://www.docin.

注:《山东师大学报·哲学社会学版》的题名由共同题名和分辑题名组成，在出版过程中两者都发生了非实质性的变化，共同题名的变化是团体名称简称与全称的变化，分辑题名虽然几经变化，但是都没有改变刊物的主要内容，因此不需要创建新记录，只在312字段作附注说明，并将最新题名记录在590字段，其余的变化记录在517字段；从430字段的连接款目可以看出，本记录是因为刊物的题名所包含的团体名称变更而创建的一条新记录。[1]

（四）主要变化和次要变化的具体说明和实例

《细则》中对判断刊物发生主要变化和次要变化的原则进行了细化，并且与ISBD（CR）基本保持一致，详细说明和实例见表3-2和表3-3：[2]

表3-2　刊物发生主要变化说明及实例

序号	主要变化的具体说明	实例
1	正题名的文字完全改变，无论ISSN或主题内容是否更改，均视为主要变化	新营销→网际商务 东海→浙江文艺
2	正题名的文字发生增、删、改或词序变化后，题名的含义或主题内容发生了变化，无论ISSN是否更改，均视为主要变化	吉林工业大学学报→ 吉林工业大学自然科学学报 北京文艺→北京文学 大学图书馆动态→大学图书馆通讯
3	题名中任何地方的团体名称发生了主要变化，无论ISSN是否更改，均视为主要变化。团体名称的主要变化以团体名称改变后需要创建新的团体名称规范记录为判断原则	北京中医学院学报→北京中医药大学学报 地球科学：武汉地质学院学报→ 地球科学：中国地质大学学报
4	正题名由共同题名和分辑题名组成时，无论哪部分发生的变化同1－3时，均视为主要变化，需要创建新记录	杭州大学学报·自然科学版→ 浙江大学学报·理学版 中国科学·G辑, 物理学 天文学→ 中国科学·G辑, 物理学 力学 天文学

---

[1] 《CALIS联合目录中文期刊MARC记录编制细则》（修订本）[EB/OL].[2024-3-27].https://www.docin.com/p-17254114.html.

[2] 《CALIS联合目录中文期刊MARC记录编制细则》（修订本）[EB/OL].[2024-3-27].https://www.docin.com/p-17254114.html.

续表

序号	主要变化的具体说明	实例
5	题名的结构发生了变化为主要变化，例如由独立题名改变为附属题名或者由附属题名改变为独立题名	建材技术·玻璃纤维→玻璃纤维 国外医学·肿瘤学分册→国际肿瘤学杂志 云南师范大学学报·哲学社会科学版→云南师范大学哲学社会科学学报
6	一种期刊由两种或两种以上的期刊合并而成，无论ISSN是否更改，均视为主要变化	福建党史通讯 革命人物 合并为：福建党史月刊
7	一种期刊分成两种或两种以上的期刊时，无论ISSN是否更改，均视为主要变化	中国科学·A辑，数学 物理学 天文学 技术科学 分成： 中国科学·A辑，数学 物理学 天文学 中国科学·E辑，技术科学
8	版本说明发生变化后导致期刊的内容或范围发生变化，无论ISSN是否更改，均视为主要变化	英语画刊（高中版） 分成：英语画刊（高中版、高一版） 英语画刊（高中版、高二版） 英语画刊（高中版、高三版）
9	正题名为通用题名时，例如"通讯""简报""年度报告"等，与期刊出版发行有关的主要团体名称发生实质性变化时，均视为主要变化	年度报告/北京商业银行→ 年度报告/北京银行

表3-3 刊物发生次要变化说明及实例

序号	次要变化的具体说明	实例
1	题名中的字、词、标点符号的增、删或者词序的变化，不造成期刊题名的含义或主题内容的变化，视为次要变化。题名中包含的团体名称的次要变化另见3	外国政治与国际关系→外国政治、国际关系 公民与法·监察版→公民与法·监察 北京师范大学学报·社会科学→ 北京师范大学学报·人文社会科学版→北京师范大学学报·社科版→ 北京师范大学学报·社会科学版* 戏剧、戏曲研究→戏曲、戏剧研究

续表

序号	次要变化的具体说明	实例
2	题名中增加或者减少了期刊通用类型术语，或者从一种期刊通用类型术语改为另一种期刊类型术语，视为次要变化。通用类型术语包括"学报""学刊""学志""画报""画刊""通报""通讯""杂志""丛刊""论丛""汇刊""导报""导刊"等	北京高校图书馆→北京高校图书馆学刊 中国临床药理学与治疗学杂志→中国临床药理学与治疗学 大学图书馆通讯→大学图书馆学报 船山学报→船山学刊
3	题名中包含的团体名称是简称、全称或其他非实质性的变化，作为次要变化。团体名称的非实质性变化以团体名称改变后不需要创建新的团体名称规范记录为判断原则。团体名称发生变化需要创建新记录的说明见主要变化3	中共长春市委党校学报→长春党校学报→长春市委党校学报 山东师大学报·自然科学版→山东师范大学学报·自然科学版 北平近代科學圖書館館刊→北京近代科學圖書館館刊
4	包含在题名中的出版频率发生变化视为次要变化	大中國半月刊→大中國月刊
5	其他题名信息在出版过程中频繁变更，视为次要变化，变化情况可在附注项说明。但是包含在其他题名信息中的团体名称的主要变化除外（见主要变化3例2）	江城：文艺月刊→江城：文学月刊→短篇小说月刊→江城：短篇小说月刊 十月：文艺丛刊→十月：文学双月刊
6	由共同题名和分辑题名组成的正题名增加了分辑号，或者由共同题名、分辑号和分辑题名组成的正题名删除了分辑号，视为次要变化	理化检验·物理分册→理化检验·A，物理分册
7	附属题名变动频繁，作为次要变化，并在附注说明中记录其变动情况	报刊资料索引·政治、军事→报刊资料索引·政治→报刊资料索引·政治、法律、军事→报刊资料索引·政治、法律
8	当出版物没有更改ISSN，版本说明发生了细微的变化，没有改变出版物的内容和范围，视为次要变化，在记录中相关的3××字段加以说明	中文综合版→汉文综合版 原创作品版→原创版 初中版（教师）→中学版（初中教师）

续表

序号	次要变化的具体说明	实例
9	期刊的编辑或主办者、出版或发行者的变化，不按新记录处理，可为变化的编辑或主办者提供检索点，并在附注字段加以说明。但是正题名为通用术语的例外（详见主要变化9）	200 1# $a时事资料手册 210 ## $a北京 $c新华出版社 $d1981- 306 ## $a出版者后改为：半月谈杂志社
10	期刊在卷期编号、出版周期、物理尺寸等方面有变化，不按新记录处理，只在记录中相关的3××字段加以说明	200 1# $a新疆石油教育学院学报 307 ## $a V.5（1999）起尺寸改为29cm
11	题名、版本说明没有发生任何变化，即使ISSN变化，也不创建新记录。重新分配的ISSN记录在011字段$a子字段，原来的ISSN如果是重号，记录在同一个字段的$z子字段，否则重复011字段，记录在另一个011字段的$a子字段。与ISSN有关的说明记录在301字段	011 ## $a1000-7954$z1000-1042 200 1# $a文博 301 ## $a从1991, no.3起改为现ISSN
12	如果题名在出版过程中有短期改变后又改回原题名，ISSN号也没有发生变化，可作为次要变化，在312字段说明变化情况，并在517字段提供变化的题名检索点	200 1# $a犯罪心理研究 312 ## $a1986, no.1-2正题名改题：法制心理研究。 517 1# $a法制心理研究
13	若无法确定是按主要变化处理还是按次要变化处理，则视为次要变化	

*"哲学社会科学版""社会科学版""人文科学版""人文社会科学版"之间的变化视为次要变化。

二、题名变化的具体解析

期刊在出版过程中，其内容庞大，连续性和动态性尤为突出，在出版过程中，有些期刊出现了变化，有的进行了分刊，即同一题名下分出不同分辑题名、不同分辑期刊，有的学科内容发生了变化，有些期刊进行了合并、形成一种新的期刊，有的期刊出版特刊、增刊等，对于期刊名变更后如何著录以及如何表示前后关系是期刊与图书著录不同的地方。①

连续出版物著录规则规定，期刊题名中任何一个字的增减或变动都算更名。当刊名发生主要变化时，称为更名期刊。期刊题名的变更意味着的新刊产生，需要重建一条书目数据记录。

期刊更名著录有几种处理方式，目前国内主要采取分段著录，即"一刀切"的办法，也就是改名前后分别编目，通过各自的相应字段来反映与其相关的关系，同时在附注项对这种关系做进一步说明。这种处理方法简便易行，能真实地反映更名前后期刊各自的内容，不但方便读者查找利用，同时也有利于编目人员处理文献②。

期刊更名有以下几种情况。

（一）期刊更名的著录方法（继承：430，440字段）

当受编连续出版物完全取代了先前的连续出版物，先前连续出版物的相关信息记录在本字段。由于ISSN中心已将"替代"关系归入"继承"光系，因此，在CALIS联合目录中不采用432替代字段，但受编连续出版物继承了先前的连续出版物，无论其编号系统是否连续，一律使用430字段连接先前连续出版物的题名、ISSN等相关信息。当第2指示符取值"1"时，可自动生成导语"继承："。指示符一般选用"1"。当一条连续出版物记录中出现430字段时，在它所连接的另一条连续出版物中应包括相应的440字段或448字段连接该字段。这里需要注意的是：当受编期刊完全取代了先前期刊，一种是继续沿用原来的编号，另一种是编号另起，然后再以430字段连接其先前期刊③。这里的编号指的是207字段中的卷期描述。

具体的著录方法：对于新刊，在430（继承）字段著录更名前期刊的刊名；对于原刊，在440字段（由……继承）字段著录更名后期刊的刊

---

① 卜延庆.中文合订期刊分类著录问题探析[J].赤峰学院学报（自然科学版），2014（1）.
② 卜延庆.中文合订期刊分类著录问题探析[J].赤峰学院学报（自然科学版），2014（1）.
③ 此内容引自：CALIS联机合作编目中心.《CALIS联合目录印刷型中文连续出版物MARC记录编制细则》，2009年10月.

名，并在311（附注）字段加以说明。具体实例如下：

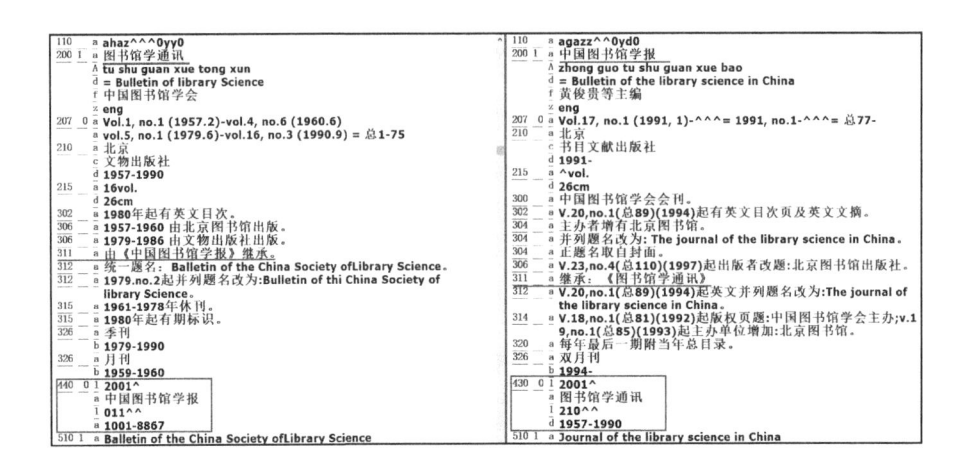

110 ahaz^^^0yy0 200 1 a 图书馆学通讯 A tu shu guan xue tong xun d = Bulletin of library Science f 中国图书馆学会 z eng 207 0 a Vol.1, no.1 (1957.2)-vol.4, no.6 (1960.6) a vol.5, no.1 (1979.6)-vol.16, no.3 (1990.9) = 总1-75 210 a 北京 c 文物出版社 d 1957-1990 215 a 16vol. d 26cm 302 a 1980年起有英文目次 306 a 1957-1960 由北京图书馆出版。 306 a 1979-1986 由文物出版社出版。 311 a 由《中国图书馆学报》继承。 312 a 统一题名：Balletin of the China Society ofLibrary Science. 312 a 1979.no.2起并列题名改为:Bulletin of thi China Society of library Science. 315 a 1961-1978年休刊。 315 a 有并刊标识。 326 a 季刊 b 1979-1990 326 a 月刊 b 1959-1960 440 0 1 a 2001^ t 中国图书馆学报 x 011^^ v 1001-8867 510 1 a Balletin of the China Society ofLibrary Science	110 agazz^^0yd0 200 1 a 中国图书馆学报 A zhong guo tu shu guan xue bao d = Bulletin of the library science in China f 黄俊贵等主编 z eng 207 0 a Vol.17, no.1 (1991, 1)-^^= 1991, no.1-^^= 总77- 210 a 北京 c 书目文献出版社 d 1991- 215 a ^vol. d 26cm 300 a 中国图书馆学会会刊。 304 a V.20,no.1(总89)(1994)起有英文目次页及英文文摘。 304 a 主办者增有北京图书馆。 304 a 正题名取自封面。 306 a V.23,no.4(总110)(1997)起出版者改题:北京图书馆出版社。 311 a 继承：《图书馆学通讯》 312 a V.20,no.1(总89)(1994)起英文并列题名改为:The journal of the library science in China. 314 a V.18,no.1(总81)(1992)起版权页题:中国图书馆学会主办;v.1 9,no.1(总85)(1993)起主办单位增加:北京图书馆。 315 a 每年最后一期附当年总目录。 326 a 双月刊 b 1994- 430 0 1 a 图书馆通讯 x 210^^ d 1957-1990 510 1 a Journal of the library science in China

对于老刊《图书馆学通讯》，通过207卷起封口，210出版年封口，311附注说明，440新刊连接等这些字段来说明。对于新刊《中国图书馆学报》，通过207字段开口，210出版年字段开口，311附注说明，430老刊连接等几个字段来说明。

期刊更名后学科内容及性质没有变化的，应给原期刊分类号，即给更名前的分类号。更名后学科内容发生变化的应视为新刊处理，重新进行分类给予新的分类号。

（二）两种期刊以平等地位合并成一种新刊的著录方法（合并：436，447字段）

当受编连续出版物是由两种或两种以上连续出版物合并而成，且沿用原题名，则被合并连续出版物的相关信息分别记录在本字段。每一种被合并的连续出版物使用一个436字段机进行连接，所以在一条记录中436字段必须重复出现。若受编连续出版物是由两种或两种以上连续出版物合并，并继承了其中一种连续出版物的题名继续出版，则不采用436字段，而是用430字段连接那些被合并的、题名不再继续的连续出版物。[①]

[①] 此内容引自：CALIS联机合作编目中心.《CALIS联合目录印刷型中文连续出版物MARC记录编制细则》，2009年10月.

指示符：当第2指示符取值"1"，可自动生成导语"由 …… 和 …… 合并而成"。CALIS联合目录建议第2指示符选用"0"，通过311字段作连接字段附注。当一条连续出版物记录中出现436字段时，在它所连接的每个其他连续出版物记录中应包括相应的447字段连接该记录。

其著录方法为：对于新刊，在436字段著录被合并期刊的刊名，每一种被合并期刊使用一个436字段；对于原刊，在447字段著录同本刊合并的其他期刊及新期刊的刊名，具体实例如下：

```
200 1  a 中国贸易外经统计年鉴
       A zhong guo mao yi wai jing tong ji nian jian
       d = China trade and external economic statistical yearbook
       f 国家统计局贸易外经统计司编
207 0  a 2006-
210    a 北京
       c 中国统计出版社
       d 2007-
215    a ^vol.
       d 31cm
311    a 从2006年起，国家统计局将《中国市场统计年鉴》与《中国对外经济统计年鉴》进行了重新整合，编辑为一本《中国贸易外经统计年鉴》
436 0 1 a 2001^
        a 中国市场统计年鉴
436 0 1 a 2001^
        a 中国对外经济统计年鉴
```

```
110    a akahh^^0xx0                          110    a akahi^^0xx0
200 1  a 中国对外经济统计年鉴                   200 1  a 中国市场统计年鉴
       A zhong guo dui wai jing tong ji nian jian   A zhong guo shi chang tong ji nian jian
       d = China foreign economic statistical yearbook  国家统计局贸易物资统计司编
       f 国家统计局贸易外经统计司编                   z eng
       z eng                                 207 0  a 1993-2004
207 0  a 2004-2005                           210    a 北京
210    a 北京                                         c 中国统计出版社
       c 中国统计出版社                                 d 1993-2004
       d 2004-2005                           215    a 12册
215    a 册                                          c 图
       d 26cm                                        d 26cm
311    a 本书与《中国市场统计年鉴》合并成《中国贸易外经统计  311 a 本书与《中国对外经济统计年鉴》合并成《中国贸易外经统计年鉴》
       年鉴》                                
447 0 1 a 2001^                              447 0 1 a 2001^
        a 中国市场统计年鉴                              a 中国对外经济统计年鉴
447 0 1 a 2001^
        a 中国贸易外经统计年鉴
```

```
200 1  a 中国贸易外经统计年鉴
       A zhong guo mao yi wai jing tong ji nian jian
       d = China trade and external economic statistical yearbook
       f 国家统计局贸易外经统计司编
207 0  a 2006-
210    a 北京
       c 中国统计出版社
       d 2007-
215    a ^vol.
       d 31cm
311    a 从2006年起，国家统计局将《中国市场统计年鉴》与《中国对外经济统计年鉴》进行了重新整合，编辑为一本《中国贸易外经统计年鉴》
436 0 1 a 2001^
        a 中国市场统计年鉴
436 0 1 a 2001^
        a 中国对外经济统计年鉴
```

110	a akahh^^0xx0
200 1	a 中国对外经济统计年鉴
	A zhong guo dui wai jing ji tong ji nian jian
	d = China foreign economic statistical yearbook
	f 国家统计局贸易外经统计司编
	z eng
207 0	a 2004-2005
210	a 北京
	c 中国统计出版社
	d 2004-2005
215	a 册
	d 26cm
311	a 本书与《中国市场统计年鉴》合并成《中国贸易外经统计年鉴》
447 0 1	2001^
	a 中国市场统计年鉴
447 0 1	2001^
	a 中国贸易外经统计年鉴

110	a akahi^^0xx0
200 1	a 中国市场统计年鉴
	A zhong guo shi chang tong ji nian jian
	f 国家统计局贸易物资统计司编
	z eng
207 0	a 1993-2004
210	a 北京
	c 中国统计出版社
	d 1993-2004
215	a 12册
	c 图
	d 26cm
311	a 本书与《中国对外经济统计年鉴》合并成《中国贸易外经统计年鉴》
447 0 1	2001^
	a 中国对外经济统计年鉴
447 0 1	2001^
	a 中国贸易外经统计年鉴

例：《山东工业大学学报》《山东医科大学学报》合并，形成《山东大学学报》。

对于新刊：200$a 山东大学学报

300##$a 本刊由《山东工业大学学报》与《山东医科大学学报》合并而成

436#1$12001$a 山东工业大学学报

436#1$12001$a 山东医科大学学报

对于旧刊：2001#$a 山东工业大学学报

300##$a 本刊与《山东医科大学学报》合并形成《山东大学学报》

447#1$1200 1$a 山东医科大学学报

447#1$1200 1$a 山东大学学报

期刊合并更名的分类方法有两种情况：一种是以平等地位合并形成的期刊，若合并后期刊的内容性质相同或相似，所给新分类号应采用原分类号上位类；一种是两种期刊以不平等地位合并，体现吸收与被吸收的关系，应采用吸收方分类号。

（三）一种期刊分出一种新刊，原刊名不变（部分继承：431，441字段）

当受编连续出版物取代了先前的连续出版物，先前连续出版物的相关信息记录在本字段。由于ISSN中心已将"部分替代"关系归入"部分继承"关系，因此，在CALIS联合目录中不采用433替代字段，但受编连续出版物继承了先前的连续出版物，无论其编号系统是否连续，一律使用

431字段连接先前连续出版物的题名、ISSN等相关信息。ISSN中心已不使用分字关系，而用部分继承关系取代，在CALIS联合目录中不采用437分字段。当第2指示符取值"1"时，可自动生成导语"部分继承:"。指示符一般选用"#1"。当一条连续出版物记录中出现431字段时，在它所连接的另一条连续出版物中应包括相应的441字段或446字段连接该字段。这里和继承关系一样需要注意的是：当受编期刊完全取代了先前期刊，一种是继续沿用原来的编号（207字段），另一种编号（207字段）另起，然后再以430字段连接其先前期刊。①

具体的著录方法：对于新刊，在431（部分继承）字段著录更名前期刊的刊名；对于原刊，在441（由……部分继承）字段著录更名后期刊的刊名，并在311（附注）字段加以说明，具体实例见如下：

```
110   a ahaz^^^0yy0                          110   a ahazz^^0yd0
200 1 a 民国档案                              200 1 a 历史档案
      ^ min guo dang an                            ^ li shi dang an
      d = Republican archives                     d = Historical archives
      f 中国第二历史档案馆                          f 中国第二历史档案馆, 中国第一历史档案馆主办
      z eng                                       z eng
207 0 a 1985, no.1 (1985, 8)-^^^= 总1-         207 0 a 1981, no.1 (1981, 2)-^^^= [总1]-
210   a 南京                                   210   a 北京
      c 《民国档案》编辑部                           c 历史档案杂志社
      d 1985-                                     d 1981-
215   a ^vol.                                 215   a ^vol.
      d 29cm.                                     d 29cm
302   a 有英文目次                              302   a 有英文目次页。
303   a 根据1985, no.2 著录                     303   a 据1981, no.2著录
304   a 正题名取自封面                           304   a 尺寸曾为26cm。
307   a 尺寸曾为26cm                            311   a 由《国民档案》部分继承
311   a 部分继承：《历史档案》                    312   a 统一题名：Historical archives
326   a 季刊                                   314   a 1981,no.2(总2)起有总期标识。
345   a 编辑部地址:江苏省南京市中山东路309号(邮编210  315   a 1981,no.1为创刊号。
        016);Tel.:(025)84665959;Fax:(025)84808122;E-mai   320   a 1982年起每年最后一期附当年总目录
        l:mgda@vip.sina.com。                    441 0 1 2001^
431 0 1 2001^                                         a 国民档案
        a 历史档案                                      i 210^^
510   a Republican archives                           d 1985-
      z eng                                   510   a Historical archives
```

著录方法：对于新刊，应在431字段著录原刊名；对于原刊，应在441字段著录分出新刊名。

例：《家庭医学》分出一种新刊为《家庭医学·新健康》

新刊著录：2001#$a家庭医学$i新健康

300##$a本刊部分继承家庭医学

---

① 此内容引自：CALIS联机合作编目中心.《CALIS联合目录印刷型中文连续出版物MARC记录编制细则》，2009年10月．

431#1$ 12001$a 家庭医学

原刊著录：200#1$a 家庭医学

300##$a 本刊分成了家庭医学·新健康

441#1$ 12001$a 家庭医学新健康

对于分版、分辑、分册的期刊，当学科内容发生变化时，一律作为新刊处理，重新分类，采用新的分类号。

（四）副刊的著录：副刊是对原刊内容的补充，副刊须单独著录（副刊：421，422字段）

当受编连续出版物为正编或正刊时，其独立出版并独立编目的补编或增刊（副刊、专辑、专刊、附刊、特刊）的相关信息记录在本字段。指示符：当第2指示符取值为"1"时，可自动生成导语"补编/增刊："。指示符一般选用"#1"。当一条连续出版物记录中出现421字段时，其所连接的另一条记录中应具备一个相应的422字段连接该记录。当补编或增刊没有特定的题名，出版不规律时，不使用本字段，而用附注字段作附注说明。①

而当受编连续出版物为补编或增刊时，其所属的正编或正刊的相关信息记录在本字段。指示符：当第2指示符取值为"1"时，可自动生成导语"正编/正刊："。指示符一般选用"#1"。当一条连续出版物记录中出现422字段时，其所连接的另一条记录中应具备一个相应的421字段连接该记录，具体实例如下：

---

① 此内容引自：CALIS联机合作编目中心.《CALIS联合目录印刷型中文连续出版物MARC记录编制细则》，2009年10月.

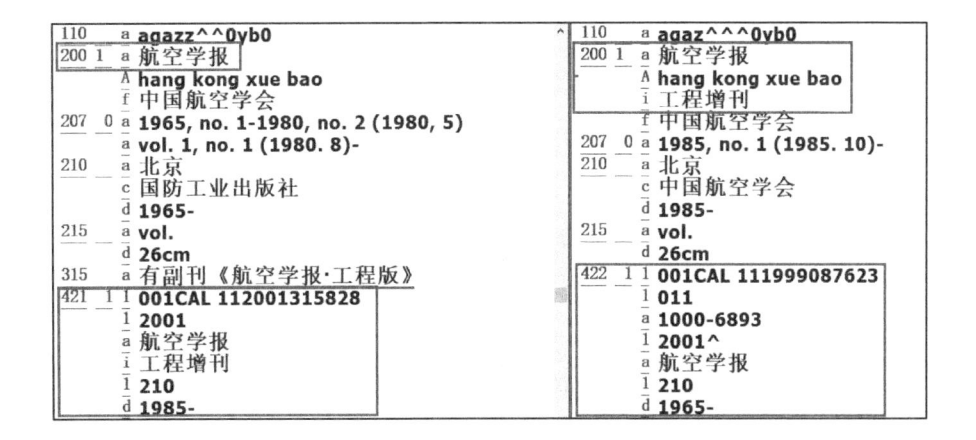

```
110    a agazz^^0yb0                   110    a agaz^^^0yb0
200 1  a 航空学报                       200 1  a 航空学报
       A hang kong xue bao                    A hang kong xue bao
       f 中国航空学会                           i 工程增刊
207 0  a 1965, no. 1-1980, no. 2 (1980, 5)    f 中国航空学会
       a vol. 1, no. 1 (1980. 8)-      207 0  a 1985, no. 1 (1985. 10)-
210    a 北京                           210    a 北京
       c 国防工业出版社                         c 中国航空学会
       d 1965-                                 d 1985-
215    a vol.                          215    a vol.
       d 26cm                                  d 26cm
315    a 有副刊《航空学报·工程版》         422 1  1 001CAL 111999087623
421 1  1 001CAL 112001315828                   1 011
       1 2001                                  a 1000-6893
       a 航空学报                               1 2001^
       i 工程增刊                               a 航空学报
       1 210                                   1 210
       d 1985-                                 d 1965-
```

在著录主刊时用 421 字段连接副刊的题名,在著录副刊时,用422字段连接主刊的题名,特刊或增刊时,也要用 421 字段著录,特刊或增刊一般不必单独著录。

例:《当代》2004年起又出版了《当代:长篇小说专刊》,原刊《当代》与新刊《当代:长篇小说专刊》有主副关系,新刊是对原刊的补充,著录时在主刊之后用421字段著录增刊题名。

主刊著录:2001# $a 当代

421#1$ 12001 $a 当代:长篇小说专刊

副刊著录:2001#$a 当代:长篇小说 $i 长篇小说专刊

422#1 $1200 1$a 当代

期刊连续出版的特点决定期刊著录更加复杂化,编目人员要不断关注期刊的变化,对期刊出现的更名、休刊、停刊、复刊、合刊以及多版化的变化要进行跟踪,如实地反映,并对旧记录不断地进行更新,修改,通过4字段连接款目来描述继承、部分继承的关系,并通过附注项加以说明,以揭示期刊变化前后的关系。在著录期刊的过程中,如发现著录中存在错误,应及时纠正。只有完整准确的著录,读者在检索时,才不仅能查到原题名的期刊,也能在查找中了解刊物的历史沿革及其馆藏变化情况,编目人员要耐心、细致,投入更多的精力,保证期刊编目数据的质量,以便更好地管理和利用。①

三、互相对立的著录方式的解析

（一）分散著录与集中著录的解析

连续出版的图书是一种特殊的文献类型，区别于其他出版物的最大特征就是出版发行方式的连续性。连续出版物都是围绕着一个主题，定期、不定期或无限期地出版。连续出版的图书一般都只有分卷（册）号，而无分卷（册）题名，如年鉴、丛刊、文史资料、地方志之类的文献。但也有少数出版物有分卷（册）号，又有分卷（册）题名。对于这些连续出版、不同特征的图书应该采取什么样的著录方式，数据库内的数据极不统一。

1. 集中著录

在工作实践中我们认为：对于同一题名只有分卷（册）号，而无分卷（册）题名的连续出版物，如年鉴、丛刊、文史资料等，是连续出版物中占较大比例的一类。此类文献不是一次到馆的，宜作集中开口著录。著录时，头标区7字符位书目级别代码应为"s（连续出版物）"，8字符位层次等级代码只选用"0"（代码1或2仅用于在数据库里有其他层次的记录的情况下），100通用处理数据字段8字符位出版时间类型为"a"，13—16字符位出版年2应为"9999"，编码数据库字段应为110字段，而不是105字段，记录中还应包括207资料特殊细节项。

例：《中国出版年鉴》，这本书是以年代号为分类号的连续出版物②，著录如下：

---

① 此内容引自：CALIS联机合作编目中心.《CALIS联合目录印刷型中文连续出版物MARC记录编制细则》，2009年10月.

② 朱玉玲.关于集中著录与分散著录适用范围的探讨[J].图书馆学研究，2002（6）.

第三章 中文文献编目实践中的难点问题研究与实例

```
LDR    03238cas0^2200769^^^450^
010  @a 7-100-00019-X
     @b 精装 ; 1986
     @d CNY10.60
100  @a 20051110b19802004ekmy0chiy50^^^^^ea
110  @a akazz^^0xx0
200 1@a 中国出版年鉴
     @A zhong guo chu ban nian jian
     @f 中国出版工作者协会编
207 0@a 1980-2004
210  @a 北京
     @c 商务印书馆
     @d 1980-2004
215  @a 24册
     @c 图
     @d 25cm
     @e 光盘3片
300  @a 1980年创刊
306  @a 从1987年至1990/1991止改由中国书籍出版社出版；1992年起改为中国出版年鉴社出版
307  @a 740页 (1980) ; 776页 (1981) ; 714页 (1982) ; 866页 (1983) ; 830页 (1984) ; 868页 (1985) ; 758页 (1986) ; 564页 (1987) ; 758页 (1988) ; 738页 (1989) ; 864页 (1990/1991) ; 640页 (1992) ; 688页 (1993) ; 760页 (1994) ; 766页 (1995) ; 756页 (1996) ; 796页 (1997) ; 780页 (1998) ; 764页 (1999) ; 808页 (2000) ; 780页 (2001) ; 915页 (2002) ; 864页 (2003) ; 838页 (2004)
```

```
LDR    01421cas0^2200421^^^450^
011  @b 精装 ; 2022
     @d CNY496.00
100  @a 20060426d20059999ekmy0chiy50^^^^^^ea
110  @a akazz^^0yy0
200 1@a 中国出版年鉴
     @b 其他连续出版物
     @f 中国出版工作者协会主办
207 0@a 2005- ^^= [总25]-
210  @a 北京
     @c 中国出版年鉴社
     @d 2005-
215  @a ^vol.
     @c 图
     @d 26cm
     @e 光盘3片
303  @a 据2005年著录
312  @a 英文并列题名取自封面
510 1@a China publishers' yearbook
     @z eng
606  @a 出版工作
     @A chu ban gong zuo
     @y 中国
     @j 年鉴
690  @a G239.2-54
     @v 5
```

例：《衡阳师范学院学报》的题名与责任说明的规定信息源中除了有正题名，还交替出现"社会科学""自然科学"字样，它们有共同的ISSN和交替的编号，没有独立的卷期标识，根据0.7.4.2的规定，作为一种刊著录。表示交替出版情况的"社会科学"和"自然科学"既不作为版本说明也不作为分辑题名，而是在315字段说明。从430连接款目可以看出，本记录是以为团体名称变更而创建的新记录，著录如下：

```
LDR    ^^^^^cas0^2200625^^^450^
100  @a 19991210a19999999ekmy0chiy0121^^^^ea
110  @a aqazz^^0yy0
200 1@a 衡阳师范学院学报
     @A Heng Yang Shi Fan Xue Yuan Xue Bao
     @b 其他连续出版物
     @d = Journal of Hengyang Normal College
     @f 衡阳师范学院主办
     @z eng
207 0@a Vol. 20, no. 4 (1999, 8 )- = 总110-
210  @a 衡阳(湖南)
     @c 《衡阳师范学院学报》期刊社
     @d 1999-
215  @a vol.
     @d 26cm
312  @a V.20,no.4(1999)封面题英文并列题名:Journal of Hengyang Teachers' College。
315  @a 本刊的卷期与总期均与自然科学交替,每卷第1、2、4、5为社会科学,第3、6为自然科学。
430  1 @0 001CAL 112000097820
     @0 011
     @x 1002-073X
     @1 2001^
     @a 衡阳师专学报
     @1 210
     @d 1990-1999
510 1@a Journal of Hengyang Teachers' College
     @z eng
510 1@a Journal of Hengyang Normal College
     @z eng
606 0@a 社会科学
     @j 期刊
606 0@a 自然科学
     @j 期刊
```

2. 分散著录

对于同一题名有分卷（册）号，每册都有分卷（册）题名的连续出版的图书，对这类连续出版物一般不作集中著录，如交替出版且有独立编号的学报，它适合分散著录，集中取号。

例：《哈尔滨学院学报·社会科学》《哈尔滨学院学报·教育》，著录如下：

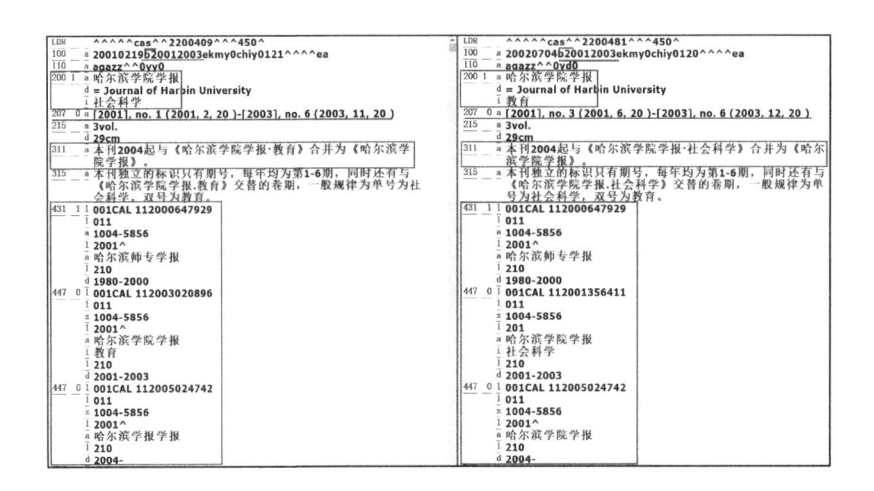

```
LDR    ^^^^cas^^2200409^^^450^
100  a 20010219520012003ekmy0chiy0121^^^^ea
110  a agazz^^0yy0
200 1 a 哈尔滨学院学报
     d Journal of Harbin University
     i 社会科学
207 0 a [2001], no. 1 (2001, 2, 20 )-[2003], no. 6 (2003, 11, 20 )
215    a 3vol.
       d 29cm
311    a 本刊2004起与《哈尔滨学院学报·教育》合并为《哈尔滨学院学报》
315    a 本刊独立的标识只有期号，每年均为第1-6期，同时还有与《哈尔滨学院学报·教育》交替的卷期，一般规律为单号为社会科学，双号为教育。
431 1  001CAL 112000647929
       l 011
       x 1004-5856
       1 2001^
       a 哈尔滨师专学报
       l 210
       d 1980-2000
447 0  001CAL 112003020896
       l 011
       x 1004-5856
       1 2001^
       a 哈尔滨学院学报
       i 教育
       l 210
       d 2001-2003
447 0  001CAL 112005024742
       l 011
       x 1004-5856
       1 2001^
       a 哈尔滨学报学报
       l 210
       d 2004-
```

```
LDR    ^^^^cas^^2200481^^^450^
100  a 20020704520012003ekmy0chiy0120^^^^ea
110  a agazz^^0yd0
200 1 a 哈尔滨学院学报
     d Journal of Harbin University
     i 教育
207 0 a [2001], no. 3 (2001, 6, 20 )-[2003], no. 6 (2003, 12, 20 )
215    a 3vol.
       d 29cm
311    a 本刊2004起与《哈尔滨学院学报·社会科学》合并为《哈尔滨学院学报》
315    a 本刊独立的标识只有期号，每年均为第1-6期，同时还有与《哈尔滨学院学报·社会科学》交替的卷期，一般规律为单号为社会科学，双号为教育。
431 1  001CAL 112000647929
       l 011
       x 1004-5856
       1 2001^
       a 哈尔滨师专学报
       l 210
       d 1980-2000
447 0  001CAL 112001356411
       l 011
       x 201
       a 哈尔滨学院学报
       i 社会科学
       l 210
       d 2001-2003
447 0  001CAL 112005024742
       l 011
       x 1004-5856
       1 2001^
       a 哈尔滨学院学报
       l 210
       d 2004-
```

《哈尔滨学院学报·社会科学》与《哈尔滨学院学报·教育》是2001年由《哈尔滨师专学报》分解而成，2004年起两刊又合并成了《哈尔滨学院学报》；2001—2003年两刊交替出版，有共同的ISSN和交替出版的卷起标识，同时又有各自独立的期号，应作为两种期刊分别著录，207字段使用各自独立的期号，交替出版的卷标识在315字段说明；两刊还有各自的先前和后续款目，用43×和44×字段连接相关信息，在与其连接的记录中也应同时连接相应的4××字段；CALIS联合目录建议，447字段的第2指示符取值为0，相关附注在311字段说明；由于上述两条记录中200字段有$i子字段，存在层次关系，但CALIS联合目录不要求对层次等级上相关的记录作连接,因此头标08字符层次等级代码为"#"。[①]

(二)分段著录与集中(统一)著录的解析

题名变化是连续出版物常见的现象,改名使得文献主体发生变化,如何在书目记录中反映这种变化,是编目人员遇到的最为棘手的难题,传统上主要有三种处理方法:一种是"新见旧"方法,就是以最早题名为基本款目的正题名,在附注项记录题名沿革和全部馆藏,并为各新题名作"见片";第二种是"旧见新"方法,以最新题名为基本款目的正题名,在附注中记录题名沿革和全部馆藏,并为以前曾用过的各旧题名作"见片",以上两种方法,可称为集中著录法;第三种是"分段著录"方法,即将改名前后的不同题名作为不同的连续出版物分别著录,在附注项只说明与本题名直接相连的前题名与后题名,更远的变化则不予说明,馆藏也分段著录。这种不统一的混乱状态,使编目无规可循,增加了著录难度,且各馆自行其是的书目体系也不利于计算机联网和资源共享,因此应对传统方法进行分析研究以确定一种较为科学统一的处理方法[②]。

两相比较,分段著录便于编目和管理。我国的《连续出版物著录规则》(GB/T 3792.3-1985)、AACR2及ISBD(s)都采用分段著录法,因此对题名有变化的连续出版物采用分段著录方法是较为科学合理且符合规范化、标准化要求的。然而分段著录不能集中反映历史沿革,尤其是将连续的馆藏割裂开来,写在各个相应的题名下,这点常使读者感到不便。这是一个严重的缺陷,若视而不见,肯定会遭到读者的不满和反对,应设法予以弥补。可以考虑在分段著录的基础上辅以集中著录,为最早题名或馆藏最早题名作一个"空"记录,只将所有新题名记录在变异题名项,在附注中记录沿革和全部馆藏,这样从新、旧题名都能检索到该记录,了解到该连续出版物的全貌,这个方法虽然解决了问题,但也容易造成一定的混乱。另一简单方法是只用分段著录,但将全部馆藏写入每一个题名的记录

[①] 此内容引自:CALIS联机合作编目中心.《CALIS联合目录印刷型中文连续出版物MARC记录编制细则》,2009年10月.

[②] 蔡蓉华.连续出版物编目难点解析[J].大学图书馆学报,1996,14(4).

中，以方便读者。但两种方法都是权宜之计，还有待在实践中进一步改革和优化。①

1. 分段著录

其实，随着检索智能化，分段著录的馆藏分段处理已不再是困扰读者检索的问题。如：当黄冈文史和黄冈文史资料建立了链接关系，无论是搜索"黄冈文史"还是"黄冈文史资料"，都可以得到两条检索结果，对应的馆藏信息也一目了然，还是比较方便的，具体实例如下：

```
LDR    ^^^^nas0^2200289^^^450^
100    a 20170525a20129999em^y0chiy50^^^^^^ea
110    a auuzz^^0xx0
200 1  a 黄冈文史
       b huang gang wen shi
       e 其他连续出版物
       f 政协黄冈市委员会文史和学习委员会
207 0  a Vol. 15-
210    a 黄冈
       c 中国人民政治协商会议黄冈市委员会文史和学习委员会
       d 2012-
215    a ^vol.
       c 图 (部分彩图), 摹真
       d 23cm
311    a 本书1-14辑题名《黄冈文史资料》
327 0  a 第十八辑, 不能忘却的记忆——黄冈抗日战争纪实;
430 0 1 a 001^^
       x 001269152
       d 2001^
       t 黄冈文史资料
517 1  a 黄冈抗日战争纪实
       b huang gang kang ri zhan zheng ji shi
606    a 文史资料
       x wen shi zi liao
       y 湖北省
```

```
LDR    ^^^^nas0^2200265^^^450^
100    a 20130828a19982011ekmy0chiy50^^^^^^ea
110    a auuzz^^0xx0
200 1  a 黄冈文史资料
       b huang gang wen shi zi liao
       e 其他连续出版物
       f 政协黄冈市委员会学习文史委员编
207 0  a Vol. 1-Vol. 14
210    a 黄冈
       c 中国人民政治协商会议黄冈市委员会文史委员会
       d 1998-2011
215    a 15册
       c 图 (部分彩图) 像
       d 21cm
311    a 本书第15辑起题名改为《黄冈文史》
327 0  a 第七辑, 黄州史话
       a 第九辑, 黄冈名人与故居;
       a 第十-十四辑, 天南海北黄冈人;
       a 专辑,
       纪念辛亥革命100周年——记董必武和潘怡如的战斗友谊.
440 0 1 a 001^^
       x 001269156
       d 2001^
       t 黄冈文史
517 1  a 黄州史话
```

2. 集中（统一）著录

对于同一题名有分卷（册）号且只有部分图书有分卷（册）题名的连续出版的图书，如文史资料等，是连续出版的图书中比较特殊的一类，对这类图书要根据具体情况酌情处理。在分卷（册）题名不多的情况下，根据集中著录与分散著录的原则，最好作集中的开口著录。例如《大众文艺丛刊》这套连续出版物一共出版6辑，每一辑有分卷（册）号，又有分卷（册）题名。只要在327内容附注字段作出第几册、题名是什么，然后再在517重复检索点即可，集中开口著录如下：

---

① 蔡蓉华. 连续出版物编目难点解析[J]. 大学图书馆学报, 1996, 14 (4).

第三章　中文文献编目实践中的难点问题研究与实例

```
LDR     ^^^^nas0^2200517^^^450^
099   a CAL 112000092710
100   a 19930805b19481948ekmy0chiy0120^^^^ea
106   a r
110   a bgazz^^0zy0
200 1 a 大眾文藝叢刊
      A da zhong wen yi cong kan
207 0 a No. 1 (民國37年3月1日 [1948, 3, 1])-no. 6 (民國38年3月 [1949, 3])
210   a 香港
      c [大眾文藝叢刊社]
      d 民國三十七-三十八年 [1948-1949]
215   a 6no.
      d 20cm
327 1 a 第一輯,文藝的新方向 / 苓麟, 乃超等著 ;$a第二輯,人民與文藝 / 喬木等$a第三輯,論文藝統一戰線 / 蕭愷等$a[第四輯],
      論主觀問題$a[第五輯],論批評$a[第六輯],新形式與文藝
330   a 綜合性文藝刊物,由中國共產黨領導創辦。其宗旨為注重文藝理論及創作方法,進行文藝批評,闡發中國共產黨的文藝方針和政策,
      批判錯誤的及反動的文藝思潮。所載作品,內容涉及戰鬥生活、故事、通訊、文藝批評、詩歌、小說等,大多取材於人民群眾的實際
      生活,文風樸實,內容生動。主要文章有:郭沫若的《斥反動文藝》、馮乃超的《戰鬥詩歌的方向》、喬木的《文藝創作與主觀》、
      穆文的《略論文藝大眾化》、馬烽的《一個雷雨的晚上》、蕭愷的《文藝統一戰線的幾個問題》等。主要撰稿人有:复衍、喬木、丁
      玲、馮乃超、蕭紺等、胡繩、馬烽、謝戀哉、趙樹理、田間、葉以群等。
517   a 文藝的新方向
517   a 人民與文藝
517   a 論文藝統一戰線
517   a 論主觀問題
517   a 論批評
517   a 新形式與文藝
```

例如《鄂西文史资料》，这套连续出版物现已出版29辑，其中第10、第11合辑，第12、第13辑，第26、第27辑有分卷（册）号，又有分卷（册）题名。只要在327内容附注字段作出第几册、题名是什么，然后再在517重复检索点即可，集中开口著录如下：

```
LDR     ^^^^nas0^2200733^^^450^
010   b 2006年第1辑, 总第37辑
      d [无价]
100   a 20010322a19869999ekmy0chiy50^^^^^^ea
110   a auuz^^^0xx0
200 1 a 鄂西文史资料
      A e xi wen shi zi liao
      b 其他连续出版物
      f 中国人民政治协商会议恩施自治州委员会文史资料研究委员会编
207 0 a Vol.3- ^^= 总3-
210   a [恩施]
      c 中国人民政治协商会议鄂西土家族苗族自治州委员会文史资料研究委员会
      d 1986-
215   a ^vol.
      d 21cm
300   a 总第28辑由湖北省恩施自治州政协文史资料委员会主办
303   a 据第十三辑著录
327 1 a 第六辑, 鄂西解放纪念专辑之一 ;
      a 总第16辑, 纪念抗日战争胜利50周年 ;
      a 总第17辑, 纪念抗日战争胜利50周年 (续篇) ;
      a 总第33辑, 县市政协成立二十周年专辑
517 1 a 鄂西解放纪念专辑
      A e xi jie fang ji nian zhuan ji
517 1 a 纪念抗日战争胜利50周年
      A ji nian kang ri zhan zheng sheng li 50 zhou nian
517 1 a 县市政协成立二十周年专辑
      A xian shi Zheng xie cheng li er shi zhou nian zhuan ji
606 0 a 文史资料
      A wen shi zi liao
      y 湖北省
      y 恩施自治州
690   a K296.32
      v 5
```

— 105 —

四、容易混淆的著录方式的解析

(一) 有关区分丛编和分辑的解析

1. 丛编的著录方式

丛编是一组相关的独立成套的文献，除各个分册有自己的题名外，还有一个共有的丛编题名。丛编的分册题名可以独立地作为正题名著录，丛编信息记录在丛编项，具体实例如下：

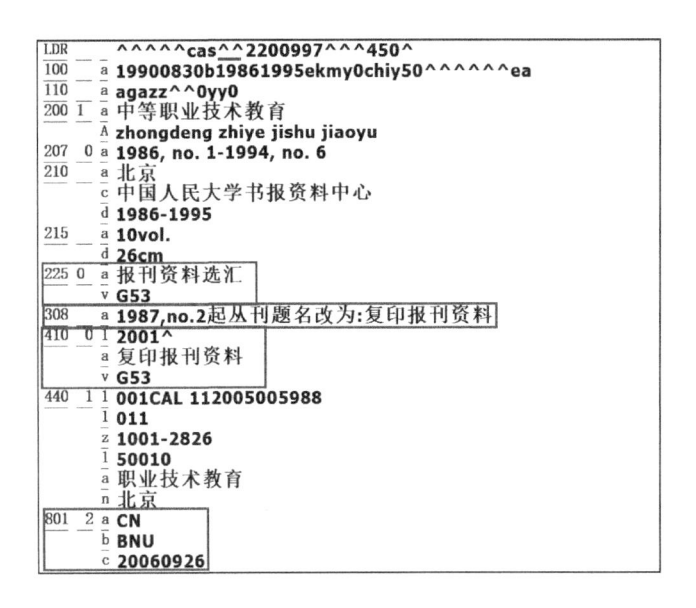

```
LDR      ^^^^^cas^^2200997^^^450^
100    a 19900830b19861995ekmy0chiy50^^^^^^ea
110    a agazz^^0yy0
200  1 a 中等职业技术教育
       A zhongdeng zhiye jishu jiaoyu
207  0 a 1986, no. 1-1994, no. 6
210    a 北京
       c 中国人民大学书报资料中心
       d 1986-1995
215    a 10vol.
       d 26cm
225  0 a 报刊资料选汇
       v G53
308    a 1987,no.2起丛刊题名改为:复印报刊资料
410  0 1 2001^
       a 复印报刊资料
       v G53
440  1 1 001CAL 112005005988
       1 011
       z 1001-2826
       1 50010
       a 职业技术教育
       n 北京
801  2 a CN
       b BNU
       c 20060926
```

《中等职业技术教育》的丛编题名形式前后有所不同，选取的规范形式是后一种，225字段著录的是规定信息源上出现的丛编题名（为非规范形式），此时，第1指示符取值为0，表示与检索点形式不同。规范的丛编题名检索点形式在410字段，并通过308字段说明。本记录虽然存在层次关系，但数据库中不存在最高层次的丛编记录，CALIS联合目录规定不做连接，因此头标08字符位层次等级代码为"c"，并且增加了801字段，记录修改记录的机构代码和修改日期。

2. 分辑的著录方式

分辑通常是一个学科范围较大的连续出版物系列的某个特定的专题部分，各分辑除了有分辑号或（和）分辑题名外，还有一个共同题名，分辑题名不能分析，只能作为正题名的一部分著录，即只能和共同题名一起构成正题名。[①] 具体实例如下：

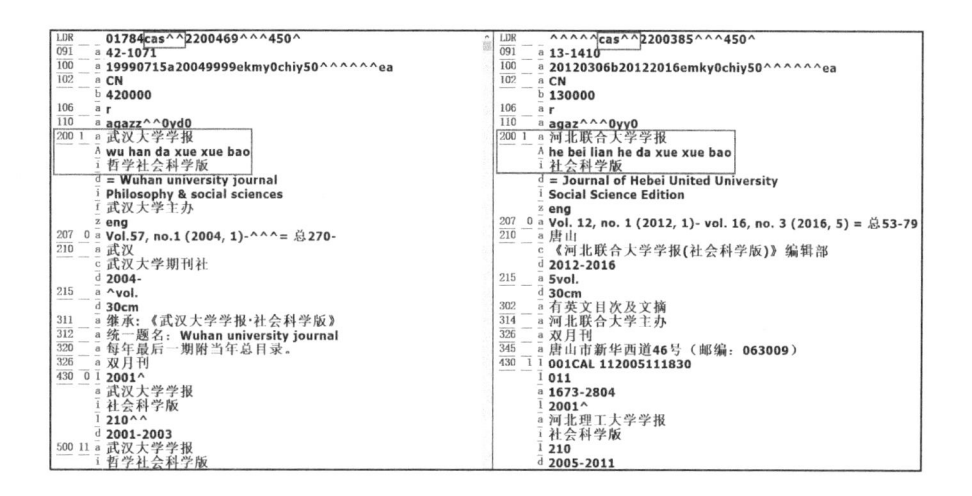

```
LDR     01784cas^^2200469^^^450^
091   a 42-1071
100   a 19990715a20049999ekmy0chiy50^^^^^^ea
102   a CN
      b 420000
106   a r
110   a agazz^^^0yd0
200 1 a 武汉大学学报
      A wu han da xue xue bao
      i 哲学社会科学版
      d = Wuhan university journal
      i Philosophy & social sciences
      i 武汉大学主办
      z eng
207 0 a Vol.57, no.1 (2004, 1)-^^^= 总270-
210   a 武汉
      c 武汉大学期刊社
      d 2004-
215   a ^vol.
      d 30cm
311   a 继承：《武汉大学学报·社会科学版》
312   a 统一题名：Wuhan university journal
320   a 每年最后一期附当年总目录。
326   a 双月刊
430 0 1 2001^
      a 武汉大学学报
      i 社会科学版
      l 210^^
      d 2001-2003
500 11 a 武汉大学学报
      i 哲学社会科学版
```

```
LDR     ^^^^cas^^2200385^^^450^
091   a 13-1410
100   a 20120306b20122016emky0chiy50^^^^^^ea
102   a CN
      b 130000
106   a r
110   a agaz^^^0yy0
200 1 a 河北联合大学学报
      A he bei lian he da xue xue bao
      i 社会科学版
      d = Journal of Hebei United University
      i Social Science Edition
      z eng
207 0 a Vol. 12, no. 1 (2012, 1)- vol. 16, no. 3 (2016, 5) = 总53-79
210   a 唐山
      c 《河北联合大学学报(社会科学版)》编辑部
      d 2012-2016
215   a 5vol.
      d 30cm
302   a 有英文目次及文摘
314   a 河北联合大学主办
326   a 双月刊
345   a 唐山市新华西道46号（邮编：063009）
430   l 001CAL 112005111830
      l 011
      l 1673-2804
      a 2001^
      a 河北理工大学学报
      i 社会科学版
      l 210
      d 2005-2011
```

上述两种情况有时难以区分，如何断定是丛编还是分辑，是连续出版物编目的又一难点。可以从题名的构成形式和包含内容等方面找到一些判断丛编和分辑的规律。

如果集体题名和分册题名出现在不同来源，即有丛编题名页时，应判定为丛编，不能作为分辑。

如果全部刊本上都有一个保持不变的编号，应定为丛编。

如果集体题名用大写字母或斜体字从作为文前栏目的句子的其他词中分离出来时，可以认作丛编。

如果有三个题名构成三重题名的情况，则可以是主丛编题名、子丛编题名和分册题名，作为丛编处理。

[①] 蔡蓉华.连续出版物编目难点解析[J].大学图书馆学报，1996，14（4）.

如果上述方法都不能判断,则可采用题名的非共同部分是否能独立存在的方法来判断。若分册题名离开集体题名仍能表达完整的意义,则可判定为丛编,若分册题名离开了集体题名意义不再完整,则定为分辑。①

(二)影印与复制的著录解析

1. 重印(影印)著录的解析

(1)重印(影印)连续出版物的概念。

重印(影印)连续出版物是指授权重印的连续出版物,一般仅限于地区内发行。其外观和版型与原出版物基本保持一致。中文重印连续出版物主要有以下类型:外国和港台连续出版物的授权重印;中华人民共和国成立前旧连续出版物和一些有价值、过去发行数量极少、至今保留不多的连续出版物,这类连续出版物一般由收藏机构和印刷发行机构合作出版。

(2)重印(影印)连续出版物的著录原则。

重印(影印)连续出版物在著录的过程中,有的字段需要按照原出版物著录,有的需要按照重印(影印)连续出版物著录。其中按照原出版物著录的字段有:100字段[出版日期类型和出版日期1/2(100字段/08-16字符位)],207字段(编号),455字段(连接)。按照重印出版物著录的字段有:110字段(编码),200字段(题名),205字段(版本),210字段(出版发行),215字段(载体形态),225和410字段(丛编),326字段(出版频率),456字段(连接)。②当采用455字段连接原版出版物时,用311字段附注说明原出版物的出版频率、出版地、出版者、出版年等信息,如题名不同,还应著录原出版物的题名信息;在原出版物中用456字段连接重印出版物的有关信息;在原版出版物中用456字段连接重印出版物时,用311字段记录重印出版物附注,具体实例如下:

---

① 此内容引自:CALIS联机合作编目中心.《CALIS联合目录印刷型中文连续出版物MARC记录编制细则》,2009年10月.

② 此内容引自:CALIS联机合作编目中心.《CALIS联合目录印刷型中文连续出版物MARC记录编制细则》,2009年1月.

```
110    a auuzz^^0zy0                                      110    a ahazz^^0yz0
200 1  a 中國邊疆民族學雜誌                              200 1  a 邊政公論
       A zhong guo bian jiang min zu xue za zhi                  = Frontier affairs
       A 邊政公論社主辦                                          f 編輯中國邊政學會
       A zhong guo bian jiang min zu xue za zhi                  z eng
       [影印版]                                                   A bian zheng gong lun
205                                                       205
207 0  a 創刊號 (民國30年8月10日 [1941, 8, 10]) = vol. 1, no. 1 207 0  a 創刊號 (民國30年8月10日 [1941, 8, 10]) = vol. 1, no. 1
         (民國30年8月10日 [1941, 8, 10] - )                          (民國30年8月10日 [1941, 8, 10] - )
         a vol. 1, no. 2 (民國30年9月10日 [1941, 9, 10] ) -vol. 7, no. 4  a vol. 1, no. 2 (民國30年9月10日 [1941, 9, 10] ) -vol. 7, no. 4
         (民國37年12月 [1948, 12])                                    (民國37年12月 [1948, 12])
210    a 臺北                                              210    a 巴縣 [四川]
       c 大通書局                                                 c 邊政公論社 [發行]
       d 民國73年 [1984]                                          d 民國三十-三十七年 [1941-1948]
215    a 7册                                               215    a 7vol.
       d 21cm                                                    d 26cm
225 2  a 景印中國期刊五十種                              303    a 據v.1,no.11/12 (1942,7,10)著錄.
       v 第23種                                           306    a 第5卷起出版地改為南京.
311    a [影印版]: 邊政公論. — 巴縣 [[四川] : 邊政公論社 [發行], 311    a 民國73年 [1984]由臺北大通書局出版影印本,題名為: 中國
         民國三十-三十七年 [1941-1948]. —                           邊疆民族學雜誌.
         季刊(1947-1948). — 半年刊(1946): 月刊(1941-1945).  320    a 第1、4卷起每一期附本在分類總目錄.
326    a 出版頻率不確定                                  326    a 半年刊
410 0 1 2001^                                                   b 1947-1948
       a 景印中國期刊五十種                                     a 月刊
       v 第23種                                                  b 1946
455    0 001CAL 112006060289                                    a 年刊
       1 2001^                                                  b 1941-1945
       a 邊政公論                                         456 0  1 001CAL 012001104083
       210                                                      1 2001
       d 民國三十-三十七年 [1941-1948]                             中國邊疆民族學雜誌
                                                                210
518    a 中國邊疆民族學雜誌                                      d 民國73年 [1984]
606 0  a 邊疆地區                                         510 1  a Frontier affairs
       x 研究                                                    z eng
       y 中國                                              518    a 邊政公論
       j 民國                                              606 0  a 邊疆地區
       j 期刊                                                    x 研究
```

这是一条影印的记录，题名与原版不同，影印的是全部卷期。编制记录时，题名与责任说明项（200字段）、出版发行项（210字段）、载体形态项（215字段）、出版频率附注（326字段）及连续出版物编码字段（110字段）根据影印刊的特征著录和赋值；100字段的出版日期类型和出版日期1/2、207字段的编号标识与原版相同；311字段说明原刊的出版频率、出版地、出版者、出版年等信息，如题名不同，还应著录原刊的题名信息；用455字段连接原版期刊的信息。在原版记录中用456字段连接影印刊记录，用311字段说明影印刊的题名、出版地、出版者、出版年等信息。

2. 复制著录的解析

（1）455字段：复制自。

当在编文献是复制品时，本字段包含对其原作的描述，或用于实现对描述其原作的记录的连接。当在编文献为重印刊时，用本字段连接原版刊[①]。本字段不可重复。

指示符：当第2指示符取值"1"时，可自动生成导语"复制自"。

---

① 此内容引自：CALIS联机合作编目中心.《CALIS联合目录印刷型中文连续出版物MARC记录编制细则》，2009年10月．

CALIS联合目录建议第2指示符选用"0"，通过311字段作连接字段附注。

当一条期刊记录中出现455字段时，其所连接的另一条记录中应具备一个相应的456字段连接该记录。

（2）456字段：复制为。

当在编文献为原作时，本字段包含对其复制品的描述，或用于实现对描述其复制品的记录的连接。当在编文献为原版刊时，用本字段连接其重印刊。当有多种形式的复制品时，本字段可以重复。

指示符：当第2指示符取值"1"时，可自动生成导语"复制为"。CALIS联合目录建议第2指示符选用"0"，通过311字段作连接字段附注。

当一条期刊记录中出现456字段时，其所连接的另一条记录中应具备一个相应的455字段连接该记录。

五、相关题名块（5××）的著录解析

由于512、514、515、516、517和518字段记录题名的子字段没有$h和$i子字段，所以当题名由共同题名、分辑号与分辑题名组成时，$a子字段的著录形式为：共同题名.#分辑号，#分辑题名，共同题名与分辑号之间用半角的圆点和空格".#"分隔，分辑号与分辑题名之间用半角的逗号和空格"，#"分隔。如果题名由共同题名与分辑题名或分辑号组成，$a子字段的著录形式为：共同题名.#分辑题名或分辑号，共同题名与分辑题名或分辑号之间用半角的圆点和空格".#"分隔。[1]

（一）500字段：统一题名

1. CALIS联合目录印刷型中文期刊采用的子字段增加：

子字段	描述	必备性	重复性
$j	形式复分	A	R

---

[1]《CALIS联合目录中文期刊MARC记录编制细则》（修订本）[EB/OL].[2024-3-27].https：//www.docin.com/p-17254114.html.

续表

子字段	描述	必备性	重复性
$x	论题复分	A	R
$y	地理复分	A	R
$z	年代复分	A	R

$j、$x、$y、$z子字段只限于500字段被嵌套在604字段时使用。

2. $q版本（或版本日期）：著录实体的版本标识，可以是版本名称或版本的日期信息。

3. CALIS联合目录规定，当在编文献与数据库中的记录为相同题名的不同期刊时，在本记录中用统一题名加以区分；但是不要为了区别原始和复制版本而对印刷或微缩的复制版本增加统一题名。

4. 统一题名限定信息选取的一般原则：统一题名的限定信息（出版地、出版日期、团体名称、版本说明等）应该以首卷首期/所见最早一期的信息为依据，出版日期也应为本题名下的首卷至末卷的出版日期；出版过程中限定信息发生变化的，如果不需要创建新记录则不更改限定信息；统一题名的作用是用来区分相同题名的不同期刊。

（1）出版地：当正题名不是通用题名时，可选择出版地作为限定信息。例：

2001# $a 高等教育研究 $b[期刊]

5001# $a 高等教育研究 $n（长春）

2001# $a 高等教育研究 $b[期刊]

5001# $a 高等教育研究 $n（成都）

2001# $a 高等教育研究 $b[期刊]

5001# $a 高等教育研究 $n（西安）

（2）出版日期：当正题名为非通用题名时，一种期刊改名后又恢复原名出版，或者在同一出版地出版的两种不同期刊，可以用出版日期作为限定信息。例：

50010 $a 上海教育 $k（1957）

50010 $a 上海教育 $k（1959-1984）

50010 $a 上海教育 $k（1995-）

（3）团体名称：当正题名为通用题名时，首选团体名称作为限定信息。如果正题名不是通用题名也可以选择团体名称作为限定信息，例如出版地相同的同名期刊。例：

2001# $a 院刊 $b[期刊] $f 秦皇岛市第二医院

5001# $a 院刊 $n（秦皇岛市第二医院）

2001# $a 院刊 $b[期刊] $f 成都中医学院附属医院

5001# $a 院刊 $n（成都中医学院附属医院）

2001# $a 戏剧研究 $b[期刊]

210## $a 北京 $c 中国戏剧出版社 $d1959-1960

5001# $a 戏剧研究 $n（中国戏剧出版社）

2001# $a 戏剧研究 $b[期刊]

210## $a 北京 $c 中国人民大学书报资料社 $d1979-1993

5001# $a 戏剧研究 $n（中国人民大学书报资料社）

注：两种刊物题名相同，出版地相同，可以用出版者作为限定信息。

选择团体作为限定信息，如果团体名称比较长，在能识别的前提下可适当简化，如只使用其上级机构。

（4）版本说明：如果有题名相同但是版本说明不同的期刊，可以选用版本说明作为限定信息。例：

2001# $a 英语画刊 $b[期刊]

205## $a 高中版 $b 高一版

5001# $a 英语画刊 $q（高中版，#高一版）

2001# $a 英语画刊 $b[期刊]

205## $a 高中版 $b 高二版

5001# $a 英语画刊 $q（高中版，#高二版）

2001# $a 中建 $b[期刊]

205## $a 华北航空版

5001# $a 中建 $q（华北航空版）

2001# $a 人民日报 $b[报纸]

205## $a 海外版

5001# $a 人民日报 $q（海外版）

2001# $a 大公报 $b[报纸]

205## $a 上海版

5001# $a 大公报 $q（上海版）

（5）如果只有上述信息还不足以限定时，可以与其他信息组合进行限定；比如："团体名称＋出版日期、出版地＋出版日期、版本说明＋出版日期、出版地＋团体名称＋出版日期、版本说明＋出版地＋出版日期"等。

例1：

2001# $a 中国文学 $b[期刊] $f 温州中学高中部中国文学研究会

210## $a 温州 #（浙江）$c 温州中学高中部中国文学研究会 $d 民国二十三年 #[1934]

50010 $a 中国文学 $n（北京）

50010 $a 中国文学 $n（北京：$k1989-1999）

50010 $a 中国文学 $n（北京：$k1946）

50010 $a 中国文学 $n（重庆）

注：不同出版地出版的《中国文学》，用出版地限定，其中有两种出版地都是北京，但出版时间不同，再增加出版日期限定。

例2：

2001# $a 中国青年 $b[期刊]

210## $a 上海 $c[中国青年社]$d 民国十二年 #[1923]-1927

50010 $a 中国青年 $n（上海：$k1942-1943）

50010 $a 中国青年 $n（重庆）

50010 $a 中国青年 $n（汉口）

注：1923—1927年在上海出版的《中国青年》是第一条记录，不必

-113-

加统一题名，以后陆续出现了多种与此同名的刊物，大多是不同出版地，这时只用出版地限定就可以了，但是后来出现了同一出版地的同名刊物，就必须加上出版日期作进一步区分。

例3：

5001# $a 上海教育 $k（1957）

5001# $a 上海教育 $q（小学版#：$k1958）

5001# $a 上海教育 $q（小学版#：$k1985-1994）

5001# $a 上海教育 $q（中学版#：$k1958）

5001# $a 上海教育 $q（中学版#：$k1985-1994）

注：当只有版本信息还不足以区分时，应增加其他信息（比如出版日期）作进一步的限定。

当题名发生次要变化，除最新题名记录在590字段外，其他次要变化的题名要在517（替他题名）字段提供检索点。

（二）590字段：最新题名

1. 本字段为CALIS联合目录新增自定义字段，当题名发生次要变化不必创建新记录时，应将当前使用的题名记录在本字段，CALIS联合目录印刷型中文期刊使用子字段和指示符见表3-4[①]：

表3-4 CALIS联合目录印刷型中文期刊使用子字段和指示符

字段	指示符	子字段	描述	必备性	重复性
590			最新题名	A	NR
	第1		题名检索意义指示符	M	
	1		有检索意义	A	
	第2		未定义	M	
		$a	最新正题名	M	NR
		$e	其他题名信息	A	R

① 《CALIS联合目录中文期刊MARC记录编制细则》（修订本）[EB/OL].[2024-3-27].https://www.docin.com/p-17254114.html.

续表

字段	指示符	子字段	描述	必备性	重复性
		$h	分辑号	A	R
		$i	分辑名	A	R
		$k	题名变化的起止时间*	A	NR
		$A	最新题名汉语拼音	O	NR

*如果题名发生次要变化后一段时间停止出版，590字段的$k应该记录起始与停止日期。

2.指示符：字段指示符采用1#，CALIS联合目录规定590字段做检索点。

3.实例。

例1：

2001# $a中共长春市委党校学报

312## $a1988起正题名改题：长春党校学报；1999起改题：长春市委党校学报。

5171# $a长春党校学报

5901# $a长春市委党校学报 $k1999-

注：该记录中题名的变化是团体名称的简称与全称的变化，属于次要变化，不需要创建新记录，只在312字段附注说明，并在相应的5××字段提供检索点，由于590字段记录的是最新题名，而记录中题名发生了两次变化，因此第一次变化的题名记录在517字段，第二次变化的题名记录在590字段。[①]

例2：

2001# $a山东师大学报 $i哲学社会科学版

312## $a1986-2000年分辑题名改题：社会科学版；2000年起分辑题

[①] 此内容引自：CALIS联机合作编目中心.《CALIS联合目录印刷型中文连续出版物MARC记录编制细则》，2009年10月．

名又改为：人文社会科学版；2002年起共同题名中团体名称由简称改为全称，题名为：山东师范大学学报·人文社会科学版。

5171# $a山东师大学报.#社会科学版

5171# $a山东师大学报.#人文社会科学版

5901# $a山东师范大学学报$i人文社会科学版$k2002-

注：该记录的正题名是由共同题名与分辑题名组成的，两者先后发生了变化，分辑题名发生了两次变化，均为次要变化，共同题名的变化是团体名称简称与全称的变化，也是次要变化，不需要创建新记录，由于多次变化，所以只将最后一次变化记录在590字段，先前的变化记录在517字段。

例3：

2001# $a译林$e外国文学丛刊

312## $a1981年起副题名改为：外国文学季刊，1997年起副题名改为：外国文学双月刊

5171# $a译林$e外国文学季刊

5901# $a译林$e外国文学双月刊$k1997-

注：当副题名发生次要变化时，除在312字段说明并在517字段提供检索点外，还需要将最新题名记录在590字段。

六、团体名称变更与变异的解析

连续出版物一般只著录团体责任者，通常情况下个人责任者不予反映。例：

2001# $a中国证券大全$d#A comprehensive handbook of Chinese securities$f中国证券大全编辑文员会编$zeng

注：《中国证券大全》是一套按年出版的连续出版物，1998年卷题名页上题有主编：陈金华。

所以，接下来，我们重点谈谈连续出版物的团体名称的变更和变异。

（一）团体名称

以一个特定的名称标识的并作为或可能作为整体进行活动的任何组织或一群人，也包括临时特设组织和事件。例如政府机构团体、政党、企事业单位、群众团体和宗教团体、各种会议、培训班、科学考察队、节庆日、博览会等。

（二）团体变更

团体在一个持续时期内，由于历史变迁或职能范围、隶属关系等发生变化，发生更名情况而使用了不同名称，后来的团体名称应视为一个新的团体。例如：

"北京图书馆"更名为"中国国家图书馆"（职能的强化）

"京师大学堂"更名为"北京大学"（历史的变迁）

"北京中医学院"更名为"北京中医药大学"（范围、性质的变化）

"武汉测绘科技大学"更名为"武汉大学"（并入另一个团体，隶属关系的变化）。具体实例如下：

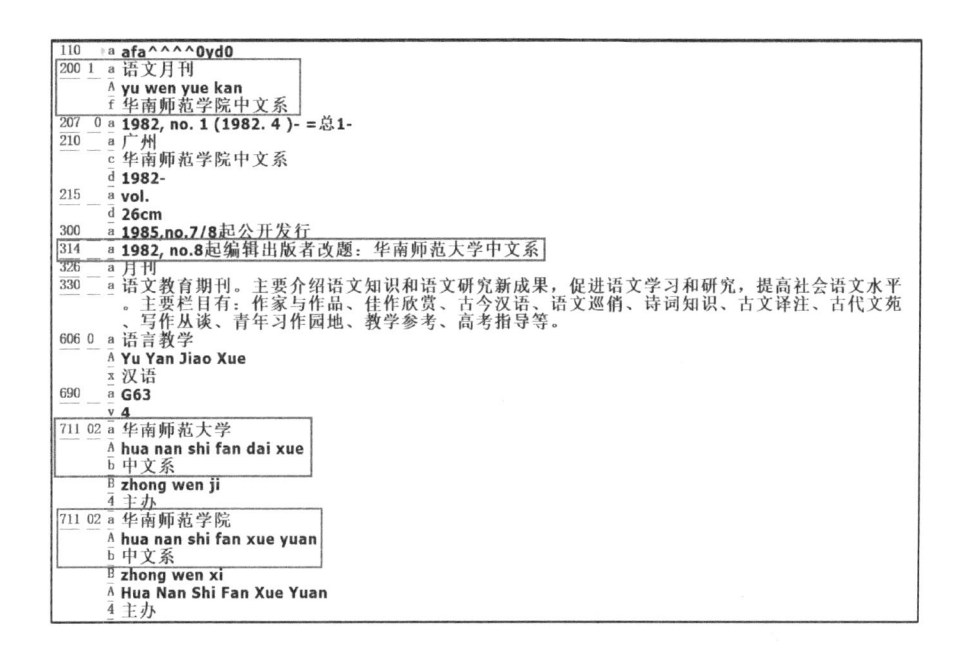

```
110    a afa^^^^0yd0
200 1  a 语文月刊
       A yu wen yue kan
       f 华南师范学院中文系
207 0  a 1982, no. 1 (1982. 4)- = 总1-
210    a 广州
       c 华南师范学院中文系
       d 1982-
215    a vol.
       d 26cm
300    a 1985,no.7/8起公开发行
314    a 1982,no.8起编辑出版者改题：华南师范大学中文系
326    a 月刊
330    a 语文教育期刊。主要介绍语文知识和语文研究新成果，促进语文学习和研究，提高社会语文水平。主要栏目有：作家与作品、佳作欣赏、古今汉语、语文巡俏、诗词知识、古文译注、古代文苑、写作丛谈、青年习作园地、教学参考、高考指导等。
606 0  a 语言教学
       A Yu Yan Jiao Xue
       x 汉语
690    a G63
       v 4
711 02 a 华南师范大学
       A hua nan shi fan dai xue
       b 中文系
       B zhong wen ji
       4 主办
711 02 a 华南师范学院
       A hua nan shi fan xue yuan
       b 中文系
       B zhong wen xi
       A Hua Nan Shi Fan Xue Yuan
       4 主办
```

（三）团体变异名称

团体在一个持续时期内名称的变化系形式上的变化，应视为同一个团体的变异形式，例如全称和简称、正式名称与惯用名称、本机构名称与本机构名称前冠上级机构之间的变化，团体中所包含的数字的书写形式的变化以及采用不同语言对同一个团体的表述形式等。例如：

"中国国家图书馆"与"国家图书馆"（对外的正式名称与国内的惯称）

"山东师范大学"与"山东师大"（全称与简称）

"中国科学院紫金山天文台"与"紫金山天文台"（本机构名称前冠上级机构与本机构名称）

"解放军65663部队"与"解放军六五六六三部队"（团体名称中数字形式的变化）

"CALIS"与"China Academic Library & Information System"（不同文字形式）

"蜂星电讯公司"与"施乐事达公司"（外国团体的音译形式与意译形式）

"IBM"与"国际商业机器公司"（原文首字母缩写形式与中译名称）。具体如下：

```
106     a r
200 1   a IBM WebSphere应用服务器5.0系统管理与配置
        A ibm websphere ying yong fu wu qi 5.0 xi tong guan li yu pei zhi
        f （美）IBM公司著
        g 张云涛, 龚玲译
711 02  a 国际商业机器公司
        A guo ji shang ye ji qi gong si
        g (International Business Machines Corporation)
        4 著
```

在团体规范名称规则中，若团体更名，必须为更名后的团体另建规范名称检索点，并在更名前的规范检索点与更名后的规范检索点之间建立参照；若同一个团体出现一种或多种变异形式，均应与其规范检索点之间建立参照。

七、有关卷期标识和馆藏著录的解析

（一）有关卷期标识的解析

卷期标识项记录的是该题名下第一册和最后一册的卷期标识，编目遇到的最大困难是缺少首卷期或（和）最后卷期刊本，因为一个图书馆不可能每种连续出版物都完整收藏，有很多是中途订购的，有些可能只藏几卷，缺少首卷期刊本是很普遍的现象。对此若简单采用标识项空缺的办法是不恰当的，因为连续出版物的连续出版发行的特点使之拥有众多的卷期，而卷期标识则是识别每一卷期的唯一特征，是记录和回溯连续出版物的重要内容，应尽量予以著录。

有人认为可以根据当前卷期的标识推测首卷期标识，这种方法是绝对不可取的，因为出版频率改变、卷期重起、改名等，使这种推测经常是错误的，不能反映实际情况，实在无信息来源时，卷期标识项宁可空缺也不应予以推测。

1.对于起讫编号不明的著录。

若无法确定一种连续出版物的第一期和/或最后一期的编号信息，尽量依据有关资料推算一个大概的编号，推算的编号后加问号"？"置于方括号"[]"中，并在303字段说明著录依据。确实无从查证者用"？"替代，并将有关说明记录于315字段。[①] 例：

2001# $a大学新闻$b[报纸]

207#0 $a [No.1（1945，2？）?]-no.52（1946，3，10）

315## $a见存最早一期为no.38（1945，10，28），创刊日期据此推算。

注：无法推算出的日期可用"？"替代。

2.如果无法获取任何有关第一期和最后一期的编号信息，207字段可省略，将有关说明记录于315字段。例：

---

① 此内容引自：CALIS联机合作编目中心.《CALIS联合目录印刷型中文连续出版物MARC记录编制细则》，2009年10月．

2001# $a时事晚报 $b[报纸]

207#0 $a No. 1 [1939, 3, ?]-?

315## $a创刊日期据no.77（1939，5，18）推算，停刊期、年不详。

3.休刊/复刊的著录。

休刊后复刊，如果编号连续，207字段连续著录，并在315字段说明休刊信息。例：

2001# $a水利学报 $b[期刊]

207#0 $a 创刊号（1956，12）#=#1956，no. 1（1956，12）$a 1957, no. 1-###=#[总2]-

315## $a本刊1960，no.6后休刊，于1962，no.1（1962，4）复刊；又于1966，no.2（1966，4）后再度休刊，于1980，no.1（1980，2）复刊。

休刊后复刊，如果编号另起，作为后续编号序列重复$a著录。例：

2001# $a腾越日报 $b[报纸]

207#0$a No.1[1937, 10, ?]-?$a复刊no. 1[1944, ?, ?] -?

315## $a创刊日期据1983年11月1日（no.382）推算。

315## $a本报曾停刊，停刊日期不详；1944年复刊，期号另起。

可以依据的资料一定是选择一些质量可靠的书目作为信息来源，如馆藏联合目录、新刊题录等，是众多图书馆馆藏的如实反映，在编目时可资参考，借以确定首卷期。目前可供利用质量较高的中文检索工具有:《中国当代期刊总览》《全国中文期刊联合目录（1833-1949）》《中国报刊邮发大全》《全国俄文期刊联合目录》《全国日文期刊联合目录》等，从这些检索工具中，往往可以找到准确的卷期标识信息，在一定程度上解决了缺少标识信息的问题，也并不违背如实反映的著录原则，是一种较好的处理方法。

（二）有关馆藏著录方法的解析

馆藏是用户自定的著录项目，对连续出版物来说，由于其出版发行的复杂性和收藏的不完整性，馆藏是十分重要的也是较难著录的数据项，主要存在两个问题。

问题之一是收藏不完整时，是采用有卷著录法还是缺卷著录法。前者将馆藏现有的卷期如实写出，缺期跳过，这种方法适合于今后不再补缺的不太重要的刊物，著录起来比较直观容易。后者是著录开始入藏卷期至现有卷期，并在括号中著录缺期，这种方法的优点是缺期一目了然，特别适合于馆藏核心刊及其他需要补缺的刊物。一般来说，如有可能，最好采用缺期著录法，具体实例如下：

序号	条码号	分馆代码	分馆	说明	索书号	馆状态
30	331200001981	SX01	数学与统计学院资料室	v.16,no.1-4(缺4) 2002	92.2/GS36	阅览
10	331200002883	SX01	数学与统计学院资料室	v.13,no.1-4 1999	92.2/G536	阅览

书目＝12257 管理＝230195 - 甘肃教育学院学报(甘肃教育学院) 出版年：1997.

书目＝1027749 管理＝1347853 - 国际经贸治理重大议题年报(梅林德) 出版年：2014.

序号	条码号	分馆代码	分馆	说明	索书号	馆状态
10	101101890060	WL01	总馆中文阅览区C1-C4	2013年报	F74-54/G621/(2013)	保存本
30	101102062971	WL01	总馆中文阅览区C1-C4	2015年报	F74-54/G621/(2015)	保存本
40	101102126277	WL01	总馆中文阅览区C1-C4	2016年报	F74-54/G621/(2016)	保存本
50	101102239747	WL01	总馆中文阅览区C1-C4	2017年报	F74-54/G621/(2017)	保存本
60	101102399317	WL01	总馆中文阅览区C1-C4	2018年报	F74-54/G621/(2018)	保存本

书目＝93546 管理＝311484 - 浙江文史资料选辑(中国人民政治协商会议) 出版年：1962.

序号	条码号	分馆代码	分馆	说明	索书号	馆状态
100	001100548196	WL59	总馆地方文献阅览区E5	第二十一辑	K295.5/Z571/(21)	保存本
110	001100548197	WL59	总馆地方文献阅览区E5	第二十三辑	K295.5/Z571/(23)	保存本
120	001100548198	WL59	总馆地方文献阅览区E5	第二十五辑	K295.5/Z571/(25)	保存本
130	001100548199	WL59	总馆地方文献阅览区E5	第二十六辑	K295.5/Z571/(26)	保存本
140	001100548200	WL59	总馆地方文献阅览区E5	第二十九辑	K295.5/Z571/(29)	保存本
150	001100548201	WL59	总馆地方文献阅览区E5	第三十一辑	K295.5/Z571/(31)	保存本
160	001100548202	WL59	总馆地方文献阅览区E5	第三十七辑	K295.5/Z571/(37)	保存本

问题之二是要不要著录"期"。如果著录则文献的出版频率和发行规律就非常清晰，缺点是馆藏数据可能变得冗长和杂乱，如果不著录则效果相反。较好的方法是根据出版周期的具体情况选择不同的方式，扬长避短，当出版频率不变或虽有变化但变化时间很清楚时，频率项足以反映出版周期情况，此时馆藏项就不必著录期，如果出版频率变化时间不明，或者发行无规律，频率项已不能反映出版周期的具体情况，此时馆藏项就应该著录完整的卷和期，以反映馆藏全貌，具体实例如下：

序号	条码号	分馆代码	分馆	说明	索书号	馆状态
600	321200004599	FX20	法学院中文报刊室	2006,v.59,no.1-3;总282-284期	Z62/WH16-C	阅览
610	321200004600	FX20	法学院中文报刊室	2006,v.59,no.4-6;总285-287期	Z62/WH16-C	阅览
620	321200004601	FX20	法学院中文报刊室	2007,v.60,no.1-3;总288-290期	Z62/WH16-C	阅览
630	321200004602	FX20	法学院中文报刊室	2007,v.60,no.4-6;总291-293期	Z62/WH16-C	阅览
640	321200004603	FX20	法学院中文报刊室	2007,v.60,no.2-6;总291-295期	Z62/WH16-C	阅览
650	321200004604	FX20	法学院中文报刊室	2005,v.58,no.4-6;总279-281期	Z62/WH16-C	阅览

序号	条码号	分馆代码	分馆	说明	索书号	馆状态
130	041200042708	YX40	医学馆密集书刊库	v.14,no.1-6 2012	R/65(13)9	阅览
200	041200048382	YX40	医学馆密集书刊库	v.15,no.1-5 2013	R/65(13)9	阅览
210	041200048802	YX40	医学馆密集书刊库	v.16,no.1-2 2014	R/65(13)9	阅览

八、有关具体连续出版物实例类型的解析

（一）期刊：正在出版的现刊

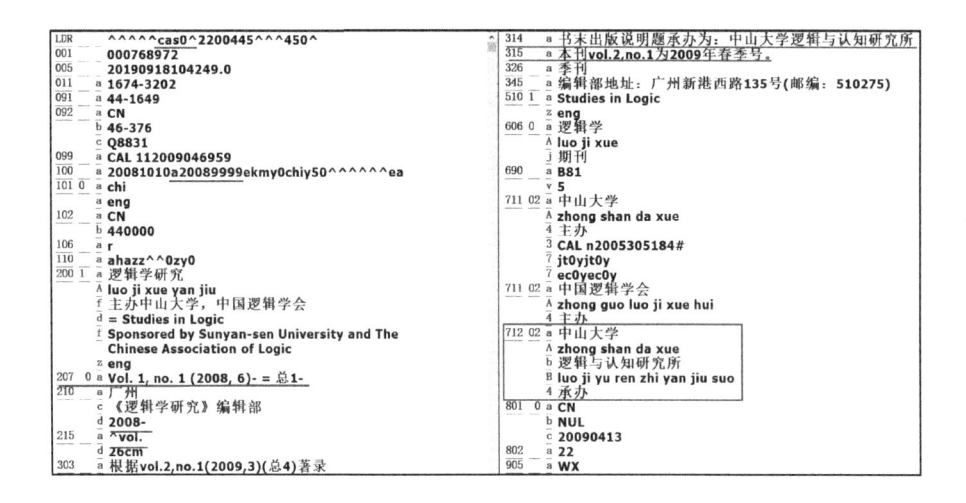

```
LDR      ^^^^cas0^2200445^^^450^           314   a 书未出版说明题承办为：中山大学逻辑与认知研究所
001      000768972                          315   a 本刊vol.2,no.1为2009年春季号。
005      20190918104249.0                   326   a 季刊
011    a 1674-3202                          345   a 编辑部地址：广州新港西路135号(邮编：510275)
091    a 44-1649                            510 1 a Studies in Logic
092    a CN                                 606 0 z eng
       b 46-376                                   A luo ji xue
       c Q8831                                    j 期刊
099    a CAL 112009046959                   690   a B81
100    a 20081010a20089999ekmy0chiy50^^^^^ea       v 5
101 0  a chi                                711 02 A 中山大学
       a eng                                       A zhong shan da xue
102    a CN                                        4 主办
       b 440000                                    3 CAL n2005305184#
106    a r                                         7 jt0yjt0y
110    a ahazz^^0zy0                                ec0yec0y
200    a 逻辑学研究                         711 02 A 中国逻辑学会
       A luo ji xue yan jiu                         A zhong guo luo ji xue hui
       f 主办中山大学、中国逻辑学会                 4 主办
       d = Studies in Logic                712 02 A 中山大学
       f Sponsored by Sunyan-sen University and The        A zhong shan da xue
         Chinese Association of Logic              b 逻辑与认知研究所
       z eng                                        B luo ji yu ren zhi yan jiu suo
207 0  a Vol. 1, no. 1 (2008, 6)- = 总1-              4 承办
210    a 广州                               801   a CN
       c 《逻辑学研究》编辑部                        b NUL
       d 2008-                                      c 20090413
215    a ^vol.                              802   a 22
       d 26cm                               905   a WX
303    a 根据vol.2,no.1(2009,3)(总4)著录
```

注：该刊有题名页，并且题名页责任说明都有并列信息，200字段著录时，所有的中文信息著录在前，并列信息著录在中文信息之后；承办机构没有出现在题名页上，如有必要可在314字段说明并在712字段提供检索点；除常规的卷期与总期标识外，本刊还可以用春、夏、秋、冬四季作为编号标识，这种特殊的编号可以在315字段说明，207字段可不著录。以上内容引自CALIS联机合作编目中心2009年10月发布的《CALIS联合目录印刷型中文连续出版物MARC记录编制细则》(以下简称《细则》)。

（二）报纸：题名相同版本不同

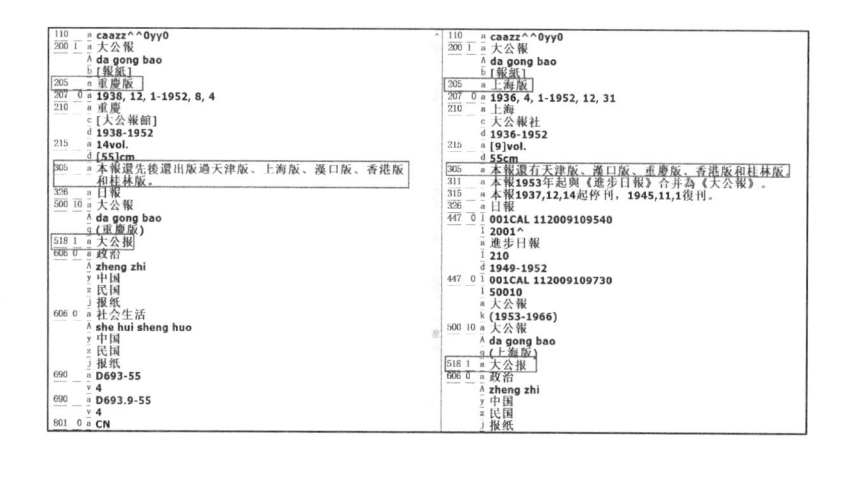

```
110      a caazz^^0yy0                                110      a caazz^^0yy0
200 1    a 大公报                                      200 1    a 大公报
         A da gong bao                                         A da gong bao
         b 报纸                                                 b 报纸
205      a 重庆版                                      205      a 上海版
207 0    a 1938, 12, 1-1952, 8, 4                    207 0    a 1936, 4, 1-1952, 12, 31
210      a 重庆                                        210      a 上海
         c [大公报馆]                                            c 大公报社
         d 1938-1952                                           d 1936-1952
215      a 14vol.                                     215      a [9]vol.
         d [55]cm                                              d 55cm
305      a 本报还先后还出版过天津版、上海版、汉口版       305      a 本报还有天津版、汉口版、重庆版、香港版和桂林版
         和桂林版。                                    311      a 本报1953年起与《进步日报》合并为《大公报》
326      a 日报                                                a 本报1937,12,14起停刊，1945,11,1复刊。
500 10   a 大公报                                      326      a 日报
         A da gong bao                                447      a 001CAL 112009109540
         g (重庆版)                                             i 2001^
518 1    a 重庆版                                                l 进步日报
606 0    a 政治                                                 2 210
         y zheng zhi                                            d 1949-1952
         y 中国                                        447      a 001CAL 112009109730
         z 民国                                                 l 50010
         j 报纸                                                 a 大公报
606 0    a 社会生活                                              k (1953-1966)
         a she hui sheng huo                          500 10   a 大公报
         y 中国                                                 A da gong bao
         z 民国                                                 g (上海版)
         j 报纸                                        518 1    a 大公报
690      a D693-55                                    606 0    a 政治
         v 4                                                   y zheng zhi
690      a D693.9-55                                           y 中国
         v 4                                                   z 民国
801      a CN                                                  j 报纸
```

注：以上两条记录题名相同，但是版本不同，为不同的地区版本，因此应分别编制记录，并按照规定在记录中统一题名加以区分；因为报纸的正文为繁体字，著录时应使用繁体，并在518字段记录现行标准拼写形式的题名；由于同时存在多种地区版本，如不做连接字段可在305字段说明。

（三）报道：具有连续出版物性质的报道某一事件的有限性出版物

```
LDR      ^^^^^nas0^2200313^^^450^
099      a CAL 112009109518
100      a 20080602b20082008ekmy0chiy50^^^^^^ea
101 0    a chi
102      a CN
         b 110000
106      a e
110      a caazz^^0yy0
200 1    a 29th 奥林匹克运动会官方会刊
         A 29th ao lin pi ke yun dong hui guan fang hui kan
         = Beijing 2008 Olympic Games official newspaper
         f 主编李健
         z eng
207 0    a No. 1 (2008, 7, 15)-no. 32 (2008, 8, 25)
210      a 北京
         c 北京日报报业集团
         d 2008
215      a 32no.
         d 55cm
300      a 本报由第29届奥林匹克运动会组织委员会授权
326      a 日报
510      a Beijing 2008 Olympic Games official newspaper
         z eng
532 12   a 第二十九届奥林匹克运动会官方会刊
601 02   a 奥运会
         A ao yun hui
         d (第29届：
         f 2008：
         e 北京市)
         j 报纸
```

注：根据《细则》，该报的出版只为报道第29届奥运会，有明确的终止时间，所以不属于连续出版物，但是出版却按照连续出版物的形式，每一期都有编号并且连续发行，因此应按照连续出版物著录；该报没有团体责任者，只有个人责任者，此时应著录个人责任者，并在701字段提供责任者规范检索点。

（四）年刊：题名中有逐期改变的日期

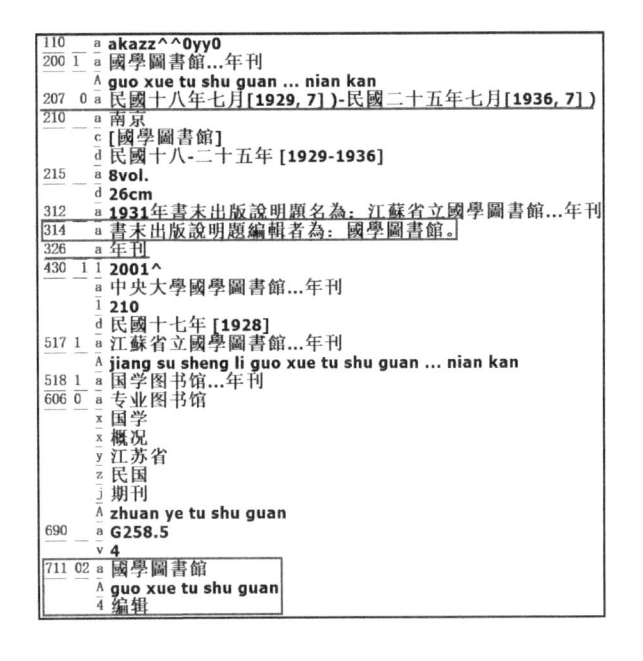

```
110    a  akazz^^0yy0
200 1  a  國學圖書館…年刊
       A  guo xue tu shu guan … nian kan
207 0  a  民國十八年七月[1929,7])-民國二十五年七月[1936,7])
210    a  南京
       c  [國學圖書館]
       d  民國十八-二十五年 [1929-1936]
215    a  8vol.
       d  26cm
312    a  1931年書末出版說明題名為：江蘇省立國學圖書館…年刊
314    a  書末出版說明題編輯者為：國學圖書館。
326    a  年刊
430 1 1   2001^
       a  中央大學國學圖書館…年刊
       i  210
       d  民國十七年 [1928]
517 1  a  江蘇省立國學圖書館…年刊
       A  jiang su sheng li guo xue tu shu guan … nian kan
518    A  国学图书馆…年刊
606 0  a  专业图书馆
       x  国学
       y  概况
       y  江苏省
       z  民国
       j  期刊
       A  zhuan ye tu shu guan
690    a  G258.5
       v  4
711 02 a  國學圖書館
       A  guo xue tu shu guan
       4  编辑
```

注：根据《细则》，该出版物为年刊，按照连续出版物著录时，应省略正题名中所包含的日期、编号等逐期改变的信息，相应的位置用省略号"……"表示，将日期、编号等信息著录在207字段，责任者没有出现在规定信息源，如有必要在314字段说明并在711字段提供检索点；主题字段的形式复分$j标引为年刊，由于题名中包含了出版频率并且没有发生过变化，因此可省略326出版频率附注字段。

（五）年鉴

```
LDR    ^^^^^nas0^2200805^^^450^
091  a 50-1005
     b 精装；2009
     d CNY280.00
100  a 20010625a19879999emky0chiy0121^^^^ea
110  a akahhi^0xx0
200 1 a 重庆年鉴
     A chong qing nian jian
     f 重庆市地方志编纂委员会
207 0 a 1987-
210  a 北京
     c 科学技术文献出版社
     d 1987-
215  a 册
     c 图
     d 27cm
     e 光盘 片
300  a 2006年卷, 2007年卷, 2009年卷, 2010年卷各附1本简明本。
306  a 1991卷由重庆出版社出版，1993卷起由重庆年鉴社出版。
307  a 2005年卷起尺寸为：30cm
607  a 重庆市
     A chong qing shi
     j 年鉴
690  a Z527.13
     v 3
690  a Z527.19
     v 4
711 02 a 重庆市地方志编纂委员会
     A chong qing shi di fang zhi bian zuan wei yuan hui
     4 编
```

注：年鉴为连续出版物，应集中著录。年鉴的年期标识应著录在编号项；当年鉴既有ISSN又有ISBN时，只著录ISSN；由于题名中包含了出版频率并且出版频率始终没有变化，因此326字段可省略；根据9.3.4的规定，后来发生变化的编辑者检索意义不大，可以不在711字段提供检索点。主题字段的形式复分$j统一标引为"年鉴"。

（六）文史资料

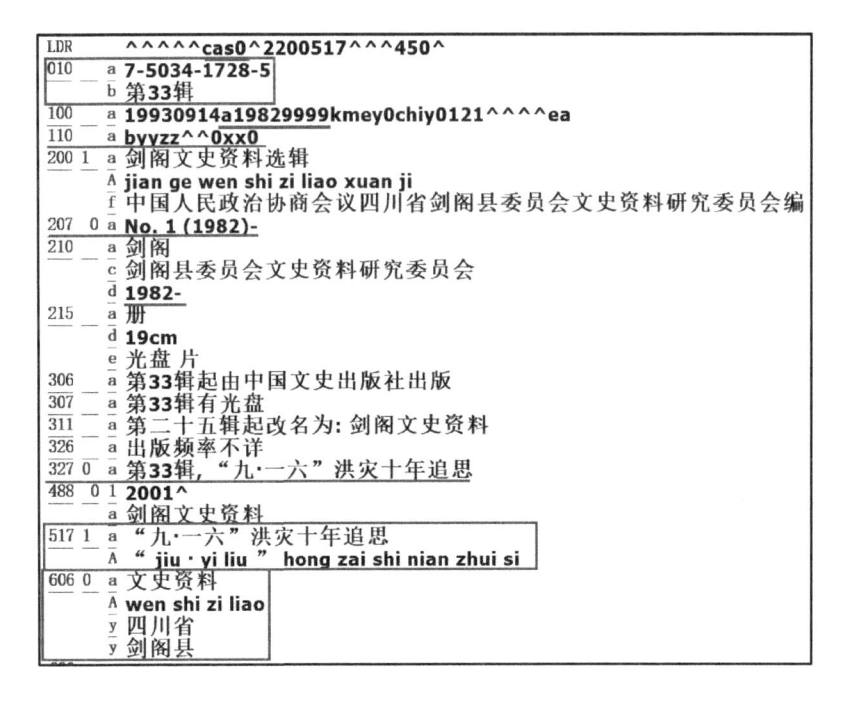

```
LDR     ^^^^^cas0^2200517^^^450^
010   a 7-5034-1728-5
      b 第33辑
100   a 19930914a19829999kmey0chiy0121^^^^ea
110   a byyzz^^0xx0
200 1 a 剑阁文史资料选辑
      A jian ge wen shi zi liao xuan ji
      f 中国人民政治协商会议四川省剑阁县委员会文史资料研究委员会编
207 0 a No. 1 (1982)-
210   a 剑阁
      c 剑阁县委员会文史资料研究委员会
      d 1982-
215   a 册
      d 19cm
      e 光盘 片
306   a 第33辑起由中国文史出版社出版
307   a 第33辑有光盘
311   a 第二十五辑起改名为：剑阁文史资料
326   a 出版频率不详
327 0 a 第33辑，"九·一六"洪灾十年追思
488 0 1 2001^
      a 剑阁文史资料
517 1 a "九·一六"洪灾十年追思
      A "jiu·yi liu" hong zai shi nian zhui si
606 0 a 文史资料
      A wen shi zi liao
      y 四川省
      y 剑阁县
```

注：根据《细则》，文史资料有逐期改变的编号，连续发行并且没有明确的终止日期，可以视为连续出版物，应按照连续出版物集中著录；记录头标07字符位选择代码"s"，同时记录中的编码数据字段应使用110而非105；主题字段的形式复分由于没有专指的类型，因此应标引为"连续出版物"。

(七) 会议录：连续出版的会议录论文集

```
LDR      ^^^^^nas0^2200805^^^450^
010    a 978-7-5178-2081-9
       b X
       d CNY49.00
100    a 20120504a20089999ekmy0chiy50^^^^^^ea
110    a akazz^^0xx0
200 1  a 马克思主义理论研究
       A ma ke si zhu yi li lun yan jiu
       b 其他连续出版物
       f 主编陈华兴
       z eng
207 0  a Vol.1-
210    a 杭州
       c 浙江人民出版社
       d 2008-
215    a ^vol.
       d 24cm
314    a 本书10是2016年5月21日在浙江省杭州市召开的第十届浙江省马克思主义理论研讨会的论文集
         本书XI收录2017年召开的第十一届浙江省马克思主义理论研讨会的论文集
606 0  a 马克思主义
       A ma ke si zhu yi
       x 理论研究
       x 会议录
711 12 a 浙江省马克思主义理论研讨会
       A zhe jiang sheng ma ke si zhu yi li lun yan tao hui
       d （第10届 :
       f 2016 :
       e 杭州市,浙江省）
711 12 a 浙江省马克思主义理论研讨会
       A zhe jiang sheng ma ke si zhu yi li lun yan tao hui
       d （第11届 :
       f 2017 :
       e 杭州市,浙江省）
```

注：会议录有逐期改变的编号，连续发行并且没有明确的终止日期，可以视为连续出版物，应按照连续出版物集中著录；记录头标07字符位选择代码"s"，同时记录中用314和711字段来描述具体的会议信息并提供检索点，主题字段使用"会议录"。

第三节　译著文献编目

随着国际间学术和文化交流的日益增多，各高校图书馆引进了许多国外优秀的科技文献，也有很多经典的世界名著再出新版，各种译本层出不穷。译著有区别于其他中文图书的特点，这就决定了在著录时有其独特之处。

一、文献语种著录

如果在编文献译自原著或是非原著的中间语，101字段指示符取值1#。特别注意的是，中文版本的译著是译自原著还是译自原著的中间语，不应把原著的中间语当成原著的语言。例：

《沉思录》（古罗马）马可·奥勒留著，原著用的是古罗马语言，被翻译成德语，英语，意大利语等多种版本。

正确的著录：1011#$achi$beng$cgrc 或 1011#$achi$bita$cgrc

错误的著录：1011#$achi$ceng 或 1011#$achi$cita

如果在编文献含译文，101字段指示符取值2#。

如果在编文献为对照读物、字典、词典时，101字段指示符取值0#。

例1：中英对照读物《傲慢与偏见》

正确的著录：1010# $achi$aeng

例2：在编文献为英法汉词典

正确的著录：1010#$achi$aeng$afre

二、附注项著录

译著的原文版本说明不作其他题名信息处理，而是在305字段作版本与书目沿革附注。格式为"据××出版社××年第×版译出"或"据原文第×版译出"。[①] 若仅涉及出版社，未涉及合作或授权，应用305著录出版发行附注。译著中有一部分是因为出版社与国外某出版社合作出版或授权出版的，需要在306字段反映；但306字段主要用于指明作品未被记录于210字段的出版发行信息，对210字段已著录合作出版的，306字段可以不著录。例：

---

① 张明东，喻丘丘，潘筠. CALIS联机合作编目手册例解（中文部分）[M]. 北京：北京大学出版社，2004.

版权页题：

> 13th ed, Copyright 1999
> McGraw-Hill Companies, Inc.
> 由上海人民出版社和麦格劳-希尔国际公司合作出版

处理方式：

210##$a上海$c上海人民出版社$a[美国]$c麦格劳-希尔国际公司$d2001

305##$a据美国McGraw-Hill公司1999年英文第13版译出

注：210字段已著录了其他出版者麦格劳-希尔国际公司，所以不需要著录306字段，说明合作出版。

三、并列题名著录

根据《CALIS中文图书编目业务培训教材》（2024年5月出版）规定，题名页有译著的原文题名，应作为并列题名记录在200字段$d子字段；出现在非题名页，其他信息源的译著原文题名，应在312字段说明原文题名信息的出处。译著的原文题名，均应在500字段提供统一题名检索点。在著录译著的并列题名时，应注意以下几点：

1.本字段指示符通常为"10"，第1指示符为"1"，表示"题名有检索意义"，第2指标为"0"，表示统一题名不是主要款目。而在510字段、513字段、517字段等其他题名检索字段指示符通常为"1#"。

2.500字段的$m子字段表示作品语种，$z子字段表示年代复分；若作品正文语种为中文，用Chinese表示，而不是chi；而510字段用$z子字段表示并列题名语种。[①] 例：

2001# $a城市建筑学$f（意）#阿尔马·罗西著$g黄土钧译

---

① 谢琴芳.CALIS联机合作编目手册（上册）[M].北京：北京大学出版社，2000.

50010 $a L'architetlure della citta $m Chinese

5101# $a Architecture of the city $zeng

305## 本书原文为意大利文，根据美国麻省理工学院出版社1982年英文版译出。

3.因500字段未设置$e子字段，若译著原文题名有其他题名信息时，可将其置于500$a原文正题名之后，用"："标识分隔各题名信息。这一规定体现了我国编目规则与国际接轨精神。例：

2001#$a20世纪的书$e百年来的作家，观念及文学$e《纽约时报书评》精选$f查尔斯·麦格拉斯编$d=#Books of the century $ea hundred years of authors, ideas and literature $efrom the NewYork Times $fedited by Charles McGrath$g李燕芬#...#[等]#译$zeng

50010$a Books of the century #：# a hundred years of authors, ideas and literature from the New York Tines $mChinese

4.出现在题名页上的译著的原文题名著录于200字段$d子字段，要原样客观描述，首冠词照录。但在500字段作题名检索时，正题名前的不排序字符通常略去。[①] 例：

2001#$a钓客清话$f（英）#艾萨克·沃尔顿著$d=#The compeat argler, #or, #the conxemplative man's recreation $fIzaak Walton$g缪哲译$zeng

50010$aCompeat angler$mChinese

50010$aConxempiative man'srecreation $mChinese

5.正确书写译著原文题名。按照英文的书写形式，英文题名首词和专用名词首字母大写，其他皆用小写。

6.译著的原文题名，不管出现在题名页、版权页、封面、书籍、封底、附加题名页或其他地方，均在500字段提供检索点。

---

① 此内容引自CALIS联机合作编目中心. CALIS中文图书编目业务培训教材（普通班）. 2024.5.

四、责任者著录

（一）译著文献个人名称著录原则

《CALIS联机合作编目手册上》中文文献规范控制原则1.5.2外国人名中规定："首先是汉译姓，以及名的原文缩写或汉译名，然后是姓原文、名原文或名缩写，最后是生年 — 卒年。"名缩写通常是大写名的首字母，并加一个下圆点组成。$g子字段通常是括号内录入姓原文在前，名原文在后。姓与名字间用逗号分隔。若只有名的缩写，$g子字段照录。若只有汉译姓名，也应采用汉译姓在前，汉译名在后的形式，中间用逗号分隔，世界各国姓名形式多样复杂，但是大体可分成三类：一段式，只有名或只有姓；两段式，姓名或名+姓；三段式，名+父姓+姓（例如：苏联人姓名是由"父名·名·姓"的形式组成）。7××字段录入译者的中文译名，大体归纳为两种模式：

1. 标目入口词采用汉译姓或相当于姓的部分，7××字段指示符为#1。例：

701#1$a大仲马$g（Dumas，Alexandre），$f1802 — 1870$4著

701#1$a爱因斯坦$g(Einstein Albert)，$f1879 — 1955$4著

701#1$托尔斯泰$g(Толстой，#Лев Николаевич)，$f1828 — 1910$4著

2. 标目入口词采用汉译名、汉译姓或汉译名姓，这种模式中的原文姓名无法分辨姓和名时，则按原顺序记录，中间不加逗号。7××字段指示符为#0，例如：亚洲的日本、朝鲜、泰国、越南、柬埔寨，欧洲的土耳其，具有汉语姓名的外国责任者。例：

701#0$a普密蓬·阿杜德$c(国王)$g(Bhumibol Adulyadej)，$f1927-

701#0$a萨巴哈丁·阿里$g(Sabahattin Ali)，$f1906 — 1948

注：萨巴哈丁·阿里是土耳其作家。

701#0$a司汤达$g(Stendhal)，$f1783 — 1842$4著

701#0$a赛珍珠$g(Buck，Read S.)，$f1892 — 1973$4著

注：美籍女小说家，赛珍珠是她的汉语姓名。

（二）译著文献个人名称著录，需注意以下几个问题

1. 有的编目员简单地认为：非常著名的外国责任者，701字段指示符取"#0"；一般外国责任者，701字段指示符取"#1"。这是一种错误的分类。例如：莎士比亚，居里夫人都非常有名，但都是汉译姓，若作为标目入口词第2指示符取"#1"。

2. 姓的选取。欧美多数国家的书写习惯是姓、名倒置，若姓、名是由两段组成，后面是姓；有的责任著有复名或复姓，其姓、名由三段构成，其姓仍排在最后。但欧洲的匈牙利人的姓名顺序是姓在前、名在后。例：

2001#$a船夫日记$f（匈）#凯尔泰斯·伊姆莱著$g余泽民译

701#1$a凯尔泰斯，$b伊姆莱$g (Kertesz，Imle) $4著

702#0$a余泽民$4译

3. 若题名页上无并列题名，而责任说明使用了多种语言，著录责任说明时应选用与正题名相同的语言，200字段不要求著录并列责任说明，但在7××字段可反映并列责任说明。例：

2001#$a合法化危机$f尤尔根·哈贝马斯著$g刘北成，曹卫东译

701#1$a哈贝马斯，$b尤尔根$g (Habermas，Jurqen) $4著

注：题名页上责任说明题：尤尔根·哈贝马斯 (Jurqen Habermas)。

4. 外国作者是几段组成，中间用"·"隔开，通常"·"是中文状态输入，前后都不加"#"。但下圆点"."，是西文状态输入，前面不空格，后面空一格。例：

2001# $a 意识形态与美国外交政策$f迈克尔·H.#亨特著Sd=#Ideology and U.#S.# foreign policy$f michael H.#Hunt$g 褚律元译

5. 711字段。

711字段，一般指示符为02，意即该名称为团体名称，并以直序方式著录。例：

2001#$aASP. NET安全应用程序开发$f（美）微软公司著$g詹文军，王新程译

71102$a美国微软公司$4著

除上述要点外，译著大部分都需要著录702字段或712字段，如果在书名页没有次要知识责任者的信息，就需要我们翻看图书，是否在版权页或其他信息页上查到此方面的信息，并给予反映。

五、著者号的选取

翻译作品若提供了原著者，以原著者取号；若无从查考原著者时，以译者取号；编译或辑译的书，以编译者或辑译者取号。

同一原著的不同译本，按版次处理（译本本身之版次不单独区分），均按所编文献入藏的先后次序，依次以版次号区分。例：

《电子政务》西蒙斯著，2005年王蒙译为X123，2007年刘家正译为X1232，2008年王蒙译第2版，为X1233

个人责任者以规范姓（名）取号；暂无法确定其规范姓（名），照书上所题责任者取号。外国责任者的姓为单个汉字时，若文献上提供了外文名，取规范姓的汉字拼音首字母，并以其外文名的首字母取号；若只提供中文名，取规范姓的汉字拼音首字母，以名的声母取号；若文献上没有提供任何形式的名，且姓所对应的著者号码有多个时，取首字母后加"11"。

第四节　标准文献编目

一、标准文献的内涵

标准文献指记录以科学技术和实践经验的综合成果为基础，以有关方面协商一致、由主管机构批准、以特定形式发布、作为一定范围内共同遵守的准则和依据的出版物。

广义的标准文献还包括标准形成过程中的各种档案、宣传推广标准的手册及其他出版物，以及揭示报道标准文献信息的目录、索引等。

狭义的标准文献指按规定程序制定，经公认权威机构（主管机关）批准的一整套在特定范围（领域）内必须执行的规格、规则、技术要求等规范性文献。

我国国家标准GB/T 20000.1-2002将标准定义为："为了在一定的范围内获得最佳秩序，经协商一致制定并由公认机构批准，共同使用和重复使用的一种规范性文件。"在该定义后有如下一条附注："标准宜以科学、技术和经验的综合成果为基础，以促进最佳的共同效益为目的。"[①]

二、标准文献分类[②]

（一）按制定标准的主体划分

1. 国际标准

国际标准是指国际标准化组织（ISO）、国际电工委员会（IEC）和国际电信联盟（ITU）制定的标准，以及其他国际组织制定的标准。ISO、IEC和ITU制定的标准分别称为ISO标准、IEC标准和ITU标准，这三类标准主要应用于工业领域。此外，在全球范围内还有上百个国际组织也在制定不同领域的国际标准，如CAC（食品法典委员会）标准、OIML（国际法制计量组织）标准、CIE（国际照明委员会）标准、IFRS（国际财务报告准则）标准、ILO（国际劳工组织）标准等。这些组织在不同的领域中都有广泛影响。

2. 区域标准

区域标准是指由国际上的区域标准化组织通过并公开发布的标准。

区域标准的种类通常按制定区域标准的组织进行划分。目前在全球范

---

① 安徽省质量技术监督局，安徽省标准化院编. 标准化知识与实务 [M]. 北京：中国标准出版社，2014：1-3.

② 李春田，房庆，王平编著. 标准化概论（第7版）[M]. 北京：中国人民大学出版社，2022：41-45.

围内有影响的区域标准主要有欧洲三个标准化组织制定的标准，包括欧洲标准化委员会（CEN）标准、欧洲电工标准化委员会（CENELEC）标准、欧洲电信标准化学会（ETSI）标准。全球范围内分布着近十个区域标准化组织。除了欧洲标准化组织，也有其他区域标准化组织制定很少量的区域标准，如阿拉伯标准化与计量组织（ASMO）标准、非洲地区标准化组织（ARSO）标准等。有些区域标准化组织本身并不制定标准，而仅仅是协调成员之间的国家标准以及成员在国际标准化活动中的立场。

3. **国家标准**

国家标准是指由国家标准管理机构通过并公开发布的标准。对需要在全国范围内统一的技术要求，应当制定国家标准。如GB、ANSI、BS、NF、DIN等就是中国、美国、英国、法国、德国等国家的国家标准的代号。

我国的国家标准是指对在全国范围内需要统一的技术要求，由国务院标准化行政主管部门制定并在全国范围内实施的标准。

4. **行业标准**

行业标准是指由行业组织通过并公开发布的标准。

工业发达国家的行业协会属于民间组织，它们制定的标准种类繁多、数量庞大，通常称为行业协会标准。

我国的行业标准是指由国家有关行业行政主管部门公开发布的标准。根据我国《标准化法》的规定，对没有推荐性国家标准、需要在全国某个行业范围内统一的技术要求，可以制定行业标准。行业标准由国务院有关行政主管部门制定。如JB、QB、FZ、TB等就是机械、轻工、纺织、铁路运输行业的行业标准代号。

5. **地方标准**

地方标准是国家内部的某个区域组织制定并公开发布的标准。地方标准指在没有国家标准和国家标准不能满足需要的情况下依据某地区的特殊情况在该地区范围内统一实施的标准。

我国的地方标准是指由省、自治区、直辖市标准化行政主管部门批准和发布的标准。其他国家基本没有地方标准。根据我国现行《标准化法》的规定，为满足地方自然条件、风俗习惯等特殊要求，可以制定地方标准。

6. 团体标准

团体标准是民间团体或非营利组织制定并公开发布的标准。

根据我国《标准化法》的规定，国家鼓励学会、协会、商会、联合会、产业技术联盟等社会团体协调相关市场主体共同制定满足市场和创新需要的团体标准。团体标准区别于政府行政部门制定的标准。我国学会、协会、商会、联合会制定的标准等同于发达国家的行业协会标准。大部分民间标准化组织会采用一定的组织原则（如公开透明和协商一致）协调产业利益，所制定的标准可以看成（准）公标准。

7. 企业标准

企业标准是由企业制定并由企业法人代表或其授权人批准、发布的技术或管理标准。按照我国现行《标准化法》的规定，企业可以根据需要自行制定企业标准。

企业在生产过程中有大量必须严格执行的技术规范和管理规范。虽然并没有制定为正式的企业标准，但也属于企业内部的标准范围，包括企业的产品技术规范、工艺规范、操作规范、管理规范等。

企业标准与国家标准等公标准有着本质的区别：企业标准是企业独占的无形资产；在遵守法律的前提下，企业标准如何制定，完全由企业自己决定；企业标准采取什么形式、规定什么内容，以及标准制定的时机等，完全依据企业本身的需要和市场及客户的要求，由企业自己决定。

（二）按标准对象划分[1]

按照标准化对象不同，国家标准还可以分为基础标准、方法标准、产品标准、管理标准、安全标准、卫生标准、环保标准和其他标准八个类别。

---

[1] 国家标准技术审查部组织编写. 标准研制与审查[M]. 北京：中国标准出版社，2013：1-6.

1. 基础标准

具有广泛的适用范围或包含一个特定领域的通用条款的标准。基础标准在一定范围内可以直接应用，也可以作为其他标准的依据和基础。

2. 方法标准

以各项技术活动的方法为对象所制定的标准。如试验方法、检验方法、测量方法、分析方法、计算方法、抽样方法等标准以及各种操作规程、设计规范等。

3. 产品标准

规定产品需要满足的要求以保证其适用性的标准。

（1）产品标准除了包括适用性的要求外，也可直接包括或以引用的方式包括诸如术语、取样、检测、包装和标签等方面的要求，有时还可包括工艺要求。

（2）产品标准根据其规定的是全部的还是部分的必要要求，可区分为完整的标准和非完整的标准。由此，产品标准又可分为不同类别的标准，如尺寸类、材料类和交通技术通则类产品标准。

（3）若标准仅包括分类、试验方法、标志和标签等内容中的一项，则该标准分别属于分类标准、试验方法标准和标志标准，而不属于产品标准。

4. 管理标准

对标准化领域中需要协调统一的科学管理方法和管理技术所制定的标准。主要包括技术管理标准、生产安全管理标准、质量管理标准、设备能源管理标准和劳动组织管理标准等。

5. 安全标准

以保护人和物安全为目的所制定的标准。安全标准有两种形式：一种是独立制定的安全标准；另一种是在产品标准或其他标准中列出有关安全的要求和指标。

6. 卫生标准

为保护人的健康，对医药、食品和其他方面的卫生要求制定的标准。

7. **环境保护标准**

为保护人类的发展和维护生态平衡，以围绕人类的空间及其中可以直接、间接影响人类生活和发展的各种自然因素的总体为对象而制定的标准。

（三）按标准约束程度划分

1. **强制性标准**

保障人体健康，人身、财产安全的标准和法律法规规定强制执行的标准。

强制性标准包括要求全文强制执行或部分条文强制执行的强制性国家标准、强制性行业标准和强制性地方标准。

2. **推荐性标准**

推荐性标准一般是指具有指导意义，但又不宜强制执行的技术和管理要求，是推荐采用、自愿执行的标准。

3. **指导性技术文件**

它是为处于技术发展过程中，特别是发展快的技术领域，提供标准化指南或信息，供科研、设计、生产、使用和管理等有关人员参考使用而制定的特殊的标准化文件。

符合下列情况之一的项目，可制定指导性技术文件。

（1）技术尚在发展中，需要有相应的标准文件引导其发展或具有标准化价值，尚不能制定为标准的项目。

（2）采用国际标准化组织、国际电工委员会及其他国际组织（包括区域性国际组织）的技术报告的项目。

指导性技术文件不宜由标准引用使其具有强制性或行政约束力。

（四）按标准成熟程度划分

法定标准：指具有法律性质的必须遵守的标准。

推荐标准：制定和颁布标准的机构建议优先遵循的标准。

试行标准：指内容不够成熟，尚有待在使用实践中进一步修订、完善的标准。

标准草案：指审批前由草拟者或提出机构供讨论并征求有关方面修改意见的标准。

三、标准文献的特点[①]

标准文献是在有关方面的通力合作下，按照规定程序编制并经主管机关批准，以特定形式发布的规范性文献。标准一般以科学、技术和经验的综合成果为基础，以促进最佳社会效益为目的。标准文献作为特种文献的一种，具有以下几大特点。

（一）技术性和法律约束力

由于标准文献是作为一种依据和规范被提出且其描述的内容详尽、完整、可靠，因此标准文献的技术成熟度很高，具有法规性和时效性，是直接指导科研、设计、生产的技术文件。

（二）标准文献自成体系

标准文献无论是从编写格式、描述内容、遣词用字上，还是在审批程序、管理办法以及使用范围等方面都不同于一般的文献，它别具一格、自成体系。标准的出版有严格要求，其封面信息内容及其编排格式、正文内容与书写顺序及形式、附加说明及封底都要求有统一的编排形式。标准文献的一个显著标志，就是一件标准对应一个标准号。一件标准既使仅有寥寥数页，也单独成册出版。一个标准一般只解决一个问题，文字准确简练。

（三）需要升级换代

通常标准制定后，随着国民经济的发展和科技水平的提高，都要不断进行修订，或补充，或以新代旧。国际标准化组织规定每5年重新审订一次所有标准，个别情况下可以提前修订，以保证标准的先进性。所以标准文献对于了解一个国家的工业发展情况和科学技术水平有很大的参考

---

① 标准文献（特种文献类别）- 百度百科[EB/OL].[2024-06-14]https://baike.baidu.com/item/标准文献/3273124?fr=ge_ala.

价值。

此外，标准文献还具有交叉重复、相互引用的特点和正逐步走向国际化的特点。

四、标准文献组成

一件完整的标准一般应该包括以下各项标识或陈述。

（1）标准级别。

（2）分类号，通常是《国际十进分类法》（UDC）类号和各国自编的标准文献分类法的类号。

（3）标准号，一般由标准代号、序号、年代号组成。如DIN-11911-79，其中DIN为联邦德国标准代号，11911为序号，79为年代号；GB1-73，其中GB是中国国家标准代号，1为序码，73为年代号。

（4）标准名称。

（5）标准提出单位。

（6）审批单位。

（7）批准年月。

（8）实施日期。

（9）具体内容项目。

五、中国标准文献的代号与编号[①]

《〈中华人民共和国标准化法〉释义》第二十四条：标准应当按照编号规则进行编号。标准的编号规则由国务院标准化行政主管部门制定并公布。为了便于标准的识别和管理，应当对标准进行编号。为了统一协调标

---

① 河北标准化协会. 标准的代号.[EB/OL].[2022-11-01]https：//mp.weixin.qq.com/s?__biz=MzkwMDIzOTI5OQ==&mid=2247507893&idx=1&sn=6cb7aea8ef17d11454dcc32c61ac7147&chksm=c0458519f7320c0fb768b6da9ad2cc2463c60ec7166e4bb35b2751c319a95beb8effcae4ffc8&scene=27.

准编号，避免重复冲突，造成标准实施过程中的混乱，法律授权标准的编号规则由国务院标准化行政主管部门制定并公布。

国家标准、行业标准、地方标准和团体标准、企业标准的编号规则，均由国务院标准化行政主管部门制定。国家标准、行业标准、地方标准和团体标准、企业标准的制定主体自行对标准进行编号，但都必须遵守国务院标准化行政主管部门制定的编号规则。

标准文献的标准编号一般由三部分组成：标准代号＋顺序号＋批准年代。

（一）国家标准

国家标准的编号由国家标准的代号、国家标准发布的顺序号和国家标准发布的年号构成。国家标准的代号由大写汉语拼音字母构成。标准代号有以下几种：

GB —— 强制性国家标准，表示"国标"；

GB/T —— 推荐性国家标准，表示"国标/推"；

GB/* —— 降为行业标准而尚未转化的国家标准；

GSB —— 国家标准样品的代号；

GB/Z —— 指导性技术文件的代号。

示例：

```
GB   XXXXX — XXXX              GB/T   XXXXX — XXXX
 │     │      │                  │      │       │
 │     │      └─ 年号             │      │       └─ 年号
 │     └─ 标准顺序号              │      └─ 标准顺序号
 └─ 强制性国家标准代号            └─ 推荐性国家标准代号
```

说明：强制性国家标准由国务院批准发布或者授权批准发布。推荐性国家标准由国务院标准化行政主管部门统一批准、编号，以公告形式发布。

（二）行业标准

行业标准是对没有国家标准而又需要在全国某个行业范围内统一技术要求所制定的标准。行业标准不得与有关国家标准相抵触。有关行业标准之间应保持协调、统一，不得重复。行业标准在相应的国家标准实施后，即行废止。行业标准由行业标准归口部门统一管理。

行业标准的代号由国务院标准化行政主管部门规定，用该行业主管部门名称的汉语拼音字母首字母表示。目前我国共有 72 个行业标准代号，如农业的代号为"NY"，水产的代号为"SC"等。行业标准的编号由行业标准代号、标准顺序号及发布年号组成。示例：

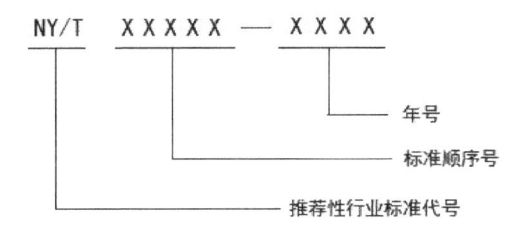

```
NY/T   XXXXX — XXXX
 │       │       │
 │       │       └── 年号
 │       └────────── 标准顺序号
 └────────────────── 推荐性行业标准代号
```

（三）地方标准

地方标准的代号随发布标准行政区号不同而不相同。推荐性标准代号采用汉语拼音字母"DB"加行政区号代码前两位数（或前四位数）再加斜线和字母 T。地方标准的编号，由地方标准代号、地方标准顺序号和发布年号三部分组成。示例：

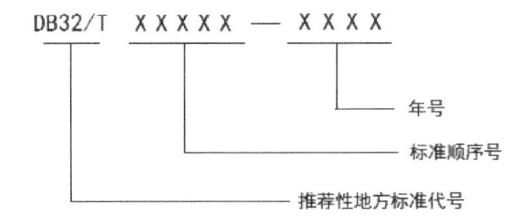

```
DB32/T   XXXXX — XXXX
  │        │       │
  │        │       └── 年号
  │        └────────── 标准顺序号
  └─────────────────── 推荐性地方标准代号
```

（四）团体标准

团体标准是依法成立的社会团体为满足市场和创新需要，协调相关市场主体共同制定的标准。根据国家标准化管理委员会、民政部国标委联[2019]1号《团体标准管理规定》，团体标准实行全国统一的编号规则，团体标准编号依次由团体标准代号、社会团体代号、团体标准顺序号和年代号组成，格式为：T/ 社会团体代号 标准顺序号－年代号。社会团体代号由社会团体自主拟定，可使用大写拉丁字母或大写拉丁字母与阿拉伯数字的组合。社会团体代号应当合法，不得与现有标准代号重复。示例：

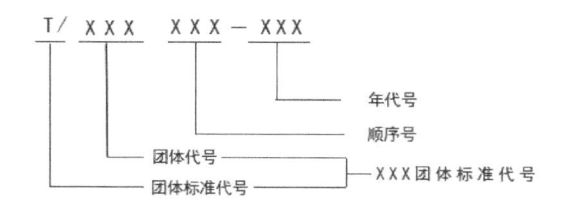

```
T/ XXX  XXX－XXX
                    ├── 年代号
                    ├── 顺序号
              ├── 团体代号
         ├── 团体标准代号 ──── XXX团体标准代号
```

（五）企业标准

企业代号由六位行政区划代码加三位大写英文字母组成，企业标准的代号、编号方法如下：

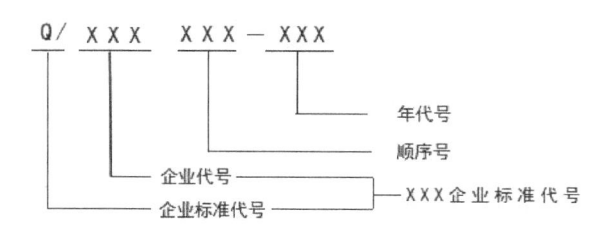

```
Q/ XXX  XXX－XXX
                    ├── 年代号
                    ├── 顺序号
              ├── 企业代号
         ├── 企业标准代号 ──── XXX企业标准代号
```

企业标准：规定加注地方简称及字母"Q"（企）表示，规定以Q为分子，以企业名称的代码为分母表示。例：

上海化工局代号为："沪Q/HG"

六、标准文献的分类方法[①]

为了对标准文献实行科学管理,便于读者检索和使用,许多国家根据标准化对象的专业性质及文献本身的特点,将标准文献进行分类。

(一)国际标准分类法(International Classification for Standards,ICS)

国际标准分类法(ICS)是国际标准化组织(ISO)于1991年组织编制的首部国际标准化领域的专业分类工具,于1992年推荐并于1994年开始按ICS编辑其标准出版物及标准目录。

国际标准分类法分类广泛、编号方法灵活、结构合理,可用于各级标准文献的目录结构,并且允许用户根据需要自行扩类,因而许多国家如意大利、冰岛、德国等自1993年起相继按ICS编排出版本国的标准目录。

我国已经自1997年1月1日起在国家标准、行业标准和地方标准中采用ICS分类法。2019年,中国标准化研究院国家标准馆编译出版了中文版《国标标准分类法ICS》(第七版),对国际标准分类法新版变化以及国际标准分类法对我国国家标准、行业标准适用性进行了持续的分析研究,增补了个别类目和类目注释;同时与《中国标准文献分类法》进行了类目对照,以便于相互间数据对比与转换。

(1)ICS是一种等级数字分类方法,ICS的结构由三级构成。ICS分类的结构和规则如下。

第一级为标准化专业领域的40个大类,每一大类由两位数字代表。如:

01 总和,术语,标准化,文献

03 社会学,服务,公司组织和管理,行政,运输

07 数学,自然科学

11 医疗,卫生技术

13 环境和保健,安全

---

① 中国标准化研究院国家标准馆.国际标准分类法ICS(第七版)[M].北京:中国标准出版社,2019:7-9.

（2）第二级将全部大类再分为392个二级类，类号由三位数字组成，与大类号之间用一个圆点隔开。如：

01.020 术语

01.040 词汇

01.060 量和单位

（3）第三级将392个二级类中的144个二级类进一步分为909个三级类，类号用两位数字表示，与二级类号间用圆点隔开。如：

01.040.01 综合，术语，标准化，文献（词汇）

01.040.03 社会学，服务，公司组织和管理，行政，运输（词汇）

01.040.07 数学，自然科学（词汇）

01.040.11 医疗，卫生技术（词汇）

01.040.13 环境和保健，安全（词汇）

（4）一个三级类或一个没有三级类的二级类，根据需要可以扩类，二级类可细分为新的三级类，三级类可细分为更小的四级类，但要用一个连字符号作为分割符号。扩充类号由两位数字表示。如：

35.220.20-10 磁带

35.220.20-20 磁盘

（二）中国标准分类法（Chinese Classification for Standards，CCS）[1]

在20世纪80年代后期，随着数据库技术的兴起，全国各标准研究机构开始了标准文献数据库建设。为了更有效地发挥标准文献的作用，国家标准总局在参照国内外各种图书分类法的基础上，结合中国标准文献的特点制定了科学、简明、实用的《中国标准文献分类法》（Chinese Classification for Standards，简称CCS）。我国自1997年1月1日起已经在国家标准、行业标准和地方标准上均标ICS分类号，与中国标准文献分类法（CCS）同时使用。2019年，中国标准化研究院国家标准馆编译出版了

---

[1] 上海市标准化研究院，中国标准化协会，上海信星认证培训中心. 标准化实用教程 [M]. 北京：中国质检出版社，中国标准出版社，2011：290-296.

《国际标准分类法ICS》(第七版)。

《中国标准文献分类法》的类目设置以专业划分为主,适当结合科学分类。序列采取从总到分,从一般到具体的逻辑系统。本分类法采用二级分类,一级分类由24个大类组成,每个大类有100个二级类目;一级分类由单个拉丁字母组成,二级分类由双数字组成。

表3-5 中国标准文献分类法24大类体系及二级分类目录

A 综合	B 农业、林业	C 医药、卫生、劳动保护
00／09 标准化管理与一般规定 10／19 经济、文化 20／39 基础标准 40／49 基础科学 50／64 计量 65／74 标准物质 75／79 测绘 80／89 标志、包装、运输、贮存 90／94 社会公共安全	00／09 农业、林业综合 10／14 土壤与肥料 15／19 植物保护 20／29 粮食与饲料作物 30／39 经济作物 40／49 畜牧 50／59 水产、渔业 60／79 林业 90／99 农、林机械与设备	00／09 医药、卫生、劳动保护综合 10／29 医药 30／49 医疗器械 50／64 卫生 65／74 劳动安全技术 75／79 劳动保护管理 80／89 消防 90／99 制药、安全机械与设备
D 矿业	E 石油	F 能源、核技术
00／09 矿业综合 10／19 地质矿产勘察与开发 20／29 固体燃料矿 30／39 黑色金属矿 40／49 有色金属矿 50／59 非金属矿 80／89 地质勘探设备 90／99 矿山机械设备	00／09 石油综合 10／19 石油勘探、开发与集输 20／29 石油、天然气 30／49 石油产品 60／69 石油产品添加剂 90／99 石油勘探、开发与集输设备	00／09 能源、核技术综合 10／19 能源 20／29 电力 40／49 核材料、核燃料 50／59 同位素与放射源 60／69 核反应堆 70／79 辐射防护与监测 80／89 核仪器与核探测器 90／99 低能加速器

续表

G化工	H冶金	J机械
00／09 化工综合 10／14 无机化工原料 15／19 有机化工原料 20／29 化肥、农药 30／39 合成材料 40／49 橡胶制品及其辅助材料 50／59 涂料、颜料、染料 60／69 化学试剂 70／79 化学助剂、表面活性剂、催化剂、水处理剂 80／84 信息用化学品 85／89 其他化工产品 90／99 化工机械与设备	00／09 冶金综合 10／19 金属化学分析方法 20／29 金属理化性能实验方法 30／34 冶金原料与辅助材料 40／59 钢铁产品 60／69 有色金属及其合金产品 70／74 粉末冶金 80／84 半金属与半导体材料 90／99 冶金机械设备	00／09 机械综合 10／29 通用零部件 30／39 加工工艺 40／49 工艺装备 50／59 金属切削机床 60／69 通用加工工艺 70／89 通用机械与设备 90／99 活塞式内燃机与其他动力设备
K电工	L电子元器件与信息技术	M通信、广播
00／09 电工综合 10／19 电工材料和通用零件 20／29 旋转电机 30／39 低压电器 40／49 输变电设备 50／59 发电用动力设备 60／69 电气设备与器具 70／79 电气照明 80／89 电源 90／99 电工生产设备	00／09 电子元器件与信息技术综合 10／34 电子元件 35／39 电真空器件 40／49 半导体分立器件 50／54 光电子器件 55／59 微电路 60／69 计算机 70／84 信息处理技术 85／89 电子测量与仪器 90／94 电子设备专用材料、零件、结构件 95／99 电子工业生产设备	00／09 通信、广播综合 10／29 通信网 30／49 通信设备 50／59 雷达、导航、遥控、遥测、天线 60／69 广播、电视网 70／79 广播、电视设备 80／89 邮政 90／99 通信、广播设备生产机械

续表

N 仪器、仪表	P 工程建设	Q 建材
00／09 仪器、仪表综合 10／19 工业自动化仪表与控制装置 20／29 电工仪器仪表 30／39 光学仪器 40／49 电影、照相、缩微、复印设备 50／59 物质成分分析仪器与环境监测仪器 60／69 实验室仪器与真空仪器 70／79 试验给予无损探伤仪器 90／99 其他仪器仪表	00／09 工程建设综合 10／14 工程勘察与岩土工程 15／19 工程抗震、工程防火、人防工程 20／29 工程结构 30／39 工业与民用建筑工程 40／44 给水、排水工程 45／49 供热、供气、空调及制冷工程 50／54 城乡规划与市政工程 55／59 水利、水电工程 60／64 电力、核工业工程 65／69 交通运输工程 70／79 原材料工业及通信、广播工程 80／84 机电制造业工程 85／89 农林业及轻纺工业工程 90／94 工业设备安装工程 95／99 施工机械设备	00／09 建材综合 10／29 建材产品 30／39 陶瓷、玻璃 40／49 耐火材料 50／59 碳素材料 60／69 其他非金属矿制品 70／79 建筑构配件与设备 80／89 公用与市政建设器材设备 90／99 建材机械与设备
R 公路、水路运输	S 铁路	T 车辆
00／09 公路、水路运输综合 10／19 公路运输 20／29 水路运输 30／39 船舶维护与修理 40／49 港口装卸 50／59 救助、打捞与潜水 60／69 航道与航标 80／89 交通管理	00／09 铁路综合 10／29 铁路建筑设备 30／39 机车车辆通用标准 40／49 机车 50／59 铁路车辆 60／69 铁路信号 70／79 铁路通信 80／84 牵引供电 90／99 铁路运输	00／09 车辆综合 10／19 汽车发动机 20／29 汽车底盘与车身 30／34 车辆通用零部件 35／39 车用电子、电气设备与仪表 40／49 汽车 50／59 专用汽车 60／69 拖拉机 70／79 挂车 80／89 摩托车 90／99 无轨电车与其他车辆

续表

U 船舶	V 航空、航天	W 纺织
00／09 船舶综合 10／19 船舶总体 20／29 舾装设备 30／39 船舶专用装备 40／49 船用主辅机 50／59 船舶管路附件 60／69 船舶电气、观通、导航设备 80／89 船舶制造工艺装备 90／99 造船专用工艺设备	00／09 航空、航天综合 10／19 航空、航天材料与工艺 20／29 航空器与航天器零部件 30／34 航空发动机及其附件 35／49 航空器及其附件 50／59 航空运输与地面设备 70／79 航天器及其附件 80／89 航天地面设备 90／99 航空器与航天器制造用设备	00／09 纺织综合 10／19 棉纺织 20／29 毛纺织 30／39 麻纺织 40／49 丝纺织 50／54 化学纤维 55／59 纺织制品 60／69 针织 70／79 印染制品 90／99 纺织机械与器具
X 食品	Y 轻工、文化与生活用品	Z 环境保护
00／09 食品综合 10／29 食品加工与制品 30／34 制糖与糖制品 35／39 制盐 40／49 食品添加剂与食用香料 50／59 饮料 60／69 食品发酵、酿造 70／79 罐头 80／84 特种食品 84／89 制烟 90／99 食品加工机械	00／09 轻工、文化与生活用品综合 10／19 钟表、自行车、缝纫机 20／29 日用玻璃、陶瓷、搪瓷、塑料制品 30／39 造纸 40／44 日用化工品 45／49 皮革加工与制品 50／59 文教、体育、娱乐用品 60／69 家用电器、日用机具 70／74 五金制品 75／79 服装、鞋、帽与其他缝制品 80／84 家具 85／89 工艺美术品与其他日用品 90／99 轻工机械	00／09 环境保护综合 10／39 环境保护采样，分析测试方法 50／59 环境质量标准 60／79 污染物排放标准

－149－

（三）ICS与CCS的异同点

1. 两种分类法的相同点

（1）两者都是专门用于标准文献分类的；

（2）两者都以标准作为其分类对象；

（3）任何标准都可以同时采用这两种分类法进行分类。

2. 两种分类法的不同点

（1）发布部门和适用广度不同。

《中国标准文献分类法》是由原国家技术监督局颁布，并已被广泛应用于我国各级标准分类实践中，是目前我国专门用于标准文献管理的一部检索工具。

《国际标准分类法》是由国际标准化组织推出的一种标准文献专用分类法，其编制目的在于向世界各国推荐一种国际统一、普遍适用的分类方法，是国际上统一的分类和检索工具。

（2）产生的背景不同。

《中国标准文献分类法》产生以前，我国标准文献的组织管理工作主要是依据标准的代号和顺序编号进行的，没有统一的分类法，因而给管理和使用标准文献带来了一定的困难。为了有效地发挥标准文献的作用，使全国标准化系统的组织分类建立统一的检索系统，在结合中国标准文献的特点基础上制定了《中国标准文献分类法》。

《国际标准分类法》产生之前，许多国家已经有了本国的分类法，而且按照ISO的要求，其成员国在各自的标准出版物上都标注了《国际十进分类法》（UDC），由于《国际十进分类法》分类烦琐，经常修改，因而分类不易准确，不易普及。因此，ISO于1992年正式发布了《国际标准分类法》，其目的是便于标准文献的排序、分类，从而促进国际、区域性和国家标准以及其他标准在世界范围内的传播。

（3）两者类目划分原则不同。

《中国标准文献分类法》参考了主要工业国家的标准文献分类的方法，确定了我国标准文献的分类体系原则是：以专业划分为主，适当结合科学分类；各类目的设置采取通用标准相对集中、专业标准适当分散，同时兼顾各类目之间所容纳的标准文献量的相对平衡，对于边缘科学和新技术留有发展余地。

《国际标准分类法》的类目划分是针对9000个ISO标准而设置，所设类目以全面、科学、合理、配号方法灵活为原则，并且允许使用者自行扩类。

（4）两者结构不同。

《中国标准文献分类法》的结构采用二级编制形式，一级大类用大写英文字母表示，二级类目用两位数字表示，每一大类下包含100个二级类（00-99）。

《国际标准分类法》由三级构成，一级包含40个大类，用两位数字表示，全部大类再分为407个二级类，三级类的类号由二级类的类号和被一个圆点隔开的两位数字组成。

七、标准文献的著录特点与CNMARC记录的特殊要求

随着行业标准化、规范化要求的提高，标准文献不断增加，标准文献的类型也更加细化。网络环境下的文献编目工作，已不再是一个封闭型的各自为政的单一行为，而是在动态开放的网络环境中对文献信息进行知识整序，编目成果也从自给自足的独家专用向一家编目多家交流、多家共享方向发展。书目数据的标准化、规范化是保障数据库正常运行的基础，是合作编目、联机编目、共享书目数据资源的前提，它直接影响到数据库的可靠性和实用性。

标准文献在中文书目数据的著录中是最复杂的文献之一。标准文献有单个标准（或几个相关标准）的单行本和汇集众多标准的汇编本。在对这类文献进行联机编目时，由于现有的《CALIS联机合作编目手册》只以CNMARC格式的字段为纲，将文献著录规则与机读格式结合加以叙述，而对标准文献的著录没有具体的规定。依据《CALIS联机合作编目手册》，

参照《中国文献编目规则》等有关著录规则，将标准文献著录格式逐字段分述如下。

（一）标准文献的著录信息源

著录信息源分为主要信息源和规定信息源。每一种文献类型都规定有特定的主要信息源，从主要信息源中获取的信息要优于从文献其他部分获取的信息。标准文献按其出版方式分为单行本、合订本和汇编本，标准文献的单行本通常没有题名页，因此著录题名信息取自封面、前言等，按《CALIS联机编目中文图书著录细则》规定，宜在304附注块中说明；汇编本的主要信息源为题名页。

单个标准的单行本，其责任说明依次著录：提出单位、起草单位和批准单位。即以提出单位作为第一责任说明，起草单位、起草人和批准单位作为其他责任说明。

由于单行本标准文献的提出单位和起草单位的信息源为正文末尾的"附加说明"，批准单位的信息源则在正文首页，都不是规定的信息源。按《CALIS联机编目中文图书著录细则》规定，责任者信息源取自题名页，无题名页的取自版权页、封面、序言，因此宜在314知识责任附注块中说明。

（二）标准文献的CNMARC记录的特殊要求

1. 091字段著录

091字段是CNMARC定义的字段，用来记录我国出版部门为书刊分配的统一号码。单行本的标准文献都没有ISBN号，而是在版权页给出了统一书号，著录时应将其著录在091字段的$a子字段，将文献的获得方式著录在091字段的$d子字段，而不是010字段。著录时按文献原有形式（包括空格、连字符和其他标点符号）转录。例：

091##$a155170·593$dCNY30.00

2. 094字段（标准号）

094字段是记录中国国家标准主管部门分配的国家标准、行业标准的标准编号，标准号一般由标准代号、顺序号、批准年份三个部分组成。标准文献的标准号一般在封面右上角。著录时将国家代码CN著录于$a子字段，将标准号以文献上原有的形式著录于$b子字段。例：

094##aCNbGB 3793-83

说明：GB3793-83，GB表示是中华人民共和国国家标准，3793为标准序号，83为标准的批准年。

3. 100字段

标准文献是政府出版物，100字段的第20位字符应选a。例：

100##$a20210304d2020^^^^km^a0chiy50^^^^^^ea

4. 105字段

105字段是著录印刷型专著的编码数据，标准文献105字段的第4至第7字符位置录入l。例：

105##$ak^^^l^^^000yy

5. 200题名与责任说明字段①

200字段是整条MARC数据里最重要的一个字段，它是检索的必要条件。因为标准文献的091和094字段一般不设置检索点，所以，标准文献的题名字段需著录准确。在正题名的选择上，中国高等教育文献保障系统（CALIS）一般将标准文献的单册题名作为正题名。将"中华人民共和国国家标准"等标准类型著录于丛编项，并用410字段连接作为检索点；而国家图书馆通常将"中华人民共和国国家标准"作为正题名，将单册题名作为分辑题名著录。根据《中文普通图书标识规则》（试行稿），"正题名原则上按照规定信息源上所载题名著录，对于有语法关系的标点符号，空格也应照录"。冠在题名前的"钦定""详注""校订""袖珍""插图""图解""绘图""白话""新编""增订""实用""最新"等字样及"中华人民共和国"，应按原题照录，并在510字段排除所冠词语著录，以供检索。

国家标准文献的标准名称，一般都有一个相应的并列英文题名。这也正是标准的权威性和国际性所在。因此标准文献的并列题名应是"有则必备"的著录项目之一。并列题名直接著录在200字段的＄d子字段，并在

---

① 张明东，喻乒乒，潘筠. CALIS联机合作编目手册例解（中文部分）[M]. 北京：北京大学出版社，2004.

510字段提供检索点。例：

2001#$a风 电 塔 架 技 术 规 程$d= Technical specification of wind power tower$f主编单位中冶建筑研究总院有限公司，甘肃酒钢集团西部重工股份有限公司$g批准单位中国工程建设标准协会$$zeng

5101#$aTechnical specification of wind power tower$zeng

6. 205字段（版本项）、210字段（出版发行项）、215字段（载体形态项）

205字段是记录文献的版本说明、附加版本说明以及与该版本有关的责任说明。210字段是录入有关文献的出版、发行以及制作方面的信息；215字段是记录有关标准文献载体形态特征方面的信息。这与普通图书的"出版、发行项"和"载体形态项"是相对应的。

7. 225丛编项字段

标准文献丛编项的著录内容为标准类型名称。标准类型名称是指国家标准、行业标准、地方标准、企业标准、团体标准。丛编项的信息源一般取自于封面。

例：团体标准封面

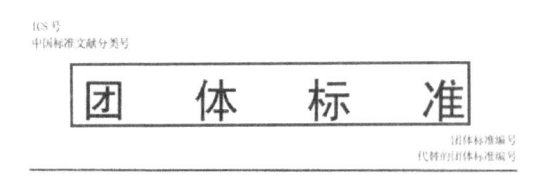

```
ICS 号
中国标准文献分类号

        团  体  标  准
                          团体标准编号
                          代替的团体标准编号
────────────────────────────────




                    标准名称
                   标准英文译名



  XXXX-XX-XX 发布          XXXX-XX-XX 实施
              社会团体全称 发布
```

（1）国家标准。例：

2252#$a中华人民共和国国家标准

4100#$12001^$a中华人民共和国国家标准

（2）行业标准。例：

2252#$a中华人民共和国电力行业标准

4100#$12001^$a中华人民共和国电力行业标准

（3）团体标准。例：

2252#$a中国工程建设协会标准

4100#$12001^$a中国工程建设协会标准

（4）地方标准。例：

2252#$a山东省地方标准

4100#$12001^$a山东省地方标准

（5）企业标准。例：

2252#$a国家电网有限公司企业标准

4100#$12001^$a国家电网有限公司企业标准

8.300 一般性附注字段

标准文献的发布、实施日期是标准文献的重要特征之一，它反映标准的时效性以及其是否具有法律效力。目前，在CNMARC中未设置标准文献特殊细节专门字段，我们在著录时可将这些内容著录在"300一般性附注字段"或"315资料（或出版物类型）特殊细节附注"字段。标准的发布日期与实施日期按文献信息源如实著录，即标准发布日期及实施日期用阿拉伯数字著录，年用4位数，月和日用双位数，单位数的月、日前必须加"0"；年月日之间用连字符连接；日期后分别加"发布""实施"字样，实施日期前用分号间隔。例：

300##$a本标准2001-11-09发布；2002-03-01实施

新标准取代旧标准，应著录于305字段，旧的标准号也要标明。330字段为提要附注内容项，与普通图书"附注内容项"相同，可根据需要选择是否著录。

9. 305 版本与书目沿革附注字段

标准一般每隔几年要加以修改充实，新标准的实施意味着对原标准的替换，所以标准上常有标准号的替换说明，宜著录在305字段。说明本标准取代数年前制定的标准。例：

305##$a本标准代替YY 0268-1995

10. 314 知识责任附注字段

标准文献的提出单位和起草单位的信息源在文献的前言及正文末尾的"附加说明"，批准单位（或发布单位）的信息源在题名页、封面和正文首页，需要在314附注段说明。无论是第一责任说明还是其他责任说明，其责任者数量不超过3个（含3个），若超过3个时，则在著录第一个责任者后用"...[等]"替代。

责任说明依此著录：提出单位、主编单位、起草单位、批准单位、起草人。例：

314##$a 本标准由水电水利规划设计总院提出；本标准主编单位：中国水电顾问集团西北勘测设计研究院；本标准主要起草人：黎静...[等]

11. 606 论题主题字段

标准文献主题标引是对标准文献进行主题分析，并将选定的、用自然语言表达的主题概念转换为主题语言——主题词形式的过程，即对标准文献的主题分析结果赋予主题检索标识的过程。

本字段记录作为主体因素的文献学科内容的主题概念。凡属主体因素的主题词，均可标引为主标题以作为检索点。由于标准文献具有明确的适用范围和用途，多涉及专业性很强的技术领域，主题内容的专指度非常高，与普通图书相比，标准文献的主题标引更具有特殊性。标准文献的主题标引以标准内容的主题概念为主体因素，标准类型为通用因素，以标准的国别，时代组配标引。例：

（1）国家标准。

225丛书名字段和606主题标引字段，体现国家标准类型。标准文献的主题词必须查询"中国分类主题词表"，用规范的正式主题词标引。若没有专指的主题词时，先用上位主题词或用近义词标引。若是汇编本标准文献，还需标引文献类型。例：

2001#$a 工程勘察通用规范 $d= Code for engineering investigation$f 主编部门中华人民共和国住房和城乡建设部 $g 批准部门中华人民共和国住房和城乡建设部 $zeng

2252#$a 中华人民共和国国家标准

410#0$12001^$a 中华人民共和国国家标准

6060#$a 建筑工程 $x 地质勘探 $x 建筑规范 $x 国家标准 $y 中国 $j 汇编 $z2021

（2）行业标准。

225 丛书名字段和 606 主题标引字段，体现行业标准类型。对于多主题文献，若是事物与其他两方面关系的复合主题，应选用事物与其他两方面的概念分组组配标引。例：

2001#$a 水电站发电及检修计划编制导则 $d= Guidelines for preparation of generation and maintenance plans for hydropower stations$zeng

2252#$a 中华人民共和国能源行业标准

410#0$12001^$a 中华人民共和国能源行业标准

6060#$a 水电站 $x 发电 $x 行业标准 $y 中国 $z2019

6060#$a 水电站 $x 维修 $x 行业标准 $y 中国 $z2019

说明：同一事物"水电站"从"发电"与"维修"两方面的概念分组组配标引。

（3）团体标准。

团体标准的 606 主题标引字段以"技术标准"或其他含"标准"字段，体现团体标准文献类型。组配标引时，要用最邻近的主题概念进行概念组配，应优先选择交叉组配，其次选择限定组配。例：

094##aCNbT/CECS G：J60-2020

2001#$a 公路隧道检测规程 $d= Technical specifications for testing of highway tunnel$f 主编单位交通运输部公路科学研究所 $zeng

2252#$a中国工程建设标准化协会标准

410#0$12001^$a中国工程建设标准化协会标准

6060#$a公路隧道$x隧道施工$x施工监测$x技术标准$y中国$z2020

说明：①"中国工程建设标准化协会标准"易与行业标准类型混淆，但从094字段标准编号来看，可将其判断为团体标准。

②团体标准也可按标准研究对象基本属性标引标准类型，例如"安全标准，设计标准"。

2001#$a城际道路设计标准$d= Standard for design of intercity highway$f主编单位中国华西工程设计建设有限公司$zeng

2252#$a中国工程建设标准化协会标准

410#0$12001^$a中国工程建设标准化协会标准

6060#$a城市道路$x设计标准$y中国$z2021

说明："城际道路"不是规范的主题词，用近义词"城市道路"规范主题词标引。

（4）企业标准。

225丛书名字段和606主题标引字段，体现企业标准类型。例如：

094##aCNbQ/GDW 10738-2020

20011#$a配电网规划设计技术导则$d= The guide for planning and design of distribution network$zeng

2252#$a国家电网有限公司企业标准

410#0$12001^$a国家电网有限公司企业标准

6060#$a配电系统$x电力系统规划$x系统设计$x企业标准$y中国$z2020

（5）地方标准。

094标准名字段、225丛书名字段和606主题标引字段，体现地方标准类型。事物与某一方面关系的复合主题，应选用事物与其方面的概念组配标引。例如：

094##aCNbDB 37/T 4337-2021

20011#$a岩溶区桩基施工技术规程$d= Technical specification for pile foundation construction in Karst Area$f主编单位山东省路桥集团有限公司 ...[等]$g批准部门山东省市场监督管理局$zeng

2252#$a山东省地方标准

410#0$12001^$a山东省地方标准

6060#$a岩溶区$x桩基础$x施工$x技术操作规程$x地方标准$y山东省$z2021

12. 690字段分类标引

标准文献分类标引的目的是将馆藏的标准文献按其学科性质相同的标准文献聚集在一起，便于馆藏排架和读者查阅文献。按照分类法的分类标引原则，可以采用两种处理方法：一种是采用分散处理，将标准文献按其专业性质归入有关学科，再用总论复分表"-65"加以复分；另一种是采用集中处理，就是将各类标准文献都集中归入"T-65"工业技术总论下的"工业规程与标准"类目下，选用此种方法时，查找某个学科的标准文献时，必须逐条翻看详细信息，不利于读者使用。因此在标准文献的著录实践中我们选用第一种著录方法。例：

2001#$a压力管道规范$e工业管道$f国家市场监督管理总局，国家标准化管理委员会发布

686##$a23.040$2国际标准分类法（ICS）

686##$a J74$2中国标准文献分类法（CCS）

690##$a U173.9-65$v5

13. 7××知识责任块

责任说明是对文献的知识和艺术内容创作或做出贡献的个人、团体及其责任方式的表述。责任说明分第一责任说明和其他责任说明。第一责任说明是指文献规定信息源上有几种不同责任方式的责任说明时，其中列居首位责任方式的责任说明；其他责任说明是指除第一责任说明之外的后续责任说明。《中国文献编目规则》（第2版）明确规定："标准的单行木，其责任说明依次著录提出单位或主编部门、起草单位和批准单位，即以提出

单位作为第一责任说明，起草单位和批准单位作为其他责任说明。"因此，将标准文献的提出单位或主编著录于711或701字段，而将标准的起草单位和批准单位（或发布单位）分别著录于多个712字段，并在附注项314字段提供附注说明。

例1：

2001#$a水电工程安全预评价报告编制规程$d= Specification for preparation of safety pre-assessment report of hydropower projects$f主编部门水电水利规划设计总院$g批准部门国家能源局$zeng

314##$a本标准由水电水利规划设计总院提出；本标准主编单位：中国水电顾问集团西北勘测设计研究院；本标准主要起草人：黎静...[等]

7020#$a黎静$4起草

71102$a水电水利规划设计总院$4提出/主编

71202$a中国水电顾问集团$b西北勘测设计研究院$4主编

例2：

2001#$a埋地输水钢管设计与施工技术规范$d= Technical code for design and construction of buried water transmission steel pipes$zeng

314##$a本标准由中国水利企业协会提出并归口；起草单位：宁夏青龙管业集团股份有限公司...[等]；主要起草人：宋克军...[等]

6060#$a埋地管道$x输水$x钢管$x结构设计$x技术标准$y中国$z2022

690##$aTV732-65$v5

702#0$a宋克军$4起草

71102$a中国水利企业协会$4提出

71202$a宁夏青龙管业集团股份有限公司$4起草

说明：314字段对未在规定信息源出现的责任者，提供责任说明附注；7××字段以提出单位作第一责任者检索点，起草者作第二责任者检索点。

例3：

2001#$a工程勘察通用规范$d= Code for engineering investigation$f主编部门中华人民共和国住房和城乡建设部$g批准部门中华人民共和国住房和城乡建设部$zeng

314##$a本标准编制单位：建设综合勘察研究设计院有限公司；主要起草人：武威 ... [等]

7020#$a武威$4起草

71101$a中国$b住房和城乡建设部$4主编/批准

71202$a建设综合勘察研究设计院有限公司$4编制

说明：当责任者责任方式不止一种时，用"/"连接责任方式；著录中央各部名称时，其前"中华人民共和国"应予简称著录；标准汇编本的责任说明有主编者，著录主编。

八、标准原编实例

（一）用条形扫描仪扫描单册条码号

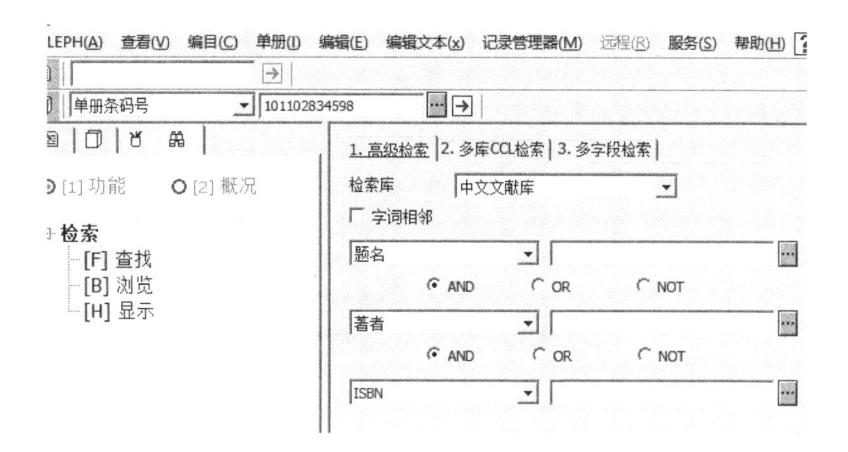

（二）系统显示原始的采访书目记录

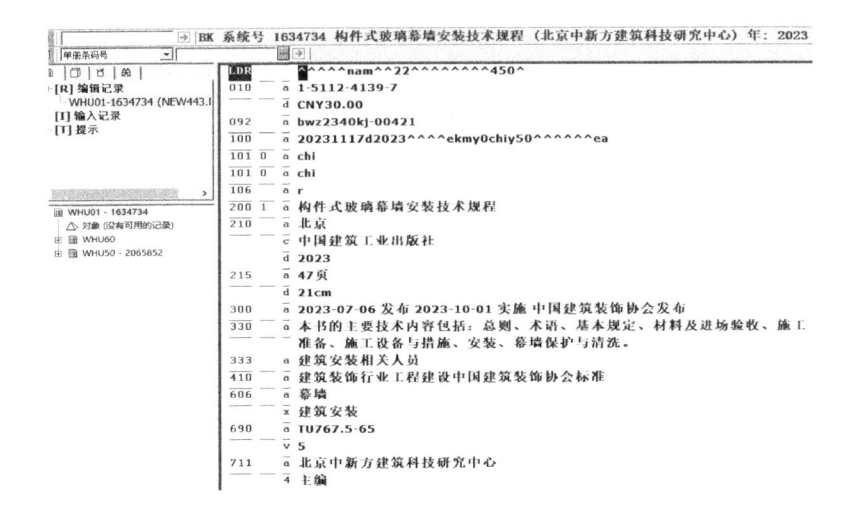

（三）用题名在CALISNB中文简编库查重

返回记录数为0，确认无套录数据，作原编著录。

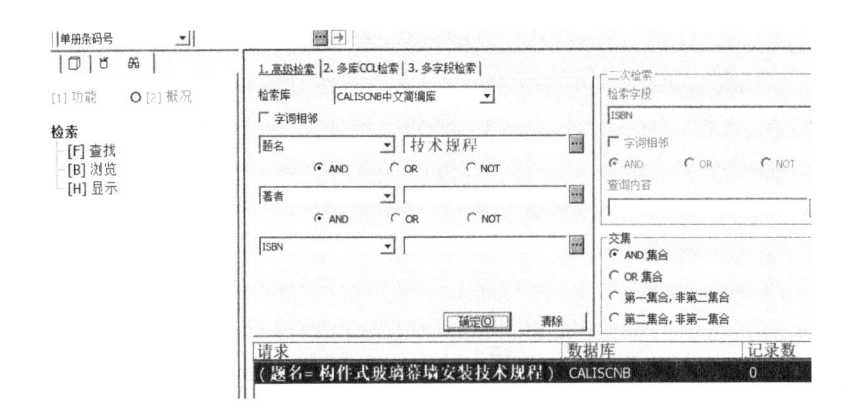

第三章　中文文献编目实践中的难点问题研究与实例

（四）删除多余的092、101字段

```
092    ā  bwz2340kj-00421
100    ā  20231117d2023^^^^ekmy0chiy50^^^^^^ea
101  0 ā  chi
101  0 ā  chi
```

（五）原始的采访记录通常只有丛书410字段

用丛书名"建筑装饰行业工程建设中国建筑装饰协会标准"在本地中文文献库查重，查询到相同丛书名记录。

（六）选择分类或出版年与正在编目的书目记录相近的记录，点击"编目"打开

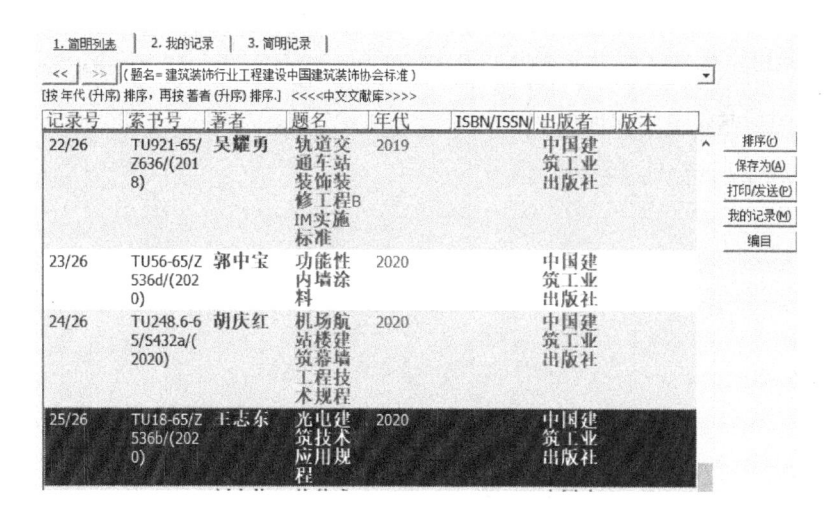

（七）拷贝丛书名，可以减少原编记录的输入量

2252#$a 建筑装饰行业工程建设中国建筑装饰协会标准

- 163 -

（八）删除010字段（国际标准书号）

（九）查询版权页或封底

```
定价：30.00元
统一书号：15112·41397
版权所有　翻印必究
如有印装质量问题，可寄本社图书出版中心退换
```

（十）新增091字段（统一书刊号）

091##$a15112·41397$$dCNY30.00

（十一）新增094字段（标准号）

094##aCNbT/CBDA 67-2023

（十二）新增102字段

根据版权页出版地"北京"，著录出版地代码110000

102##aCNb110000

（十三）修改105字段，4—7字符位内容特征代码为"l###"

105##$ak^^^l^^^000yy

（十四）查询题名页信息

```
建筑装饰行业工程建设
中国建筑装饰协会标准
构件式玻璃幕墙安装技术规程
Technical specification for installation of stick glass curtain wall
T/CBDA 67-2023
批准机构：中国建筑装饰协会
施行日期：2023年10月1日
```

完善并列题名信息，责任方式在责任者名称前录入，按题名页顺序如实照录。例：

2001#$a构件式玻璃幕墙安装技术规程$f批准机构中国建筑装饰协会$zeng

（十五）依据书目实体核实210字段、215字段

```
中国建筑工业出版社出版、发行（北京海淀三里河路9号）
各地新华书店、建筑书店经销
北京建筑工业印刷有限公司制版
建工社（河北）印刷有限公司印刷
                    *
开本：850毫米×1168毫米  1/32  印张：1⅞  字数：46千字
2023年9月第一版    2023年9月第一次印刷
```

（十六）规范300字段标准的发布与实施信息

```
2023-07-06 发布        2023-10-01 实施

       中 国 建 筑 装 饰 协 会  发 布
```

300$a本标准由中国建筑装饰协会于2023-07-06发布，2023-10-01实施

（十七）查阅前言信息

说明：新增314字段，著录主编单位，主要起草人，起草人超过三个，只著录第一个，后加"#... #[等]#"表示；参编单位和主要审查人员不著录。

314$a本标准主编单位：北京中新方建筑科技研究中心，中国建筑装饰协会幕墙工程分会；主要起草人：刘忠伟 ... [等]

（十八）登录中国分类主题词表系统（http://cct.nlc.cn/login.aspx）

第三章 中文文献编目实践中的难点问题研究与实例

（十九）正确输入登录名、密码后，输入采访记录初始主题词"幕墙"

根据查询结果，用更专指的主题词"玻璃幕墙"替换"幕墙"。

— 167 —

（二十）检索主题词"建筑安装"为规范主题词

中文主题词
地下建筑物\建筑设备\建筑安装
房屋结构\焊接结构\建筑安装
房屋结构\混凝土结构\预制结构\结构构件\建筑安装
房屋结构\加筋混凝土结构\预制结构\结构构件\建筑安装
房屋结构\建筑安装
房屋结构\建筑安装\方法
房屋结构\金属结构\建筑安装
房屋结构\铆接结构\建筑安装
基本建设建筑安装工程成本核算
建筑安装
建筑安装工程

（二十一）根据标准学科内容属性，完善606主题标引字段，并著录标准的国别与年代

6060$a玻璃幕墙$x建筑安装$x技术标准$y中国$z2023

（二十二）新增702字段、711字段

7020#$a刘忠伟$4起草

71102$a北京中新方建筑科技研究中心$4主编

71102$a中国建筑装饰协会幕墙工程分会$4主编

（二十三）删除801字段

（二十四）单击鼠标右键，点击"整理记录"按钮，选择"全部自动生成功能"，系统自动生成全部拼音字段

第三章　中文文献编目实践中的难点问题研究与实例

```
选择整理例程                           ×
整理程序                          确定(O)
全部自动生成功能
原编记录手工查重
生成全部905索书号字段
更新单册索书号
生成全部拼音子字段
生成拼音子字段
根据225生成4XX字段
根据200字段生5XX
根据200生成7xx字段
根据200字段生成相关字段
根据210字段出版年校正100字段
根据010生成 210 字段              取消(C)
根据010生成102字段                 帮助(H)
```

自动生成410丛书名字段：

4100#$12001^$a建筑装饰行业工程建设中国建筑装饰协会标准

自动生成510题名字段：

5101#$aTechnical specification for installation of stick glass curtain wall$zeng

自动生成810字段：

8100#aCNbWUL$c20240318

自动生成905字段：

905##aZTdTU767-65$eB358$i北京中新方建筑科技研究中心$sTU767-65/B358

-169-

（二十五）在905索书号子字段，单击F4键，查重，没有重复索书号

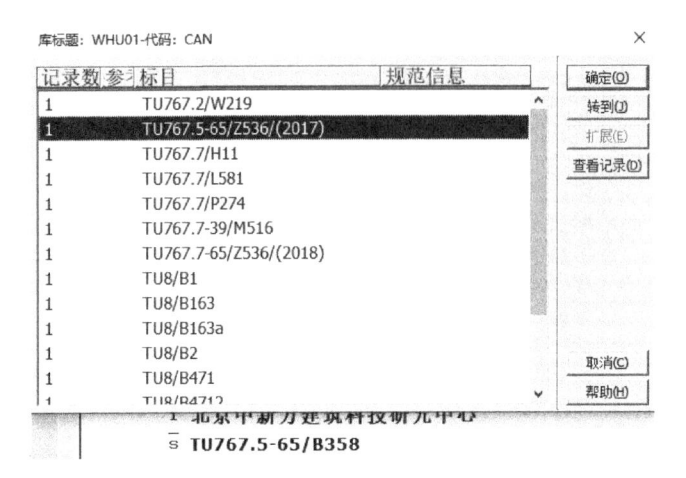

（二十六）依据标准发布年修改索书号
905##aZTdTU767-65$eB358$i北京中新方建筑科技研究中心$sTU767-65/B358/（2023）

（二十七）更新单册索书号

第五节　港澳台地区文献编目

一、港澳台地区文献的特点

港澳台地区文献是指由我国香港、澳门、台湾地区出版发行的图书和文献资料。

（一）出版发行方式

港澳台地区出版社注册方式较为简单。在台湾地区，民营出版公司是

图书出版的主力军。除了出版社之外，个人也可以直接申请ISBN出版书籍。香港对出版社实行登记注册制度，澳门出版业发展较慢，出版机构包括政府、民间团体及私人创办的出版社。港澳台地区出版社数量众多，图书质量良莠不齐。

（二）版式和字形编码

港澳台地区文献多使用繁体文字印刷。虽然简体字与繁体字都属于汉字的范畴，有较多的共性，但繁体字与简体字在笔画和形式上存在较大差异。在图书版式上，港澳台地区文献排版方式既有横排，文字排列顺序从左到右；也有竖排，文字排列顺序从上至下、从右到左。繁体中文自20世纪80年代以来通常使用Big5中文编码。随着Unicode跨语言编码集的出现，Unicode不仅能够同时表现繁体和简体字，还能够表现日文、韩文等文字中的汉字编码，由于Unicode被MicrosoftApple、IBM等著名计算机公司共同支持，因此在世界范围被广泛采用。

（三）语言用语习惯

中国港澳台地区长期以来习惯使用地区性方言（如闽南语和粤语），加上受英语等外来语的影响，诸多因素综合作用，导致港澳台地区在语言表述和词汇含义方面有一定的特殊性。如积体电路（集成电路）、组合语言（汇编语言）、软体（软件）、雷射（激光）、永续发展（可持续发展）、网路（网络）等等。中国港澳台地区文献中，人物传记中人名的译法也有一定差别，如"里根"译成"雷根"（台湾）或"列根"（香港），"布什"译成"布希"（台湾）或"布殊"（香港），"肯尼迪"译成"甘乃迪"（台湾）或"甘乃地"（香港）等。

（四）图书分类体系

台湾图书馆界广泛使用的《中文图书分类法》，是1929年由刘国钧教授参照美国杜威十进制图书分类法所编订的一套适用于中文图书的分类法，后由台湾大学图书馆学系赖永祥教授于1964年起陆续修订，为区别于刘氏版本，又称"赖永祥《中国图书分类法》"。赖永祥《中国图书分类法》2001年增订八版，由赖永祥编订，黄渊泉、林光美协编。2001年增订八版后，赖永祥将版权无偿捐赠给台北"国家图书馆"。2007年完成新版修订，更名为《中文图书分类法》。此图书分类法非常适用中国历史和中国文学类著作的分类，现普遍应用于台湾及香港、澳门地区。[①]

《中文图书分类法》是以数字符号来代表每一个类目，以0—9数字代表大类组成，再以数字组合方式派生出诸多个类目。如：0总类；1哲学类；2宗教类；3科学类；4应用科学类；5社会科学类；6—7史地类；8语文类；9艺术类。

表3-6 台湾中文图书分类法类目

0总类	特藏、目录学、图书馆与资讯科学、汉学、类书；百科全书、丛书、群经；经学、连续性出版品；期刊等
1哲学类	哲学、心理学、伦理学、美学等
2宗教类	宗教、神话、术数；迷信等
3科学类	科学总论、数学、物理学、天文学、化学、地球科学；地质学、生物科学、动植物学、人类学等
4应用科学类	应用科学总论、医药、农业、工程学、化学工业、商学；经营学等
5社会科学类	总论、统计学、教育学、社会学、经济学、法律、军事、礼俗等
6-7史地类	总论、中国史地、世界史地、传记、古器物；考古学等
8语文类	语言文字总论、文学总论、中国文学、东方文学、西洋文学、新闻学等
9艺术类	音乐、建筑美术、授影、雕塑、书画、戏剧、游艺；娱乐等

二、港澳台地区文献的著录信息源

《中国文献编目规则》（第二版）对文献著录选用的主要信息源和规定信息源做了相应的规定。

---

① 周冰.台湾《中文图书分类法》通用复分表评介[J].图书馆杂志，2012，31（3）：29-32，83.

主要信息源是文献著录时据以优先选取著录项目内容的来源。《中国文献编目规则》（第二版）指出：普通图书的主要信息源为题名页。

规定信息源指为每一个著录项目或著录单元提供著录信息的出处。对各种文献的规定信息源有多个，需要按顺序选取。根据著录信息源规定的顺序选取文献信息，可确保文献信息选取的一致性，避免同一文献信息资源不统一。《中国文献编目规则》（第二版）指出：题名与责任说明项的规定信息源为题名页或代题名页；版本项的规定信息源为版权页、题名页；丛编项的规定信息源为题名页、版权页、封面、书脊、封底。

港澳台地区文献信息源常常出现以下三种情况。

（一）缺少信息源

题名页是图书著录的重要信息源，但是在港澳台图书中，没有题名页的情况很多，书名及责任信息往往在版权页或封面上；此外，有些图书没有版权页，所有信息都集中在封面和封底，甚至在图书的前言后记中。

（二）规定信息源信息不一致

港澳台地区文献经常会出现信息源不一致的情况，即题名页上的信息和版权页或封面信息不完全一致。

（三）规定信息源信息不全

规定信息源中所提供的信息不全，只有通过浏览全书才能找到需要的信息。常常出现题名页只有书名，没有作者信息；或者译著题名页只有作者，没有译者信息等情况。

对港澳台地区文献的编目工作，应按照港澳台地区文献出版的特点，最大限度地执行《中国文献编目规则》，客观描述文献，充分揭示文献所载信息，提供最佳检索点，准确深度挖掘文献内容。此外，还需要针对港澳台地区图书的著录信息源问题做出调整，目的是在简化著录的同时又能完整表述图书内容。

因此我们提出如下港澳台地区文献编目规定信息源选取建议。

（1）题名和责任者项的规定信息源为题名页或代题名页，无题名页时，选取图书其余部分，选取顺序为：版权页 — 封面 — 书脊 — 封底。

（2）题名页所载信息不全时，版权页等同题名页，将版权页所载较完整资料作为补充，著录于题名及责任者项，如版权页信息不全，以封面—书脊—封底顺序将信息补充完整。

（3）版本项的规定信息源依次为版权页、题名页，如信息不全，以封面—书脊—封底顺序将信息补充完整。

（4）丛编项的规定信息源依次为题名页—版权页—封面—书脊—封底。

（5）封面折页视为封面的延续页，其上信息等同封面。

（6）封底折页视为封底的延续页，其上信息等同封底。

（7）根据书名页、版权页、封面、书脊、封底所著录的内容，不置于方括号内，且不添加附注项描述著录信息来源。

（8）在信息极度不完整的情况下，前言后记可作为参考，根据前言后记所著录的内容需要置于方括号内或在附注项中说明。

（9）在前言后记不完整的情况下，书中内容可作为参考，根据书中内容所著录的内容需要置于方括号内或在附注项中说明。

三、港澳台地区文献编目著录分析

（一）题名问题

1. 正题名及相关问题

港澳台地区文献的题名据实著录，若正题名为繁体字，则以繁体字著录，简体字正题名在518字段生成检索点。若文献有其他题名信息，需要提供检索点，按文献实体出现的繁体字形式著录在517字段。

例：

2001#$a風城佛影的歷史構造$e三百年來新竹齋堂佛寺與代表性人物誌$f江燦騰著

5171#$a三百年來新竹齋堂佛寺與代表性人物誌

5181#$a风城佛影的历史构造

例：

2001#$a西郊村$e一個華北農莊的歷史變遷$f郝志東，郝志剛著

5171#$a一個華北農莊的歷史變遷

2. 题名页信息

港澳台地区出版的图书在题名页中有时会出现类似宣传广告语、用于修饰补充正题名的内容。例如2022年台湾商周出版社出版的《反疫苗战争》，题名页正题名下题有"一個野心勃勃的醫生，一篇只有12位個案的偽科學論文，如何欺騙了全世界？讓英國人付出了一整個世代的慘痛代價！"，这些信息虽然作为修饰正题名而存在，且部分地揭示了文献内容，但是如果作为副题名其文字过于冗长，不具备独立检索意义，编目时不必著录说明文字。

上例将200字段著录为：

2001# $a反疫苗戰爭$f作者布萊恩·迪爾$d=#The doctor who fooled the world$escience, deception, and the war on vaccines$f Brian Deer$g譯者林曉欽$zeng

（二）版本问题

1. 版本分析

港澳台地区图书版本说明没有严格的标准，对版本的称谓大多是初版、再版、修订版、增订版等。

例：東亞區域發展的政治經濟學，修訂3版。

教育研究法，增訂第18版。

对这种称谓不统一，但不影响明确其版本情况的，编目时除了省去初版不著录外，其他的修订版、增订版、再版等均在版本项著录。

例:《激发心灵潜力：经典版》版权页题：

初版：1989年2月第一刷

2003年10月第七十四刷

修订一版：2004年7月第一刷

著录：

205##$a 修订版

210##$a 台北县 $c 中国生产力中心 $d2004

例：《连锁店操作手册》版权页题：

西元一九九九年一月企管公司大本讲义

西元二〇〇二年十二月初版一刷

西元二〇〇三年六月初版三刷

西元二〇〇四年九月修订一版二刷

西元二〇〇五年一月初版一刷（革新版）

著录：

205##$a 革新版

210##$a 台北 $c 宪业企管顾问有限公司 $d2005

2. 高版次

台湾地区出版的图书，尤其是法律和经济类图书，出版频率很快，版次更新频繁，版次名称多样，如初版再版最新版修订版增订版革新版等。有的台版图书版次很高，版权页上标明了图书所有的版次和出版时间，从初版到最新版详尽罗列。只在版本项和出版发行项著录最新版次及出版时间即可。

例：《亲属法：理论与实务》，版权页题：第12版，封面题：2011年最新版

著录为：

2001#$a 親屬法 $e 理論與實務 $f 高鳳仙著

205##$a 第12版 $b 2011年最新版

210##$a 台北 $c 五南圖書出版有限公司 $d 2011

例：《个别劳工法：理论与实务》，版权页题：2010年5月初版一刷，2011年8月二版一刷，2012年2月二版二刷，封面题：最新版

著录：

2001#$a 個別勞工法 $e 理論與實務 $f 楊通軒著

205##$a 第2版 $b 最新版

210##$a台北$c五南圖書出版股份有限公司$d2011

3. BOD（POD）版

目前越来越多的台湾地区图书版权页标注"BOD版（POD版）"[①]。BOD是Books of Demand的缩写，意思是"按需出版"，是指图书全程数字化编排、设计、印制、发行、销售，完成的出版品形态可以是纸本，也可以是电子书。POD为Print On Demand的缩写，即"按需印刷"，是指出版品以高分辨率的电子格式存档，当有纸本需求时才以POD模式印制出来，这种书籍通称为POD出版品，是指根据作者和读者的需求，通过数据处理、数字印刷和网络媒介，将出版信息存储于计算机系统，个性化、小众化地组织书报刊等的编辑、印制和销售，做到按需印刷，即需即印。BOD版（POD版）是一种新型的出版形式，为了如实表达文献的版本及版次描述，BOD版（POD版）版本应著录于版本说明项。POD一版或BOD一版，著录在205字段，将汉字"一"改成阿拉伯数字"1"。例：

2001#$a晚清民國史事與人物$e凌霄漢閣筆記$f徐彬彬原著

205##$aBOD1版

（三）出版发行项

1. 出版者和发行者

《中国文献编目规则》（第二版）规定：规定信息源同时载有出版者和发行者，只著录出版者，不著录发行者。图书未载明出版者，可著录发行者，并在其后注明"发行者"字样，置于方括号内。

很多台湾出版的图书没有注明出版机构，而是注明发行者、经销者。在著录时，如果有出版者，210字段$c子字段著录此出版者；若没有出版者，则将发行者著录在210字段$c子字段。

如《行政组织法论》版权页没有给出出版机构，只给出了发行人/黄锦堂，在著录时直接将"黄锦堂"作为出版者著录在210$c子字段。

例：210##$a台北$c黄锦堂$d2005

[①] 郑琳，港台中文图书著录的规范问题探究[C]// 国家图书馆中文采编部，编目：新的变化与应对之策——第三届全国文献编目工作研讨会论文集，北京：国家图书馆出版社，2013.

台湾地区出版图书中的出版单位可能会同时出现出版集团和下属出版社。例如，"城邦文化"全名"城邦文化事业股份有限公司"，是台湾知名出版集团，旗下共有超过30家出版社，包括"麦田""猫头鹰"及"商周"等出版社。出版者题"城邦文化事业股份有限公司麦田出版"，则只著录"麦田出版"。

例：城邦文化事业股份有限公司猫头鹰出版

2001#$a臺灣蛙類與蝌蚪圖鑒$f楊懿如，李鵬翔著

210##$a台北$c貓頭鷹出版$d2019

例：台湾广厦出版集团弘大出版社

2001#$a有話好好說$f王郁洁编著

210##$a新北$c弘大出版社$d1999

2. 出版年

台版图书的出版年除了采用公元年外，还有部分采用"民国"纪年，或者公元年和"民国"年并存。这一点在《中国文献编目规则》（第二版）中也有规定：用公元纪年表示的出版年一律用阿拉伯数字著录，非公元纪年，依原样照录，在其后注明相应的公元纪年，并置于方括号内。《中国文献编目规则》（第二版）中的例子是这样的：史事与人物/吴晗著.上海：生活书店，民国三十七年 [1948]。

（四）责任者项著录分析

1. 主编

《中国文献编目规则》（第二版）规定：图书有主编者，又有编著者，先著录主编者，后著录编著者……主编是编辑工作的主要负责人，是出版物全体编辑人员的领导者，主持编辑工作，因此其作为第一责任者无可厚非。[①]

通常图书中的著者是对全书最终形成负首要责任，而港澳台地区图书中的主编责任则不尽相同，有三种情况：首先是本书主编；第二是出版社

---

① 周小敏.港澳台图书编目实例研究[J].图书馆杂志，2012，31（3）：33-35+70.

主编;第三是丛书主编。这3种情况著录不同。200字段责任者项只著录本书主编,出版社主编和丛书主编不能著录在责任者字段。

如《族群迁移与宗教转化:福德正神与大伯公的跨国研究》书名页、版权页、封面和书脊作者题:徐雨村主编。

著录:2001#$a族群遷移與宗教轉化$e福德正神與大伯公的跨國研究$d=#Ethnic migration and religious change$etransnational research on the god of prosperity, virtue and morality and the Tue Peh Kong$f徐雨村主编$zeng

例:《例解劳动基准法》书名页著者题:张清沧著

版权页又题:

作者:张清沧

发行人:杨荣川

总编辑:庞军豪

主编:刘静芬 林振煌

责任编辑:……

可以判断"刘静芬,林振煌"为出版社主编,不应著录为责任者。

著录:2001#$a例解勞動基準法$f張清滄著

例:《微观动机与宏观行为》版权页题:

作者:汤玛斯·谢林(Thomas C.Schelling)

译者:高一中

副总编辑:刘丽真

主编:陈逸英、顾立平

特约编辑……

主编陈逸英、顾立平经过判断是出版社主编,不应著录为责任者。

著录:2001#$a微觀動機與宏觀行爲$d= Micromotives and macrobehavior$fThomas C. Schelling著$g高一中译$zeng

例:《情感的理趣》版权页题:

主译/编译馆

译者/马竞松

著作财产权/编译馆

丛书主编/沈清松

审定者/沈清松

作者/Ronald de Sousa

责任编辑/王兆先周伟航

发行人/杨荣川

总编辑/王秀珍

主编/黄惠娟

……

在本书中，沈清松是丛书主编；黄惠娟应为出版社主编，因此在本书著录2字段责任者项时，两个主编都不予考虑。

著录：2001#$a情感的理趣$fRonald de Sousa著$g編譯舘主譯$g馬競松譯

例：《归雁——东南亚华文女作家选集》书名页题：林婷婷，刘慧琴主编，版权页题：

作者林婷婷

刘慧琴主编

策划：加拿大华人文学学会

发行人：施嘉明

总编辑：……

主编：叶帼英

……

著录：2001#$a歸雁$e東南亞華文女作家選集$d=# Homing birds：selscted Chinese women's writings in southeast Asia$f林婷婷，劉慧琴主编$zeng

2. 译著责任者

缺少题名页或题名页责任者信息不完全是港澳台地区图书中常见的现象，责任者信息常常散见于图书的不同位置，如版权页、封面、书脊，译著责任信息多出现在封面（或封底）折页上，偶尔还见于前言、序、跋、目次、后记等处。

以译著图书为例，外国责任者的中文名和（或）原名经常出现在非题名页，对此编目员就要尽量从图书各处查找著录信息，不能局限于书名页和版权页，做到最大限度地揭示作者信息，便于读者检索。针对翻译图书的这种特殊性，应直接将责任者信息著录在 200 $f 子字段，中文名在前，原名（外文名）在后，并将原名（外文名）置于圆括号内。具体分为以下几种情况。

（1）著者中文名在题名页，原名在其他信息源。

《赢家：教你摸透诡谲市场的投资心理学》书名页作者题：艾里·基辅著，其英文原名在封面的折页作者小传中：艾里·基辅（Ari Kiev, 1934-2009），著录时直接将 Ari Kiev 置于中文名"艾里·基辅"之后。

著录：2001#$a赢家$e教你摸透诡谲市场的投资心理学$f艾里·基辅著$g陈琇玲译

（2）著者原名在题名页，中文名在其他信息源。

《陪孩子走出害羞的角落》书名页著者题：Philip G. Zimbardo & Shirley Radl著，陈文棋译，著者中文译名在封底的折页著者小传中："菲力浦·忍巴度博士（Philip G.Zimbardo）害羞研究泰斗，并以'当代心理学之影响'享誉国际……，瑟莉·蕾朵（Shirley Radl），新闻工作者……"著录时将作者的中文名直接著录在200 $f子字段，英文名其后置于圆括号内。

著录：2001#$a陪孩子走出害羞的角落$f菲力浦·忍巴度，瑟莉·蕾朵著$g陈文棋译

《掏心姊妹》作者的英文名"Alice Hoffman"在书名页上，中文名"艾丽斯·霍夫曼"在封面上。

2001#$a掏心姊妹$f艾丽斯·霍夫曼著$d#=The story sisters$fAlice Hoffman$g王娟娟译$zeng

（3）著者名在题名页，译者名在其他信息源。

《Compact Camera 小相机拍出好照片》是一本韩文译著，著者名"边贤雨"在书名页，译者名"韩太子"在版权页，应直接将译者名著录在$g子字段。

著录：2001#$a Compact Camera小相机拍出好照片$f边贤雨著$g韩太子译

3.责任方式

一般来说，图书的责任方式比较常见的有主编、汇编、著、撰、编写、口述、译、摄影、书、绘、插图、校等。

主编，其职责是对图书的整体结构和具体内容提出实质性的创见，对作品的最终形成起至关重要的作用；汇编是根据特定主题要求选择若干已有的作品进行汇集编排的责任方式，由于汇编者不参与作品具体内容的创作，不改变汇编作品的原貌，所以被汇编作品的作者是主要责任者；著、撰、口述等是以文字、语言形式表述作者观点的具体行动，对作品的知识内容的创作负主要责任；翻译、注释、校等是在他人已有作品基础上进行整理、发挥，其责任方式次于原作品责任者；摄影、绘、插图等是以"图"的形式，以不影响原作品内容的方式对图书加以附加说明，不能作为图书的主要责任者，但是，在摄影集、画册等作品中，摄影者与绘图者对作品艺术内容负主要责任，是主要责任者；参与附加文字说明的文字工作者、译者等属于次要责任者。

（五）010字段价格著录问题[①]

1.定价单位

港澳台地区图书定价单位包括港币（HKD）、新台币（TWD）和澳门币（MOP），因为发行地区不同，有时两者兼有。$d子字段应客观如实著录文献本身的定价。

例：010##$a978-962-04-4630-6$dHKD118.00

010##$dTWD530.00

---

① 周小敏.港澳台图书编目实例研究[J].图书馆杂志，2012，31（3）：33-35，70.

例：010##$a 978-99937-897-8-9$dMOP80.00

2. 基价

台湾出版的图书，有时候会用"基价"。基价法是一种倍数换算法，是出版社为了避免物价波动给自己带来损失而设计的。以图书上标识的基价再乘以一定的倍数即可换算为当时图书的价格。目前大多数出版公司已采用了定价制，仅有新文丰等少数出版公司采用基价制。对于基价图书应如实著录价格，在价格后括号内标注基价。

例：010##$a978-957-17-2141-5$dTWD20.00（基价）

3. 没有价格

澳门出版的图书有很多是由展览或会议资料整理出版，其发行数量很少，一般不超过 1000 册，此类图书大部分是有 ISBN 号的正式出版物，但并不以商业营利为目的，所以没有价格。

例：《印象法国：雷诺瓦吉诺艺术作品》

010##$a999-37-46-92-4$[无价]

说明：该书内文的"献辞"题：澳门艺术博物馆举办"印象法国"展览，展出雷诺瓦与吉诺两位法国艺术家的杰作。

版权页题：发行数量 800。

（六）730 字段

Calis 规定，以繁体汉字形式出版的中文图书，编制书目时应采用繁体汉字著录。本字段著录个人责任者名称的繁体形式，对应于 70× 字段 $a 主标目，指示符为 1#。

生卒年等附加信息不记录在本字段。

四、港澳台图书编目样例

（一）台湾地区出版的图书

例：《以色列史》，台湾三民书局 2019 年版

LDR##^^^^^^nam^^2200325^^^450^

010##$a978-957-14-6590-6$dTWD380.00

100##$a20191011d2019^^^^em^y0chiy50^^^^^^ea

1010#$achi

102##aCNb710000

105##$aab^^a^^^000yy

106##$ar

2001#$a以色列史$Ayi se lie shi$e改變西亞局勢的國家$f陳立樵著

205##$a增订2版

210##$a臺北$c三民书局$d2019

215##$a308页$c图，地图$d21cm

2252#$a國別史叢書$Aguo bie shi cong shu

320##$a有书目（第283-286页）

410#0$12001^$a国别史丛书

5171#$a改變西亞局勢的國家$Agai bian xi ya ju shi de guo jia

607##$a以色列$Ayi se lie$x历史

690##$aK382.0$v5

701#0$a陈立樵$Achen li qiao$4著

7301#$a陳立樵$Achen li qiao$4著

（二）香港地区出版的图书

例：《新编甲午中日战争史》，中华书局（香港）有限公司2021年版

010##$a978-988-8759-77-4$dHKD238.00（全2册）

010##$dTWD1080.00（全2册）

100##$a20230110d2021^^^^em^y0chiy50^^^^^^ea

1010#$achi

102##aCNb810000

105##$aabcha^^^000yy

106##$ar

2001#$a新編甲午中日戰爭史$Axin bian jia wu zhong ri zhan zheng

shi$f關捷著

210##$a香港$c中華書局（香港）有限公司$d2021

215##$a2冊（929頁）$c图，地图，肖像，摹真$d24cm

306##$a本书繁体字版由辽宁教育出版社授权出版

320##$a有书目（第[840]–858页）

5181#$a新编甲午中日战争史

6060#$a中日甲午战争$Azhong ri jia wu zhan zheng$x研究

690##$aK256.307$v5

701#0$a关捷$Aguan jie$4著

7301#$a關捷$Aguan jie$4著

（三）澳门地区出版的图书

例：《社会结构优化与中产阶级加速成长》，澳门学者联盟2012年版

著录为：

010##$a978-99965-832-2-3$dMOP80.00

100##$a20051116d2012^^^^em^y0chiy50^^^^^^ea

1010#$achi

102##aCNb820000

105##$aak^^z^^^000yy

106##$ar

2001#$a社會結構優化與中產階級加速成長$Ashe hui jie gou you hua yu zhong chan jie ji jia su cheng zhang$e大型研究报告$f楊允中，梁淑雯，陳慧丹等著

210##$a澳門$c澳門學者同盟$d2012

215##$a173頁$c图$d26cm

2252#$a澳門學者文庫$Aao men xue zhe wen ku$v11

410#0$12001^$a澳門學者文庫$v11

5181#$a社会结构优化与中产阶级加速成长

6060#$a社会结构$Ashe hui jie gou$x研究$y澳门

6060#$a中等资产阶级$Azhong deng zi chan jie ji$x研究$y澳门

690##$aD676.596$v5

690##$aD676.596.1$v5

701#0$a杨允中$Ayang yun zhong$4著

701#0$a梁淑雯$Aliang shu wen$4著

701#0$a陈慧丹$Achen hui dan$4著

7301#$a楊允中$Ayang yun zhong$4著

7301#$a梁淑雯$Aliang shu wen$4著

7301#$a陳慧丹$Achen hui dan$4著

第六节　非正式出版文献（灰色文献）编目

一、非正式出版文献的相关概念

按照出版发行来源和流通使用范围，文献一般可以分为白色文献、灰色文献和黑色文献三类。白色文献是公开出版发行的正式出版物；黑色文献是不公开出版发行的秘密资料；灰色文献是非公开出版发行，却又可以在一定范围内传播的文献。

对于灰色文献的内涵和外延，业界有一个不断认识和更新界定的过程。按照1997年举行的第三次国际灰色文献会议报告中的定义，灰色文献（gray literature）是指不经出版者控制，而由各级政府、学术单位、工商业界生产的各类印刷与电子形式的资料，包括报告（含预印本、学术会议资料与报告、技术报告等）、博硕士论文集、会议论文集、技术资料等。[1]

英国图书馆学家O.N.Wood在国际图联（IFLA）第49届年会上提出

---

[1] 王德银.GreyNet灰色文献服务实践及其启示[J].图书馆建设，2019（2）：18-23.

灰色文献的概念，是指那些内容复杂、信息量大、形式多样、出版迅速、通过正规购书渠道无法得到的文献资料。而德国的狄塔塔·施密德梅尔则从文献的出版形态出发，认为"非正规出版物一般叫做灰色文献"。①

2010年，在布拉格召开的第12次国际灰色文献会议上，将灰色文献描述为"由各级政府、学术单位、工商业界所生产的多种类型的印刷与电子形式的资料，这些资料受知识产权的保护，并具有被图书馆或知识库收藏并保存的充足的价值，但不受商业出版社的控制"。这一对灰色文献概念的描述目前被学界普遍接受。②在我国，对非正式出版文献的定义和范围尚未有一个完全统一的界定，关于非正式出版文献的称谓也有很多，包括非公开出版文献、灰色文献、非正式出版物、非公开出版物、内部出版物、内部资料等。20世纪80年代，有学者提出非正式出版文献一般指通过非常规流通渠道而获得的文献资料；有学者将非正式出版物定义为机关、团体、工矿企业、院校、研究部门、图书馆等经一定的审批手续而印制的出版物，并以非贸易形式发放、交换的书刊、纪念性文集等。在实际工作中，通常以是否公开出版或发行，有无ISBN号、CN号或ISSN号作为是否非正式出版文献的判断标准。由此看出，灰色文献的概念与非正式出版文献基本相同。

二、非正式出版文献的特征③

（一）来源特征

与正式出版文献的获得方式不同，图书馆的非正式出版文献不是通过常规的采购、订购、代购等方式获得，而主要来源于文献征集和日常接受

---

① 马学立.灰色文献内涵与外延的辨析及界定——关于文献等级结构研究系列之三[J].图书馆建设，2003（1）：13.
② 张昕宇.图书馆灰色文献资源建设问题研究[J].洛阳理工学院学报，2021，36（4）：84-87.
③ 代梦玲.非正式出版文献书目数据制作要点[J].办公自动化，2023（28）：1-3.

捐赠。

（二）形式特征

从流通与制作方式看，非正式出版文献通常不是由出版社公开出版或发行的，一般为内部发行或个人制作，在一定范围内流通使用，复本数通常比较少，甚至常为孤本，比较容易绝版。从版权信息看，非正式出版文献无ISBN号，大多数无标准的题名页、版权页，也没有注明出版地、出版时间及出版者，只能通过推测或考证得到相关信息。

（三）价值特征

图书馆收藏的非正式出版文献往往内容和形式多种多样，专题特色鲜明，版本稀少。图书馆收集的地方文献，包括家谱、口述历史、地方组织史料等，有较强的专题性和地方特色。高校图书馆收藏的大量本校学生的博、硕士论文，技术资料等，校友捐赠的手稿、个人自传、回忆录等，具有专业特色和学术价值，有特殊的保存和参考利用价值。图书馆收集非正式出版文献不仅可集中保存地方文献和民间文献，保护和传承地方文化，还可体现高校校史传承和办学特色，很好地丰富馆藏，反映馆藏特色，形成自己特色鲜明的特藏文献库。

（四）类型特征

非正式出版文献的内容和题材丰富，涉及信息广泛，拥有形式多样的文献类型，包括地方史料、摄影集、自编培训教材、学习资料、手册、家谱族谱、回忆录、口述历史、纪念文集、政府参事文集、会议论文集、民间诗文、杂文集等。

三、非正式出版文献编目要点

根据《中国文献编目规则》（第二版）以及《新版中国机读目录格式使用手册》的有关规定，以下就实际工作中非正式出版文献编目进行说明。

（一）010 ISBN 项

规定信息源为版权页或图书其他部分。

非正式出版文献通常没有版权页，也没有ISBN，子字段$a不予著录；若标注有价格，子字段$b应如实著录，若没有标注价格，子字段$b标注[不详]。

（二）100 通用处理数据

实践中由于非正式出版文献常常没有版权页，文献的出版时间不明确，需根据书中内容如前言、后记或者印刷时间推测得到，100字段的出版日期类型项应选择"f 出版时间不能确定的专著"，并在"出版年1"和"出版年2"填写推测的出版年。

（三）200 题名与责任说明项

按照《中国文献编目规则》（第2版）的规定，图书著录的规定信息源为题名页和版权页，非题名页和版权页上的著录信息分别在各附注项内进行说明。无题名页的依版权页、封面、书脊、封底顺序著录。由于非正式出版文献的出版信息往往不规范不完整，因此在编目时应按照非正式出版文献的实际情况灵活处理，扩大信息源，仔细研究，以便全面完整准确地揭示文献信息。

非正式出版文献通常可能缺少标准题名页和版权页，而封面一般是有的。因此题名及责任者内容应按封面著录，并在304字段注明"本书无题名页，200字段依封面著录"；若封面上未注明责任者，则200字段不著录责任者，而在314字段著录从其他信息源处获取的责任者信息；若未明确责任者的责任方式，可根据文献实际情况，选定非正式出版文献常用责任方式，如编、著等，并置于[ ]内。

（四）210 出版发行项

规定信息源为版权页、题名页。

非正式出版文献往往无版权页，出版地、出版者、出版时间等相关信息只能通过书中内容进行推测或考证，例如在前言或后记等部分提取相关信息，或者通过推测考证得出，考证所得信息置于[ ]内，推测所得加问号并置于[ ]内，无法推测或考证的注明"出版地不详""出版者不详""出版时间不详"并置于[ ]内。

如《勿忘"九一八"——纪念"九一八"七十周年研讨会文集》没有标明出版时间，而"九一八事变"发生于1931年是众所周知的事实，因此能推断出70周年纪念研讨会应在2001年举行，所以此书出版年推断为2001年，据此著录出版年，210##$d[2001]

（五）300字段

主要用于补充说明其他字段的内容，行文方式自由，可重复使用。一般凡是没有在3××各专指字段著录的内容均可在本字段著录。非正式出版文献包括会议文件、会议资料等内部交流材料，如果其文献封面的左上角或封底的右下角等处有"内部资料"的信息，应当全面获取规定信息源上的信息，如实客观著录，无法在各专指附注字段著录的有价值信息在300字段著录。

（六）304字段

在规定信息源上，对题名与责任者进行说明的补充说明著录于本字段。

由于非正式出版文献出版不规范，大多没有版权页、题名页，或者题名页与封面题名不一致，还有相当一部分文献上的题名、责任者、出版者等信息是缺失或不完整的，这时需要在304字段作附注说明。

有多条附注的可重复此字段。

例：

304##$a 题名页题其他责任者：张亚飞，王文

304##$a 本书无题名页，200字段依封面著录

304##$a 题名取自书脊

（七）312字段

本字段著录题名页之外的其他信息源出现的题名文字，如封面、封底题名，版权页题名、卷端题名、书脊题名、正题名的其他文种形式等。

有时非正式出版文献封面题名与题名页不一致，可将封面题名著录在

此字段。

（八）517字段

除正题名外，非正式出版文献常有具有检索意义的其他题名，应在此字段反映，作为检索点，不具备检索意义的内容无需在此字段著录。

四、涉密文献及不宜公开文献的处理

内部发行的非正式出版文献有的会标注有密级字样，如绝密、机密或秘密等；有些内部发行文献，常见标注为内部资料、内部发行等。高校图书馆常见涉密文献还包括本校收藏的含有涉密内容的硕、博士论文，技术工程资料等。另外，某些捐赠的非正式出版文献，如个人自传、个人回忆录、个人笔记等，具有相当收藏价值或研究价值，但是由于可能涉及个人隐私或者敏感内容，暂时不宜公开。在数据处理上，这类文献书目数据可增加STA屏蔽字段，字段内容为SUPPRESSED，可以同时在300字段标注说明。[①]

例：

300##$a 内部发行

STA##$aSUPPRESSED

如果是一般性内部发行资料，可以仅在300字段标注文献受限情况，不再加STA屏蔽字段。

五、非正式出版文献编目实例

（一）非公开出版的学术会议论文集

LDR##^^^^^^nam0^22^^^^^^^^450^

010##$b 下 $d[无价]（含光盘）

---

① 黄梦洁，黄炜宇. 非正式出版文献编目工作实践与分析，编目：新的变化与应对之策——第三届全国文献编目工作研讨会论文集[C]. 北京：国家图书馆出版社，2013.

100##$a20171130d2010^^^^em^y0chiy50^^^^^^ea

1010#$achi

102##aCNb320000

105##$aak^^a^^^100yy

106##$ar

2001#$a中国大城市交通规划研讨会论文集$Azhong guo da cheng shi jiao tong gui hua yan tao hui lun wen ji

210##$a苏州$c[出版者不详]$d2010

215##$a2册#（1193页）$c图$d30cm$e光盘1片

300##$a中国工程院土木、水利与建筑工程学部 中国城市规划学会城市交通规划学术委员会共同主办

314##$a2010年11月26日，为期2天的"中国大城市交通规划研讨会"在苏州市会议中心成功召开。这次会议是城市交通规划界的"中国城市交通规划2010年年会暨第24次学术研讨会"

320##$a有书目

6060#$a城市规划$Acheng shi gui hua$x交通规划$y中国$j会议录

690##$aTU984.191-532$v5

71102$a中国城市交通规划学会$Azhong guo cheng shi jiao tong gui hua xue hui$b年会$Bnian hui$f（2010#：$e苏州市，江苏省）

71112$a中国城市交通规划学术研讨会$Azhong guo cheng shi jiao tong gui hua xue shu yan tao hui$d（第24次#：$f2010#：$e苏州市，江苏省）

（二）非公开出版的个人纪念文集

LDR## ^^^^^nam0^22^^^^^^^^450^

010##$b精装$d[无价]

100##$a20201028d2016^^^^ekmy0chiy50^^^^^^ea

1010#$achi

102##aCNb420000

105##$aach^z^^^010yd

106##$ar

2001#$a巍巍师表 邦家之光$Awei wei shi biao bang jia zhi guang$e纪念金通尹先生

210##$a武汉$c[出版者不详]$d2016

215##$a128页$c彩图，肖像，摹真$d31cm

304##$a题名取自封面

314##$a责任者取自书中

5171#$a纪念金通尹先生$Aji nian jin tong yin xian sheng

600#0$a金通尹，$Ajin tong yin$f1891-1964$j纪念文集

6060#$a学者$Axue zhe$y中国$z现代$j纪念文集

690##$aK826.16=72$v5

701#0$a曹策铉$Acao ce hong$4统筹主编

（三）非公开出版的家谱

LDR##^^^^^nam0^22^^^^^^^^450^

010##$b精装$d[无价]

100##$a20160323d2015^^^^km^y0chiy50^^^^^^ea

1010#$achi

102##aCNb430000

105##$aacfkz^^^000yd

106##$ar

2001#$a徐氏家谱$Axu shi jia pu$e东海堂安贞公二十一世竹篁公世系$g湖南省岳阳县相思乡竹峰村徐家山大屋续修

210##$a岳阳$c[湖南省岳阳县相思乡竹峰村徐家山大屋]$d2015

215##$a476页，[1]叶图版$c图（部分彩图），肖像，摹真$d30cm

314##$a主修：徐力行

602##$a徐氏家族$Axu shi jia zu$x氏族谱系$y中国

6060#$a家谱$Ajia pu$y湖南省$y岳阳市

690##$aK820.9$v5

－193－

701#0$a徐力行$Axu li xing$4主修

71202$a湖南省岳阳县相思乡竹峰村徐家山大屋$Ahu nan sheng yue yang xian xiang si xiang zhu feng cun xu jia shan da wu$4续修

（四）非公开出版的连续出版物

LDR ^^^^^nas0^2200265^^^450^

010##$b第五辑$dCNY50.00

100##$a20170526a20169999km^y0chiy50^^^^^^ea

1010#$achi

102##aCNb530000

106##$ar

110##$aauuz^^^0xx0

2001#$a澜沧文史资料$Alan cang wen shi zi liao$b其他连续出版物$f中国人民政治协商会议澜沧拉祜族自治县委员会编

207#0$aVol.5-

210##$a普洱$c[出版者不详]$d2016-

215##$a^vol.$c彩图，肖像$d26cm

303##$a据第五辑著录

3270#$a第五辑，宗教在澜沧（专辑）

5171#$a宗教在澜沧专辑$Azong jiao zai lan cang zhuan ji

6060#$a文史资料$Awen shi zi liao$y云南省$y澜沧拉祜族自治县

690##$aK297.44$v5

71102$a中国人民政治协商会议$Azhong guo ren min zheng zhi xie shang hui yi$b澜沧拉祜族自治县委员会$Blan cang la hu zu zi zhi xian wei yuan hui$4编

第七节 录音资料文献编目

一、录音资料的著录项目

录音资料包括盒式录音带、循环录音带、开盘录音带、唱片、光盘等录音载体。

录音资料著录的主要信息源为在编文献本身,即在编文献的物理载体或由出版者、制作者永久性贴附其上的标签,详见表3-7。

表3-7 录音资料主要信息源

类型	主要信息源
盒式录音带	在编文献本身和载体标签
循环录音带	在编文献本身和载体标签
开盘录音带	在编文献本身和载体标签
唱片	在编文献本身和载体标签
光盘	在编文献本身

如果在编文献的物理载体或标签不能提供足够信息,可按附带文字资料→容器(如盒封,封套)→其他来源的顺序选取,文字信息优于录音信息。录音资料规定信息源详见表3-8。

表3-8 录音资料规定信息源[1]

著录项目	规定信息源
题名与责任说明项	在编文献本身;载体标签;盒封;封套、说明书

---

[1] 李晓新.新编文献编目[M].天津:南开大学出版社,2006.

续表

著录项目	规定信息源
版本项	在编文献本身；载体标签；盒封；封套、说明书
出版、发行项	在编文献本身；载体标签；盒封；封套、说明书
载体形态项	在编文献本身；载体标签；盒封；封套
丛编项	在编文献本身；载体标签；盒封；封套、说明书
附注项	任何信息源
标准号与获得方式项	任何信息源

二、录音资料常用字段的著录

（一）录音资料的记录头标、国际标准录音号

录音资料从内容上可分为音乐性录音资料与非音乐性录音资料两大类，头标的第6个字符位（记录类型）用代码揭示录音资料的内容，非音乐性录音资料选用"i"，音乐性录音资料选用"j"。

我国出版的每一种录音资料上，都增加了一个以ISRC为标识的国际标准录音号，起到方便检索和防止侵权的作用，用016字段记录国际标准录音号及其获得方式和（或）价格。ISRC是一组由国家代码、出版者码、录制年码、记录码以及记录项组成的代码，这五个元素之间用连字符"-"分隔，共12个字符，是一种无校验位的定长编码结构，用于识别由特定出版者发行的某一版本的音像作品，是该作品的唯一标识码。例：

016##$aCN-F28-00-356-00$b光盘$dCNY80.00

（二）101文献语种

本字段著录录音制品语种，包括声道、原著、歌词、字幕、附件等部分的语种。

指示符1，0表示原著，1表示译著，2表示含有译文。

子字段说明：

$a 正文、声道等语种（必备，可重复）

$b 中间语种（有则必备，可重复）

$c 原著语种（有则必备，可重复）

$d 提要或文摘语种（有则必备，可重复）

$e 目次页语种（可选用，可重复）

$f 题名页语种（有则必备，可重复）

$g 正题名语种（有则必备，不可重复）

$h 歌词等语种（有则必备，可重复）

$i 附件语种（有则必备，可重复）

$j 字幕语种（有则必备，不可重复）

其中，演讲录音的文字资料语种及歌词入 $h，非歌词、文摘作为附件（例如节目说明、解说词等）的语种入 $i。

例1：

101#1$achi$ceng$hchi

（中文演唱的原著为英文的歌曲，附有中文歌词）

例2：

101#0$achi$aeng$ichi$ieng

（英语学习资料的讲解，并附有中英文使用手册）

（三）125编码数据字段

本字段是有关录音制品与印刷乐谱编码数据字段。

本字段包括a、b两个子字段，指示符1和指示符2均为定义。其中 $b 非音乐性录音资料类别（可选用，不可重复），用字母代码表示音乐性录音资料类别，最多用两位（左边对齐），不用的位置空位。如果适用代码超过两个，则按代码表上的顺序选取。

125字段常用代码有：

a = 诗歌

b = 戏剧

c = 小说（长篇、短篇等）

d = 历史

e = 演讲

f = 解说

g = 声响

h = 自传

i = 传记

j = 散文

k = 报道

l = 回忆录

m = 排练、复述

n = 访问记

o = 广告

p = 语言教学

q = 会议录

r = 喜剧

s = 民间故事

t = 宗教经文

z = 其他

（四）126编码数据字段

本字段是有关录音资料的形态特征的编码数据字段[①]，详见表3-9，3-10，3-11。

---

① 刘小玲. CNMARC书目数据编制方法及操作实例[M]. 北京：国家图书馆出版社，2008.

表3-9　$a录音资料编码数据

数据元素名称	元素代码	字符数	字符位置
发行载体	a = 唱片 b = 开盘式录音带 c = 盒式录音带 d = 盒式循环录音带 e = 钢丝录音（wire recording） f = 筒形唱片或录音筒 g = 录音卷（自动演奏的钢琴或风琴） h = 录音胶片 z = 其他	1	0
速度	唱片： a = 16 2/3 转/分 b = 33 1/3 转/分 c = 45 转/分 d = 78 转/分 e = 8 转/分 g = 1.4 米/秒（光盘） 录音筒： h = 1 英寸/秒（120转/分） i = 160 转/分 录音带： k = 1 7/8 英寸/秒 l = 15/16 英寸/秒 m = 3 3/4 英寸/秒 n = 7 1/2 英寸/秒 o = 15 英寸/秒 p = 30 英寸/秒 q = 8/10 英寸/秒 r = 4/10 英寸/秒	1	1
音响类型	a = 单声道 b = 立体声 c = 四声道 u = 不详 z = 其他	1	2

续表

数据元素名称	元素代码	字符数	字符位置
纹宽	a = 粗纹/标准唱片 b = 密纹/细纹唱片 u = 不详 x = 不适用（包括没有纹道的袖珍唱片） z = 其他	1	3
尺寸	a = 3 英寸 b = 5 英寸 c = 7 英寸 d = 10 英寸 e = 12 英寸 f = 16 英寸 g = 14 英寸 h = 4 3/4 英寸（激光唱片） j = 3 7/8 x 2 1/2 英寸（盒式录音带） o = 5 1/4 x 3 7/8 英寸（盒式循环录音带） s = 2 3/4 x 4 英寸（录音筒） u = 不详 x = 不适用 z = 其他	1	4
磁带宽度	a = 1/4 英寸 b = 1/2 英寸 c = 1 英寸 d = 1/8 英寸 e = 2 英寸 f = 1/3 英寸（8毫米） u = 不详 x = 非录音磁带 z = 其他	1	5
录音带音轨结构	a = 单音轨 b = 双音轨 c = 四音轨 d = 八音轨 e = 十二音轨 f = 十六音轨 g = 二十四音轨 h = 六音轨 u = 不详 x = 非录音磁带 z = 其他	1	6

续表

数据元素名称	元素代码	字符数	字符位置
附属文字资料	a＝唱片分类目录 b＝书目 c＝主题索引 d＝歌剧剧本或歌词 e＝作曲家传记 f＝表演者传记或演出团体史料 g＝乐器技术资料或史料 h＝音乐技术信息 i＝音乐史料 j＝其他史料 k＝民族音乐资料 l＝改编者传记 r＝说明性资料 s＝乐谱 z＝其他附属文字资料	6	7–12
录音技术	a＝声学法 b＝电子 c＝数字技术 u＝不详 z＝其他	1	13
播放特征	a＝美国全国广播工作者协会（NAB）标准 b＝国际无线电咨询委员会/国际电气委员会（CCIR/IEC）标准 c＝DBX处理方法 d＝数字方法（激光光盘） e＝Dolby-A编码 f＝Dolby-B编码 g＝Dolby-C编码 h＝CX编码 x＝不适用 u＝不详 z＝其他	1	14

表3-10 $b录音资料编码数据

数据元素名称	元素代码	字符数	字符位置
录音盘、录音筒或磁带类别	a=现场录制（无复份，现场刻纹） b=批量制作（大多是商业录音磁带、录音带） c=原版母带 d=复制母带 e=母盘（负盘） f=母模（正模） g=压模（负模） h=试压模 u=不详 x=不适用 z=其他	1	0
材料类别	u=不详 x=不适用 z=其他	1	1
刻纹方式	a=横向刻纹或纵横组合 b=垂直刻纹 u=不详 x=不适用	1	2

表3-11 常见的盒式录音带和激光光盘（CD-ROM）126字段的取码情况总结[①]

字符位	\$a子字段									\$b子字段		
字符位	0	1	2	3	4	5	6	7-12	13	14	0	1	2
盒式录音带	c	k/u	b	x	j	d	b		b	u	b	k	x
激光光盘	a/z	g	b/d	x	h/j	x	x		c	d	b	e	x

例：126##\$acuxjdb######bu\$bbkx

（该录音资料为盒式录音带，c表示盒式录音带，k表示播放速度不

---

① 杨艳红，赵会平，钱春元，等.音像制品和机读资料的部分编目字段使用探讨[J].大学图书情报学刊，2005.23（5）：54-56.

详，b表示立体声，x表示不适用，j表示盒式录音带尺寸为$3\frac{7}{8}\times 2\frac{1}{2}$英寸，d表示磁带宽度1/8英寸，录音带音轨结构为双音轨，7-12为空表示无附属文字资料。）

例：126##$azgbuhxxde####cd$bbex

（该录音资料为激光光盘唱片，立体声，音乐光盘，批量制作，采用数字技术录音，附有歌词和作曲家传记。）

（五）127编码数据字段是有关录音制品与乐谱播放时间的编码数据字段

该字段用六位数字表示录音资料的全部，或录音资料的一部分持续播放时间，或印刷乐谱的估计演奏持续时间，持续播放时间分为时、分、秒三个部分，每部分为两位字符长，右边对齐，不足的字符位填0。

一般录音制品的总的播放时间，除了著录在127字段外，还应在215字段体现。另外在300、327字段也可著录时间，而300和327字段对时间的著录应为可选用。

例：127##$a003100$a001839

（录音制品包含两部作品，其播放时间分别为31分和18分39秒。）

本字段Calis联合目录暂不选用。

（六）题名与责任说明项的著录

1. 正题名[①]

录音资料取自规定信息源以外的正题名，即正题名不是取自各种物理载体或由出版者、制作者永久性贴附其上的标签，而是取自附带的文字资料、容器（如：封套、盒子）等，应在304附注字段说明题名的来源。

对于录音资料来说，只出现曲目的列表而没有总题名的情况是经常出现的，这也是著录难点之一。在具体编目工作中碰到的大致有以下几种情形。

（1）如果录音资料由同一种载体形态的多件组成，可以区分主次，选

[①] 周荣，丁育明.中文录音资料联合编目要点概述[J].图书馆建设，2005（4）：50-52.

择其中占主要地位作品的题名作正题名，将其他作品的题名著录于附注项327字段，并在517字段作检索点。例：

2001#$a变奏曲$b录音制品$f帕格尼尼

（三盒录音带为一套，没有序列标识，但以帕格尼尼的变奏曲为主，将其著录在200$a子字段；其他的曲目在327字段说明，并用517字段作检索点。）

（2）如果录音资料由多件组成，且每一单件都有题名，但无主次之分，可将录音资料作为一个整体著录，按规定信息源上的版式所示次序或序列著录各个作品的题名及责任者。如果录音资料超过3件，则只著录1件的题名与责任者，其后用省略号表示，其余题名在311字段说明，并用423字段作连接（与图书著录中合订题名的处理方式相同）。例：

2001#$a巴赫钢琴曲$b录音制品$c贝多芬交响曲$c莫扎特小夜曲

（一封套内的3片CD光盘，作为一个整体著录，在311附注字段说明光盘的组成部分，并用423字段作连接。）

（3）如果单件录音资料所含作品的数量超过3个，无论著者相同与否，只著录第一个题名和第一个责任者，其后用省略号表示，完整的目次在327附注项说明，并在517字段作检索点。

2. 一般资料标识

有必要用概括性术语说明文献所属的资料类别，一般采用ISBD（NBM）推荐使用的资料标识"录音制品"，著录在正题名之后。例：

2001#$a贝多芬交响曲$b录音制品。

如果资料由两种或两种以上的载体配套使用，旨在反映同一主题内容，但各载体之间无主次之分，则著录为"多载体"。例：

2001#$a清华英语$b多载体

（一套英语教学资料包括3盒录音带、1片光盘、1本学习手册。）

3. 责任说明

该字段著录对于录音制品的知识、艺术内容的创作或者实现负有责任者，或者做出贡献者，包括讲稿的作者、作曲者、改编者、演出者、表演者等。

录音资料（特别是音乐性录音资料）所涉及的责任说明较多，如：作词、作曲、演唱、演奏、合唱指挥等，什么样的责任说明可以著录在200$f或$g子字段，什么样的责任说明需要著录在附注字段，是录音资料著录的难点。

在国家标准《非书资料著录规则》（修订版）中有如下描述：资料信息为综合型或责任者说明繁多时，可按一定逻辑顺序著录责任说明，也可按分层次著录方式著录责任说明。录音制品责任说明的选择顺序为：曲作者 — 词作者 — 编撰者 — 表演者（其顺序为：独唱或独奏者 — 朗诵者 — 演出者）— 合唱团体 — 合唱指挥 — 演奏团体 — 演奏指挥 — 演出导演（包括对演出负全面责任者）— 录音制品的制作者（编辑、录音、拟音等）— 其他。

根据 ISBD（NBM）的规定，作曲、作词、演出指挥、通俗音乐录音的制作者和演出者可以著录于责任说明项。此规则适用于所有的非书资料，如录音制品、录像制品、乐谱等。

《英美编目规则》（AACR2）第6章录音资料部分关于责任说明项的规定为：对录音资料的知识内容负有主要责任的个人或团体（如讲稿作者、作曲者）的责任说明可著录于责任说明项；如果主要信息源上责任说明中的个人或团体的参与超越演出、演奏或表演（如通常的通俗音乐、摇滚乐、爵士乐），则将这样的说明作为责任说明；如果参与仅限于演出、演奏或表演（如严肃音乐、古典音乐），则将这样的说明著录于附注项。例：

2001#$a情缘 $b录音制品 $d= Fate of Love$f廖昌永演唱 $zeng

2001#$a月光 $b录音制品 $f德彪西作曲

2001#$a午后的旅行 $b录音制品 $f理查德·克莱德曼演奏

三、录音制品编目实例

（一）CD光盘书目记录

LDR ##^^^^^njm0^2200289^^^450^

010##$a978-7-7989-6296-3$dCNY76.00

016##$aCN-F18-09-357-00

1010#$achi

102##aCNb440000

126##$aagbuhxx^^^^^^zd$bbeu

127##$a005000

2001#$a情缘$Aqing yuan$b录音制品$d=#Fate of Love$f廖昌永演唱$zeng

210##$a广州$c广东音像出版社$d2009

215##$a1张光盘（CD）（50min）$c立体声$d12cm

304##$a题名取自盘面标签

3271#$a1.在银色月光下$a2.梦中人$a3.橄榄树$a4.一江水$a5.渡口$a6.时间的河$a7.相思河畔$a8.抉择$a9.哭泣的骆驼$a10.乡愁$a11.你的眼神$a12.怀念

5101#$aFate of Love$zeng

6060#$a艺术歌曲$Ayi shu ge qu$y中国

690##$aJ642.5$v5

701#0$a廖昌永$Aliao chang yong$4演唱

本例解析：

1. 在编文献物理载体信息及内容描述

本例在编文献是CD光盘，属于音频资源，内容为中文流行歌曲。

2. 著录信息描述

（1）LDR头标区需要填入的是5—8字符位，本例填入njm0，n表示记录状态为新记录，j表示执行代码为音乐录音资料，m表示书目级别为专著，0表示层次等级为无层次记录。

（2）016字段 国际标准录音号（ISRC）。

016字段对应于ISBD的标准号（或代用号）和获得方式项。本字段记录在编文献的ISRC号码以及说明获得方式和/或价格的词语。当录音资料作为图书附件著录时，在图书的记录中，可以用016字段记录录音资料的ISRC号码及相应的限定信息。

（3）126字段填写录音制品的形态特征代码。

$a发行形式a表示唱片，速度表示g = 1.4 米/秒（光盘），音响类型b表示立体声，纹宽u表示不适用，尺寸h = $4\frac{3}{4}$英寸表示激光唱片，磁带宽度为x表示非录音磁带，录音带音轨结构x表示非录音磁带，没有附属文字资料，则7—12位为空，录音技术z表示其他，播放特征为d表示数字激光光盘。

$b类别为b，材料类别为e表示激光唱盘是金属与塑料制作，刻纹方式表示为u不详。

（4）127字段用六位数字表示录音资料的持续播放时间，持续播放时间分为时、分、秒三个部分，每部分为两位字符长，右边对齐，不用的位置补零。

本例填写录音带播放时间为50分钟（005000，表示0小时50分0秒），与215字段著录的时间一致。

（二）盒式录音带书目记录

LDR##01138nim0^2200325^^^450^

010##$a7-88391-634-3$dCNY24.00

016##$aCN-E05-05-0052-0

1010#$aeng

102##aCNb310000

126##$ackbxjdb^^^^^^bu$bkx

127##$a030000

2001#$a新编高等学校英语专业八级考试指南 $Axin bian gao deng xue

xiao yang yu zhuan ye ba ji kao shi zhi na$b录音制品$d=#A new guide to TEM 8$f邹申主编$zeng

  210##$a上海$c上海外语音像出版社$c上海外语教育出版社$d2005

  215##$a3盒式录音带（约180分钟）$c立体声

  5101#$aNew guide to TEM 8$zeng

  6060#$a英语$Aying yu$x高等学校$x水平考试$j自学参考资料

  690##$aH310.421$v5

  701#0$a邹申$Azou shen$4主编

本例解析：

1. 在编文献语种

Calis规定，对于声道语种为非中文的用于外语学习的录音资料以及出现在各主要信息源的著录信息（题名、责任说明、版本说明、出版发行、编号与获得方式等）为中文的纯音乐作品，才能作为中文录音资料文献著录。

2. 在编文献物理载体信息及内容描述

本例在编文献是盒式录音带，属于音频资源。录音带介质为磁性材料，分为A、B两面录音，一般时长为60分钟。内容为英语学习资料。

盒式录音带的著录信息源为盘面标签和包装盒名、盒底。

3. 著录信息描述

（1）LDR头标区需要填入的是5—8字符位，本例填入nim0，n表示记录状态为新记录，i表示执行代码为录音制品（非音乐），m表示书目级别为专著，#表示层次关系未定，若为0则表示层次等级为无层次记录。

（2）016字段 国际标准录音号（ISRC）。

016字段对应于ISBD的标准号（或代用号）和获得方式项。本字段记录在编文献的ISRC号码以及说明获得方式和/或价格的词语。当录音资料作为图书附件著录时，在图书的记录中，可以用016字段记录录音资料的ISRC号码及相应的限定信息。

（3）126字段填写录音带的形态特征代码。

$a发行形式c表示盒式录音带，播放速度k表示$1\frac{7}{8}$英寸/秒，音响类型b表示立体声，纹宽填×表示不适用，尺寸填j，带宽填d，没有附带文字资料小册子，录音技术填b表示电子，播放特征填u，为不详。

$b录音带类型填b表示批量生产，载体材料类型填k表示聚氯乙烯，刻纹类型填×表示不适用

（4）127字段用六位数字表示录音资料的全部，或录音资料的一部分持续播放时间，或印刷乐谱的估计演奏持续时间，持续播放时间分为时、分、秒三个部分，每部分为两位字符长，右边对齐，不用的位置补零。

本例填写录音带播放时间为180分钟（030000，表示3小时0分0秒），与215字段著录的时间一致。

（5）215字段载体形态著录盒式录音带的数量等其他物理细节，本例盒式录音带为3盒。

第八节 影像资料文献编目

一、影像资料的著录项目

影像资料是通过电、光、磁等各种技术手段记录原始声音和图像信息的一种新型信息载体。影像资料主要指录像资料与电影制品。录像资料包括盒式录像带、循环录像带、开盘式录像带、视盘（包括VHD、LD、VCD、DVD），电影制品包括盒式电影片、循环电影片、开盘电影片和环式电影片等。

影像资料著录的主要信息源为文献本身（内部信息源），尤其是其片头、片尾部分，详见表3-12。

表3-12　影像资料各个著录项目规定信息源[①]

著录项目	规定信息源
题名与责任说明项	内部信息源；载体标签；盒封；说明书
版本项	内部信息源；载体标签；盒封
出版、发行项	内部信息源；载体标签；盒封
载体形态项	任何信息源
丛编项	内部信息源；载体标签；盒封；说明书
附注项	任何信息源
标准号与获得方式项	任何信息源

取自规定信息源之外的信息置于中括号内，必要时可在附注项说明，同一著录信息在规定信息源之间有差异，按规定信息源选取顺序著录。当影像资料的载体标签、容器或附件上的信息完整而且一致时，可选作主要信息源，如果不完整或有差异时，以主要信息源为准。

二、影像资料著录的难点[②]

（一）主要著录根据难以确定

由于影像资料没有类似于图书的"题名页"那样明显的主要著录根据或其他单一的著录根据，因此在进行文献著录时，面对的信息源多种多样，如文献本身的题名帧幅、不可分割的容器（如卡式磁带盒）及标签。若不能从这些信息源取得信息，还要依次参考文字附件如影视剧本、连续镜头目录、影视宣传资料等，从相应字段必须描述的影像资料内容特征中确定取舍，并从有关反映影像资料的原始属性、形态特征等信息中了解并

---

① 刘小玲. CNMARC书目数据编制方法及操作实例[M]. 北京：国家图书馆出版社，2008.
② 马宏惠，祁孙梅. CNMARC格式组织中文录音资料文献方式初探[J]. 高等工程教育研究，2006增刊：170-172.

读出设备的类型及功能，有些还需通过出现在题名屏幕、片头、片尾等内部物证上的信息将CNMARC所有规定字段详尽著录。

（二）责任者著录较为困难

由于创作方式不同，影像资料涉及的责任者数量众多，类型较为复杂，往往有多个责任者同时出现于同一影像资料上。例如影视资料有导演、编剧、制片、主要演员、摄影（像）等责任者，谁应当被视为第一责任者，从不同的角度考察有不同的观点。从责任及版权的角度来讲，制片应被视作第一责任者；从艺术成就的角度，导演理所应当地被视为第一责任者；然而从表演的角度看，主演应成为第一责任者。选取什么样的责任者作为检索点关系到文献的检索与利用。

（三）影像资料的标引较为困难

影像文献资料的发展很快，数量不断增加，主题也在不断发展和变化。为了确保影像资料文献使用的主题词规范、准确，应尽量使用《中国分类主题词表》（简称《词表》）所收的词。但有相当数量片种名称是《词表》中未收录的，一些是在《词表》出版前就有的，如"生活片""爱情片"等，但被漏收了，另一些是在《词表》出版后出现的新片种名称，如"灾难片""恐怖片""警匪片"等，这就容易造成主题标引不一致等问题。

三、影像资料部分字段的著录说明

由于影像资料的内容特征包含两个不同的概念，一是声音和图像所描述的内容，二是声音和图像本身存在的原始属性，使得影像资料的编目较困难。在中文影像资料的CNMARC格式中，除了与普通图书相同的字段外，通过采用著录特殊字段及子字段的方法，使影像资料的信息得到充分揭示。

（一）016国际标准音像制品编码字段（ISRC）

采用016国际标准音像制品编码字段（ISRC）来记录国际标准音像制品编码及其限定内容、文献获得方式、定价。含有4个子字段$a、$b、$d

和 $z，作用类似 ISBN 和 ISSN。例：

016##$aCN-A01-93-396-00$bdisc 1$CNY12.00

（二）101 文献语种

本字段著录影像资料及其内容的语种代码，包括声道，字幕，附件等部分的语种，译著还要著录原著语种。

子字段说明：

$a 正文、声道等语种（必备，可重复）

$b 中间语种（有则必备，可重复）

$c 原著语种（有则必备，可重复）

$d 提要或文摘语种（有则必备，可重复）

$e 目次页语种（可选用，可重复）

$f 题名页语种（有则必备，可重复）

$g 正题名语种（有则必备，不可重复）

$h 歌词等语种（有则必备，可重复）

$i 附件语种（有则必备，可重复）

$j 字幕语种（有则必备，不可重复）

指示符1中，0表示原著，1表示译著，2表示含有译文（译制片有字幕的选此代码）。例：

101#1$achi$ceng

（英语原版录像制品，中文配音）

101#2$afre$jchi$jeng

（法语对白，有汉语和英语字幕）

（三）115 字段投影、录像与电影编码字段[①]

本字段包含的定长编码数据，适用于由 ISBD（NBM）定义的投影制品、录像制品和电影制品，如 VCD、DVD 等。本字段包括两个子字段，$a是一般编码数据，包含20个字符，以字符位置标识全部数据，分别描

---

① 刘小玲. CNMARC书目数据编制方法及操作实例[M]. 北京：国家图书馆出版社，2008.

述影像资料的资料类型、长度、颜色、声音等；$b 是电影档案编码数据，包含15个字符，主要适用于电影制品。

资料类别分为a＝电影，b＝投影，c＝录像三种，详见表3-13，3-14。

表3-13　编码数据字段　投影、录像与电影

数据元素名称	元素代码	字符数	字符位置
资料类别	a＝电影 b＝投影 c＝录像	1	0
长度		3	1—3
颜色指示符	a＝黑白 b＝彩色 c＝黑白与彩色组合 u＝不详 z＝其他（深棕色、染色等）	1	4
声音指示符	a＝声音记录在资料的媒体上 b＝声音记录在其他媒体上 u＝不详 y＝无声	1	5

续表

数据元素名称	元素代码	字符数	字符位置
声音媒体	a = 电影胶片上的光声道 b = 电影胶片上的磁声道 c = 盒式（cartridge）循环录音磁带 d = 唱片 e = 盘式录音磁带 f = 盒式（cassette）录音磁带 g = 电影胶片上的光磁声道 h = 录像带 i = 视盘 u = 不详 x = 无声 z = 其他	1	6
宽度或尺寸	z = 其他形式 电影胶卷和幻灯卷片： a = 8 毫米 b = 超 8 毫米 c = 9.5 毫米 d = 16 毫米 e = 28 毫米 f = 35 毫米 g = 70 毫米 录像带： a = 8 毫米 m = 3/4 英寸（2 厘米） n = 1/4 英寸（1/2 厘米） o = 2 英寸（$1\frac{1}{3}$厘米） p = 1 英寸（$2\frac{1}{2}$厘米） q = 2 英寸（5 厘米） 幻灯片： k = $2\frac{1}{4}$ x $2\frac{1}{4}$ 英寸（$5\frac{1}{2}$ x $5\frac{1}{2}$厘米） l = 2 x 2 英寸（5 x 5 厘米） 透明胶片： r = 8 x 10 英寸（20 x 25 厘米） s = 4 x 5 英寸（10 x $12\frac{1}{2}$厘米） t = 5 x 7 英寸（$12\frac{1}{2}$ x $17\frac{1}{2}$厘米） u = 7 x 7 英寸（$17\frac{1}{2}$ x $17\frac{1}{2}$厘米） v = 8 x 8 英寸（20 x 20 厘米） w = 9 x 9 英寸（$22\frac{1}{2}$ x $22\frac{1}{2}$厘米） x = 10 x 10 英寸（25 x 25 厘米）	1	7

续表

数据元素名称	元素代码	字符数	字符位置
发行形式—投影、电影	a＝盘式影片（film reel） b＝盒式循环影片（film cartridge） c＝盒式影片（film cassette） d＝其他形式 g＝盒式幻灯胶卷（filmstrip cartridge） h＝幻灯胶片（filmslip） i＝其他形式幻灯卷片（other filmstrip type） j＝幻灯胶卷（film strip roll） k＝幻灯片、成套幻灯片、立体幻灯图片（slide, slide set, stereograph） l＝透明胶片（transparency） u＝不详 x＝非电影或视觉投影 z＝其他发行形式（参见字符位15，录像发行形式）	1	8
制作技术—录像、电影	a＝动画 b＝实景 c＝动画与实景 u＝未说明/不详 x＝非录像或电影 z＝其他	1	9
放映形式—电影	a＝标准有声片窗（遮幅） b＝保真（宽银幕） c＝立体（三维） d＝变形（宽银幕） e＝标准无声片窗 f＝其他宽银幕类型 x＝非电影 u＝不详 z＝其他	1	10
附件	a＝剧照、静物摄影 b＝剧本原稿 c＝广告海报 d＝节目单、宣传品 e＝门票、入场券 f＝说明资料 g＝乐谱或其他音乐形式 h＝布景或服装设计 z＝其他附件	4	11–14

续表

数据元素名称	元素代码	字符数	字符位置
发行形式—录像	a = 盒式循环录像带 b = 视盘 c = 盒式录像带 d = 盘式录像带 e = 电子录像（EVR） x = 非录像 z = 其他	1	15
录像规格	a = Beta 盒式录像带 b = VHS 盒式录像带 c = U 型标准盒式录像带 d = EIAJ 开盘式录像带 e = C 型开盘式录像带 f = 四磁头制式开盘式录像带 g = 激光（反射）视盘 h = CED 电容电子录像视盘 i = V2000 盒式录像带 j = Video8（盒式录像带） u = 不详 x = 非录像 z = 其他	1	16
片基材料—投影	a = 安全片基 b = 非安全片基 c = 合成材料 u = 不详 v = 混合基底（含多种基底材料） x = 非投影资料 z = 其他	1	17
辅助支撑材料—投影	a = 卡片纸板 b = 玻璃 c = 合成材料（塑料、乙烯树脂等） d = 金属 e = 金属与玻璃 f = 合成材料与玻璃 u = 不详 x = 非投影资料 y = 无辅助支撑材料 z = 其他	1	18

续表

数据元素名称	元素代码	字符数	字符位置
广播标准 — 录像	a = 405（行） b = 525（例如：NSTC） c = 625（PAL） d = 625（SECAM）（顺序存储） g = 1125（行）	1	19

表3-14　$b 电影档案编码数据[①]

数据元素名称	元素代码	字符数	字符位置
产品代次	a = 原始片（original） b = 母片（master） c = 复制片（duplicate） d = 参考拷贝/看片用拷贝（reference print/viewing copy） u = 不详 x = 不适用 z = 其他	1	0
制片单元	a = 工作复制片（workprint） b = 剪接备件片（trims） c = 废片（outtakes） d = 样片（rushes） e = 混合声道片（mixing tracks） g = 字幕带/滚动字幕（title bands/intertitle rolls） h = 制作卷（production rolls） u = 不详 x = 不适用 z = 其他	1	1

[①] 刘小玲. CNMARC书目数据编制方法及操作实例[M]. 北京：国家图书馆出版社，2008.

续表

数据元素名称	元素代码	字符数	字符位置
影片色彩明细类别	a＝三层色 b＝双色，单条胶片 c＝不确定性双色 d＝不确定性三色 e＝三卷片色 f＝两卷片色 g＝红卷片 h＝蓝、绿卷片 i＝深蓝色片 j＝绛红色片 k＝黄色片 l＝连续两次曝光（SEN 2） m＝连续三次曝光（SEN 3） n＝深棕色调（sepia tone） o＝其他色调（other tone） p＝染色 q＝着色（tinted and toned） r＝镂花着色（stencil colour） s＝手工着色（handcoloured） u＝不详 x＝不适用（作品为非彩色影片） z＝其他	1	2
片基极性	a＝正片 b＝负片 u＝不详 x＝不适用 z＝其他	1	3
影片片基	a＝安全片基（三醋酸盐） b＝硝酸盐片基 c＝安全片基（双醋酸盐） d＝聚脂片基 u＝不详 v＝混合片基（硝酸盐安全片基） z＝其他	1	4

续表

数据元素名称	元素代码	字符数	字符位置
声音类别	a＝单声 b＝立体声 c＝多声道、环绕立体声或四声道立体声 u＝不详 v＝混合 x＝不适用（无声） z＝其他	1	5
电影胶片或染印类型	a＝吸液染色转印片（imbibition dye transfer） b＝三层色材料（three layer stock） c＝三层色材料（不褪色） d＝两面均涂有感光乳剂的片基（duplitised stock） u＝不详 x＝不适用（非彩色影片） z＝其他	1	6
损坏程度	b＝硝酸盐片基——有一点怪味 c＝硝酸盐片基——有刺激性气味 d＝硝酸盐片基——带褐色、褪色、多灰尘 e＝硝酸盐片基——呈黏性 f＝硝酸盐片基——起泡沫、泡泡、爆皮 g＝硝酸盐片基——已凝结 h＝硝酸盐片基——呈粉末状 k＝非硝酸盐片基——可察觉到有损坏（例：双醋酸盐气味） l＝非硝酸盐片基——严重损坏 m＝非硝酸盐片基——报废 y＝未损坏	1	7
完整程度	a＝不完整 b＝完整 u＝不详 x＝不适用	1	8
影片检验日期	6位字符代码记录最近一次影片检验的日期。年用4位数字字符，月用2位数字字符，右边对齐，不用位置以0表示	6	9—14

常见的盒式录像带和激光视盘（VCD和DVD）115字段的取码情况总结[①]，见表3-15。

表3-15　115字段的取码情况总结

\$a子字段													
字符位	0	1-3	4	5	6	7	8	9	10	11-14	15	16	17	18	19
盒式录像带	c		a-z	a	h	o	x	a-z	x		c	a-j	x	x	c
激光视盘	c		a-z	a	d/i	h/i	x	a-z	x		b	g	x	x	c/b

例1：115##\$ac120baizxbx####bgxxc

该影像资料为彩色VCD，片长120分钟，PAL制。具体揭示的影像资料信息为：0字符位（资料类别）：c录像；1—3字符位（长度）：放映时间为120分钟；4字符位（颜色指示符）：b彩色；5字符位（声音指示符）：a声音记录在媒体上；6字符位（声音媒体）：i视盘；7字符位（宽度或尺寸）：z视盘用此代码；8字符位（投影、电影发行形式）：x非电影或投影资料；9字符位（录像、电影制作技术）：b实景；10字符位（电影放映形式）：x非电影；11—14字符位（附件）：####说明附件的类型；15字符位（录像发行形式）：b视盘；16字符位（录像规格）：g激光视盘；17字符位（片基材料）：x非投影资料；18字符位c辅助支撑材料）：x非投影资料；19字符位（录像广播标准）：c PAL制。

例2：115##\$ac086baizxbx####bgxxb

该影像资料为激光视盘，播放时间为86分钟，彩色，实景拍摄，立体声。

例3：115##\$ac099bahoxbx####cbxxc

该影像资料为盒式录像带，播放时间为99分钟，彩色，实景拍摄，立体声，宽荧幕。

[①] 杨艳红，赵会平，钱春元，等.音像制品和机读资料的部分编目字段使用探讨[J].大学图书情报学刊，2005.23（5）：54-56.

$b电影档案编码数据，记录电影片的存档信息，有则必备，不可重复。定长15位。

例4：$bceaaaccyb201207

表示存档的电影片为混合声道复制片，三层色正片，三醋酸盐安全片基，多声道，不褪色三层色材料，保存完好，最近一次检验日期为2012年7月。

（四）责任说明

影像资料往往涉及责任者众多，需要著录选取的是对作品负有全面责任的人，如制作者、导演、编剧。在特定资料类型中是承担主要创作任务、负有特定责任的人。故事片、电视剧以摄制单位、制作者、编剧、导演为主要责任者；科教片、广告片以制作者为主要责任者；动画片以制作者、绘制者为主要责任者。例：

2001# $a渠首故事$e南水北调中线渠首陶岔工程纪事$b录像制品$f河南（中国）影视艺术中心拍摄$g总导演黄宏莹

2001#$a崔健$e摇滚交响音乐会$b录像制品$f主唱吉他崔健$g指挥谭利华$g北京交响乐团

四、影像资料编目实例

（一）DVD编目记录

LDR ## 01384ngm0^2200349^^^450^

016 ## $aCN–G13–2001–0106–0$dCNY7.00

100 ## $a20020430d2001^^^^ekmy0chiy50^^^^^^ea

1012 # $achi$jchi$jeng

102 ## aCNb520000

115 ##$aa091baizzbxf^^^bgxxb

2001 ##$a嫁个有钱人$Ajia ge you qian ren$b录像制品$d= Marry a Rich Man$f谷德昭导演$g郑秀文，任贤齐主演$zeng

210 ##$a 贵州 $c 贵州文化音像出版社 $d2001

215 ##$a1 视盘（DVD，NTSC）（约91分钟）$c 彩色，立体声 $d12cm

302 ##$a 中文对白，中英文字幕

330 ##$a 阿 me 虽然是"得记"液化气公司的老板，但一个女孩子忙前忙后，还要亲自送货，累得身心疲惫。于是她向流星许愿一定要嫁个有钱人。痛下一番功夫在衣着、举止、谈吐后，她忍痛买了去欧洲的头等舱机票，竟然真的遇上了一个翩翩佳公子……

5101 # $aMarry a Rich Man$zeng

6060 #$a 喜剧片 $Axi ju pian$y 香港 $z 现代

690##$aJ975.2$v4

701#0$a 谷德昭 $Agu de zhao$4 导演

701#0$a 郑秀文 $Azheng xiu wen$4 主演

701#0$a 任贤齐 $Aren xian qi$4 主演

（二）盒式录像带

LDR##01109ngm0^2200277^^^450^

013##$dCNY130.00

100##$a19990106d1998^^^^ekmy0chiy50^^^^^^ea

1011#$achi$ceng

102##aCNb460000

115##$aa097baizxbx^^^^bgxxc

2001#$a 横财三千万 $Aheng cai san qian wan$b 录像制品 $d= Brewster's Millions$eAn American Excess Story

210##$c 美国环球影片公司 $c 海南省音像资料室 $d[1991]

215##$a1 盒式录像带（VHS，PAL）（97分钟）$c 彩色，立体声 $d1/2 英寸

302##$a 本片系中文对白

330##$a 本片是美国好莱坞最著名的轻喜剧之一。描写一黑人棒球运动员意外地获得3000万美元遗产并由此产生的一连串令人啼笑皆非的故

事，在轻松、滑稽的表面下掩盖了一个令人心酸的美国梦，深刻地揭露了资本主义社会的金钱关系，演员的演技炉火纯青，令人拍案叫绝

5101#$aBrewster's Millions$zeng

6060#$a故事片$Agu shi pian$y美国$z现代

690##$aJ975.2$v4

本例解析：

1. 在编文献物理载体信息及内容描述

本例在编文献是盒式录像带，是20世纪80—90年代比较流行的文献资料类型。

盒式录像带的著录信息源为盘面标签和包装盒名、盒底、盒脊，以及播放时的片头、片尾信息。

2. 著录信息描述

（1）LDR头标区需要填入的是5—8字符位，本例填入ngm0，n表示记录状态为新记录，g表示执行代码为录像制品，m表示书目级别为专著，#表示层次等级为无层次记录，若为0则表示层次等级为无层次记录。

（2）101资源语种著录在编资源语言、字幕语言代码。在编文献为译制片，因此101字段指示符1填1译著，$a声道语言为汉语普通话对白，$c译制片原声道语言为英语。

（3）200字段著录一般资料类型为录像制品，责任者客观描述导演及主要演员的姓名，英文名称。

（4）510著录译制片的英文题名。

第九节　地图（测绘制图资料）编目

一、地图的概念

地图是依据一定的数学法则、使用制图语言、通过制图综合在一定的载体上，表达地球上各种事物的空间分布、联系及变化状态的图形图像。地图既是空间信息的载体，也是空间信息的传递通道。我们可以在地图上确定自然和人工要素的空间位置，获得物体的定性及定量特征，建立地物与地物间的空间信息关系。地图一般有图形要素（地图根据制图的要求所表达的内容，包括注记、地学基础）、数学要素（用来确定地学要素的空间相关位置，是地图内容"骨架"要素）、辅助要素（说明地图编制状况及为方便地图应用所必须提供的内容）、补充说明（以地图、统计图表、剖面图、照片、文字等形式对主题图在内容与形式上进行补充，可根据需要配置在主要图面的适当位置）。地图的种类很多，可按地图比例尺、表现形式、地图内容、制图范围、地图用途等分类。如按比例尺可将地图分为大、中、小比例尺地图，按地图形式可分为单幅地图、系列地图、地图册（集）等，按内容可分为普通地图和专题地图等。地图表现在不同介质上又形成不同的地图产品，如纸质地图、多种材料的立体模型地图、地球仪、盲人触觉地图以及互联网地图、导航定位地图、街景地图、三维虚拟地图等电子地图。

地图在《中国文献编目规则》中称为测绘制图资料，是按照一定的数学原理、用形象化的符号（或影像）、经过科学综合显示地球（或其他星球）表面现象的信息载体。[1] 在《资源描述与检索》（*Resource Description*

---

[1] 高红，胡小菁.《中国文献编目规则》与RDA在地图资源著录中的对比分析[J]. 图书馆论坛，2013，33（5）：130-134.

and Access, RDA）中称为地图资源（cartographic，包括狭义的 Map），关于地图资源的描述（著录）依元素（著录单元）的不同层次分散于整个文本中。我国关于地图资料的著录一般按照《地图资料著录规则》《中国文献编目规则》及《中国机读目录格式》进行。

二、地图资料的CNMARC著录

（一）记录头标的著录：设置地图资料记录处理所需的一般信息

记录头标区中执行代码的记录类型应设置为e（测绘资料印刷品）、f（测绘资料手稿）。例：

00893nes0#22002651##450#

第5、第6、第7、第8字符位置一般填nem0，n表示是新记录，e表示是地图印刷品，m是单张地图或者专著，0表示是无层次关系。

当地图是丛编时，和普通图书一样，将0改为空，记录里要同时有225字段和410字段。

（二）标识块的著录：标识记录或标识出版物实体上的号码

国际标准书号ISBN，著录在010字段中，格式如下：

010##$aISBN$b限定信息

$d获得方式/定价

$z错误的ISBN

国际标准连续出版物号ISSN，著录在011字段中，格式如下：

011##$aISSN$b限定信息

$d获得方式／定价

$y取消的ISSN

$z错误的ISSN

（三）编码信息块的著录：用来标识出版物的一般性编码数据

（1）101字段：标识著录文献的语种。

主要字段有$a正文语种，$b中间语种，$c原作语种。

语种代码采用《国际机读目录格式手册》中附录的语种代码，我国少数民族语采用《中国语种代码》。例：

1010#$achi

（2）102字段：标识出版或制作国别。

格式为："102##$a出版或制作国别$b出版地区"。

国家代码采用《世界各国与地区名称代码》（GB2695），国内地区采用《中华人民共和国行政区划代码》（GB2260）。

（3）106字段要填d。例：

106##$ad

d表示是大型印刷品（大开本），宽度超过35cm。一般地图都是大开本的印刷品。地图和地图集的分类号都要加地图的复分号–64。

（4）120字段是描述地图一般特性的定长编码数据，是必备字段，不可重复。指示符有2个均未定义填空格。子字段只一个$a。

$a是地图编码数据（一般性特征）。a子字段的全部数据是通过该子字段内的字符位置标识的，字符位从0到12计数，用代码标识。

0色彩，1索引和地名录，2文字说明，3、4、5、6是地形表示法，7、8是投影法，9、10、11、12是本初子午线。3、4、5、6，9、10、11、12都是4位，左对齐，不用的位填空格。例：

120##$abaax###xxuu##

说明：地图是彩色的，有索引和地名录，地图上有文字说明，没有地形表示法，地图投影不适合，本初子午线不详。中国用中央经线。国内出的地图120字段的9、10、11、12字符位置，uu##（不详）即可。

（5）121字段是有关地图形态特征的编码数据字段，本字段选择使用，不可重复。

子字段有两个：$a、$b。

①$a地图编码数据（形态特征）。

$a子字段有0—8位字符位置，用代码描述。0—8字符位置的内容是：0维数，1—2初始图（左对齐，不用的位填#），3—4载体类型，

5制图法，6复制法，7大地平差，8出版形式。例：

121##$aac#aabyxb

（二维、计算机制图、纸质、制图方法是印刷、非复制品、具有坐标网格系统的平差、出版形式是其他。$b航空摄影和遥感资料编码数据，本例不属于航空摄影和遥感资料，所以没有$b。）

②$b航空摄影和遥感资料编码数据。

$b子字段有0—7位字符位置，用代码描述。具体内容是：0传感器高度，1角度，2—3光谱波段，4影像质量，5云层覆盖量，6—7分辨率平均值，7是米制单位。b是针对航空摄影和遥感资料的，非航空摄影和遥感资料，没有b子字段。

（6）122字段是编码数据字段：文献内容涵盖时段。

有的地图内容时效性随着时间而变化，所以有涵盖时段。本字段选择使用，指示符1是日期类型指示符，0代表单日期，1代表多个单一日期，2代表日期范围。指示符2未定义为空格。

用0-10字符位置记录。0—10字符位置的内容是：0为纪年，1—4为年，5—6为月，7—8为日，9—10为小时。有时使用出版日期。

当100字段的出版日期和资料内容的年代范围相同时，可与122字段同时使用，或不用122字段。例：

1220#$d2010

（7）123字段是编码数据字段：比例尺与坐标[①]。

本字段以编码形式记录已记入206字段的比例尺和坐标数据，以便检索。本字段选择使用。当文献含有不同比例尺和不同坐标的资料时，本字段可重复。

指示符1：比例尺类型代码

0 比例尺无法确定

1 单一比例尺

[①] 曲艳华，曲美艳.中文地图的编目经验谈[J].魅力中国，2016（27）：297-298，301.

2 多种比例尺

3 指定范围的比例尺

4 近似值比例尺

指示符2：未定义填空格

子字段有：$a、$b、$c、$d、$e、$f、$g、$h、$i、$j、$k、$m、$n、$o

常用的有：$a、$b、$d、$e、$f、$g

$a 比例尺类型必备，不可重复，用一位字符表示，取值如下：

a＝线比例尺 b＝角比例尺 z＝其他（如时间比例尺、数量统计比例尺）

$b 水平比例尺，填写水平比例尺的分母

$c 垂直比例尺，填写垂直比例尺的分母

$d 坐标——最西经度，地图最西点的经度

$e 坐标——最东经度，地图最东点的经度

$f 坐标——最北纬度，地图最北点的纬度

$g 坐标——最南纬度，地图最南点的纬度

$d、$e、$f、$g 子字段各用0——8位字符来描述，不可重复，如下：

0字符位置：用1位字符代码标识所属半球：

w＝西半球 e＝东半球 n＝北半球 s＝南半球

1——3 字符位置：用3位字符表示坐标的"度"，右对齐，不用的字符位填0。

4——5 字符位置：用2位字符表示坐标的"分"，右对齐，不用的字符位填0。

6——7 字符位置：用2位字符表示坐标的"秒"，右对齐，不用的字符位填0。

例：1231#aab1000000$de1160000$ee1300000$fn0410000$gn0213000

（本例是图集，每幅图的边界坐标不一致，所以123字段只能填$aa，a是线比例尺。坐标无法填写。指示符1填2是多种比例尺。）

（8）124字段：特定资料标识。

当编目文献是摄影的、非摄影的和遥感图像时，要启用124字段，本字段选择使用，不可重复。指示符2个均未定义，为空格。子字段包括：$a、$b、$c、$d、$e、$f、$g。

如《中国地层表》是人工画出的表格挂图，可以用124字段。

例：124##aabb$cad

（类型特征是个非摄影图像，内容形式是图表，表现方法是简图。）

例：124##aabj$caq

（类型特征是非摄影图像，内容形式是平面图，表现方法是水平景观图。）

例：124##abbicaqdb

（航空拍摄的城市景观地图，类型特征是摄影图像，内容形式是景观图，表现方法是水平景观图，摄影台站的位置在天空。）

（9）200字段是题名与责任说明，著录方法同图书，但200字段的$b子字段填舆图，b是一般资料标识，用中文文字表示，而不用代码。

（10）206字段是地图：数学数据。

本字段包含地图的比例尺、投影、坐标等文字说明。在一种地图里采用两种以上比例尺时，本字段可重复。地图若有投影说明，著录在比例尺说明之后，用分号与比例尺信息隔开。如果除了有投影说明之外，还有其他辅助说明，记录在投影之后，用逗号标识。

例：206##$a 1：750000

（比例尺为1：750000。）

例：206##$a 比例尺不等

（图上有多个比例尺，即在一种地图里采用两种以上比例尺。）

例：206##$a 比例尺 1：13000000；等积圆锥投影，标准纬线北纬200，北纬450

（同种地图资源既有水平比例尺，又有垂直比例尺或其他种类的比例尺，应先著录水平比例尺，再著录垂直比例尺，用逗号分隔。）

206字段的两个指示符均未定义为空格。只有一个子字段$a不可重复。

（11）215字段：载体形态。

215字段记录地图的数量、形态特征、尺寸和附件等信息。2个指示符均未定义，为空格；子字段有4个：$a、$c、$d、$e。

①$a 特定资料标识和文献的数量。

地图的数量用阿拉伯数字著录。以单张形式存在的地图按一个独立、完整的图幅计数著录；若一幅分切数张，应在幅数后加著分切张数；若一张纸上有若干独立的图幅，则以张数著录。

②$c 其他形态细节。

是指地图的数量和尺寸以外的形态、色彩、载体材料等，各形态细节之间用逗号分隔。有则必备，不可重复。色彩为黑色时不予著录，三色以上著录为彩色。载体材料为纸质时不予著录，载体材料由多种材料组成，著录主要材料。

③$d 尺寸。

地图用"纵×横""纵×横×高"的形式表示尺寸（纵指上下，横指左右），尺寸大小用阿拉伯数字表示，以厘米为单位，不足1厘米的尾数按1厘米计算，厘米在著录时用cm表示。

一种多幅的地图，如果图框内廓尺寸不同，只著录"图廓不等"字样，不再著录具体尺寸。例：

215##$a3幅$c彩色$d图廓不等

一幅分切多张的地图，应按拼接后的内廓尺寸计算。例：

215##$a5幅，每幅分切6张$c彩色$d可拼成222×135cm，折成23×38cm $e说明书各1册，光盘1片

215## $a1幅分切4张$c彩色$d可拼成170×126cm

一张地图上有多幅地图，能分清主次的，应著录主要图幅的图框内廓尺寸和纸张的尺寸；若难以分清主次，则只著录纸张尺寸。例：

215##$a1幅$c彩色$d36×26cm

（印于54×30cm纸上）

215##$a1幅$c彩色$d印于50×68cm纸上

无图廓或难以确定图幅范围的单幅地图，其尺寸大小以纸张的尺寸计量。例：

215## a1幅$c彩色$d印于36×26cm纸上

④$e附件。

地图的附件是指独立于主体之外、与主体结合使用的附加材料，如说明书、索引、光盘。附件的相关附加说明可根据需要著录并置于圆括号内。例：

215##$a1幅$c彩色$d36×26cm$e地名索引（23页#；#26×14cm）

215##$a1幅$c彩色$d36×26cm$e说明书1册（12页）

215##$a5幅，每幅分切6张$c彩色$d可拼成222×135cm，折成23×38cm $e说明书各1册，光盘1片

（12）606字段论题主题。

地图的606字段一定要有形式复分$j子字段，填舆图。给主题词的顺序遵循：内容→形式→地区→时代。子字段有：$a、$x、$j、$y、$z。

《山东省地图》是行政区划图，行政区地图是个主题词，所以$a就填行政区地图，形式复分$j舆图，地理复分$y山东省，有地理复分时还要有607字段。

例1：

6060#$a行政区地图$j舆图$y山东省

607##$a山东省$x行政区地图$j舆图

例2：

6060#$a地质图$x地貌图$j舆图$y青藏高原$z第四纪

607##$ 青藏高原$x第四纪$x地质图$x地貌图$j舆图

第四章 《中国图书馆分类法》（第五版）修订的相关研究

第一节 《中国图书馆分类法》（第五版）G25-G35类修订

一、G25-G35类修订概述和分析

G25-G35 是《中国图书馆分类法》（以下简称《中图法》）G大类调整的重点，增删改的类目较多（具体见表4-1）。

表4-1 G25-G35类修订概况表

中图法第5版G25-G35	G25	G26	G27	G30	G31	G32	G35	合计
新增类号及类目名称	33	8	15					56
停用类号及类目名称	28		1				74	103
类名改变	61	1	7					69
类名未变，注释变化	28	1	5					34

（一）合并 G25、G35 图书馆学情报学体系

G35 类全部停用，修改 G25 类名为"图书馆事业、信息事业"，把 G350/359 的全部体系合并到 G250/259 类目体系中，并调整扩充类名，增补注释。

其实，早在 1978 年中国科学院就提出"图书情报一体化"的管理模式，这种模式在中国科学院和上海市图书馆已成功实现。在如今的网络环境下，图书馆学、情报学、档案学的研究出现大量交叉融合，产生了许多共性问题以及共同研究的新领域。加上在图书馆实际收藏中，图书情报二者类目设置交叉重复太多，这二者合并可以说是众望所归，也是《中图法》第五版出炉之前众多学者的建议。

G35 和 G25 合并的具体方法是：

首先，G35 类下的 73 个类号全部停用，和《中图法》第四版一样，对停用类标记停用符号及注释。

其次，归入 G25 时，采用了 3 种方法。

第一种，对原 G25 类的类目改名后，将 G35 直接并入，有 40 种。

如将"G350.7 情报工作自动化、网络化"入"G250.7 图书馆工作、信息工作自动化和网络化"；"G351.6 情报工作者"入"G251.6 图书馆工作者、信息工作者"；"G352 情报资料的搜集、保管"入"G253 信息资源建设"等。

第二种，通过在 G25 类下新增类号及类目名称将 G35 合并，有 29 种。

如将"G350 情报学"入"G250.2 情报学"；"G353.1 情报资料的分析和研究"入"G252.8 信息研究与服务"；"G354.47 多媒体情报检索系统"入"G254.927 多媒体检索"等，归入的类都是新增类。

第三种，通过增加注释、不改类名直接将 G35 合并，有 4 种。

如将"G359.13 国际组织与活动"直接入"G259.13 国际组织和活动"。

合并 G25、G35 有利于数据库的建设，提高检索效率。但 G35 类的停

用，必然会导致原归入G35类的这批图书的分类号改编的问题。

（二）通过停用、新增和改名结合的方式合并划分过细的类目

《中图法》第五版新增类号56个，停用类号103个，缩减了57个类号。当然，这减少的57个类号显然不全是因为G25、G35合并，因为G35的一部分类号是通过新增来实现合并的。其实，这57个类号中还有一部分是被上位类或同位类合并了。被合并的类号基本上都属于划分太过细密的类号。造成类目过细的原因较多，既有追求体系完整的因素，也有因时过境迁学科衰落或者学科分化的因素，还有可能是因当初分类不当。

如"G254.131著者号码表""G254.131.2中文著者号码表""G254.131.3外文著者号码表"归入了上位类"G254.13同类书排列法"。

"G257.21普通书目""G257.22联合目录""G257.23专题书目"并入了上位类"G257.23专题书目"。

还有如"G257.33社会科学、人文科学目录学""G254.92文献检索工具、检索系统"和"G257.36科学、技术目录学"都是类似的合并实例。

在被停用的G35中也有不少这样的合并例子。

如"G353.22简介""G353.23文摘""G353.24快报"并入了新增类"G254.37信息加工"。

"G354.2情报检索方法和工具""G254.25情报咨询工具""G354.29其他""G354.4计算机情报检索系统""G354.43书目情报检索系统""G356.6机械化、自动化编索引"并入了新增类"G254.92信息检索工具、检索系统"。还有如"G258.94图书馆、信息机构的机械化和自动化设备"和"G259.22组织与活动"都是类似的合并实例。

（三）扩充类目谨慎，注释内容增加

信息技术快速发展，图书情报有大量类目需要扩充，而《中图法》第五版也确实扩充了一些类目，数量不多，主要有三方面。

（1）图书情报类"G254.9信息检索"，下位类新增扩充13个，尤其是"G254.92信息检索工具、检索系统"扩充了10个新增下位类。

（2）博物馆学大类下的"G262藏品的采集、征集、鉴定"扩充了书

画、钱币等8个下位类。

（3）"G278各类型档案馆、档案室"扩充了7个下位类。

尽管图情事业迅猛发展，学科主题日新月异，但《中图法》第五版对图书情报类的扩充还是保留了很大的余地，更多的是通过注释的方式来解决这些新主题、新术语、新概念的归类。

如新增类"G250.78自动化辅助技术的应用"，只用一句注释"条形码技术、RFID技术、多媒体技术等的应用入此"，解决了大批该类文献的归类问题。新增类"G250.15图书馆学与其他学科的关系"也是通过增加注释"图书馆经济学、图书馆社会学、图书馆生态学、图书馆与社会文化等入此"，解决了越来越多的图书馆与众多学科交叉研究文献归类问题。

还有如"G250.71图书馆管理集成系统""G250.72网络化""G250.73网络资源开发与利用"等，这些类目涉及自动化、网络化、网络资源等，这些类目下的文献也呈迅速增长的态势，但《中图法》第五版还是用一两句注释的方式解决。

二、G25-G35修订设想及建议

《中图法》第五版G25-G35的修订确实解决了类目交叉重复、类目划分过细、类目陈旧过时等问题，顺应了图书情报一体化的趋势，更加符合分类法则，有利于提高检索效率和数据库建设等。但是，事物是不断演变发展的，尤其是记录知识的大量文献的分类法，不会是百分百完美的，各种主客观因素导致一部分类法有着遗憾和不足之处。《中图法》第五版中的G25-G35类同样如此。

（一）类目深度控制问题

文献信息分类法与知识分类不完全相同，类目划分深度不强求完全平衡，类目设置需有文献保障，否则影响分类阅览与分类检索。

主要是两个方向存在问题：第一，类目下的文献数量为"0"，但类目仍旧存在。造成类目下的文献数量为0的原因可能是类目设置冲突、陈旧过时、划分过细、归类不当等。鉴于《中图法》第五版已将G35类停用，在此只分析G25类。笔者就G25类下这27种类目分别对武汉大学图书馆和中国国家图书馆的馆藏重新进行按类检索，并通过《中图法》第五版比对，发现仍旧有8种馆藏为0，类目原样保留，具体见表4-2。

表4-2　武汉大学图书馆和中国国家图书馆的馆藏G25类下文献数量为0的类号和类目

类号	类目名称	《中图法》第五版处理方式
G252.12	图书展览	保留
G252.13	报告会	保留
G252.15	读者座谈会	保留
G254.343	重新编目	保留
G255.6	乐谱	保留
G255.71	图片照片	保留
G258.85	版本图书馆	保留
G259.1-66	统计资料	保留
G259.24	图书馆业务辅导	改名为业务辅导

对于文献数量为"0"或文献数量很少且过时的类号及类目，建议在今后的分类法修订中直接停用。

第二，文献数量较多，但类目却不存在。其实，出现这种情况并不奇怪。尽管G25增加了33种新类（部分是G35和G25合并使然），而且还增加了诸多类目的注释内容来容纳新学科、新概念和新技术，但是，一部分类法和日新月异的新事物、新概念、新主题相比仍显滞后，更何况还要受分类体系的约束，再加上篇幅有限，结果必定是诸多文献无法合适归类。具体实例见表4-3。

表4-3 文献数量较多的新学科、新概念、新技术在G25无法合适归类示例

名称及概念	维普期刊2000—2011	维普期刊2009—2011	目前归类的类号
学科馆员	1307条	382条	G251, G258.6, G252.6
信息共享空间	228条	145条	G250.73, G250, G250.76, G258.6, G251, G252
开放存取	451条	181条	G250.73, G252, G253, G255
信息安全	642条	97条	G252, TP393.08, G250.73, G25, G251
信息素养	886条	220条	G254.9, G201, G252.7, G252.17, G252

除了表中列出的这些概念，还有像数据挖掘、开源软件、信息可视化、虚拟现实、数字鸿沟、嵌入式等这些新学科、新概念、新技术，在《中图法》第五版中都无法合适归类，所以出现了同类文献归类五花八门的情况。在今后的修订中，可以酌情考虑通过增加新类目或者通过增加注释内容的方式将它们合适归类。

（二）类目规范化问题，即基本术语的统一

在G25-G35中，最明显的例子之一就是"图书、文献、信息、情报、资料"等，这些词汇本来也是图书情报界学者曾经热议的话题，而且这些词汇之间的关系错综复杂，难以清晰界定。

在《中图法》第五版的G25-G35的各级类目中，这些词汇反复出现，有的呈上下位类关系，也有的呈同位类关系。如"G251图书馆管理、信息工作管理""G250.7图书馆工作、信息工作自动化和网络化""G251.6图书馆工作者、信息工作者"，还有"G255各类信息资源工作"类下的分类学、情报学、档案学的上位类学科不就是"文献信息学"吗？

只有理顺这些词汇概念的内涵、外延并准确统一使用，厘清上下位类关系，才符合文献分类原则，使文献分类体系更加清晰。

第二节 《中国图书馆分类法》(第五版) H31英语类修订

一、H31类修订概况

表4-4 H31类修订概况表

H31类	H31	H310	H311	H312	H313	H314	H315	H316	H317	H319	合计
新增		2								8	10
停用											0
类名改变					1	1				2	4
类名未变，注释变化	1	1								1	3

从表4-4可以看出，H31类整体变化不大，没有一个类号停用，新增类号比类名改变的类号数目多。

（一）新增了10个类号及类目

"H310.421 大学英语水平考试"

"H310.422 全国英语等级考试"

"H319.31 儿童语言研究"

"H319.32 语音教学"

"H319.33 文字教学"

"H319.34 词汇教学"

"H319.35 语法教学"

"H 319.36 写作教学"

"H319.37 阅读教学"

"H319.39 教材、教学参考书"

（二）类名改变的有4个

"H313 语义、语用、词汇、词义"

"H314.1 词法"

"H319 英语教学"

"H319.3 教学法、教材、教学参考书"

（三）类名未变，注释变化的有3个

"H31 英语"

"H 310.42 中国"

"H319.6 习题、试题"

二、H31类修订分析

（一）H31类的修订变化

1. 专业英语归入有关各类，通过注释实现

在《中国图书馆分类法》（第四版）中专业英语是归入 H31 有关各类，但在《中图法》第五版，由于专业英语直接入有关专业各类，《中图法》第四版中的原号将被废弃，最多成为参见号。具体实例见表4–5。

表4-5 专业英语的归类比较实例

实例来源	书名	《中图法》第四版分类	《中图法》第五版分类
中国国家图书馆	《数学英语选读》	H319.4：0	O–43

续表

实例来源	书名	《中图法》第四版分类	《中图法》第五版分类
北京大学图书馆	《大学实用计算机英语教程》	H31	TP3-43
武汉大学图书馆	《实用商务英语口语》	H319.9	F7-43

2. 对中国的英语考试进行了细分

通过新增下位类实现。在《中图法》第四版的H31类目中，四、六级，考研（博）、EPT、PETS等书共用类号H310.42，这些书在书架上间隔穿插，让人眼花缭乱。《中图法》第五版通过启用两个新增的下位类，将四、六级，考研、考博和EPT、PETS清晰分开，这样既利于分编归类，又方便读者查阅。见图4-1。

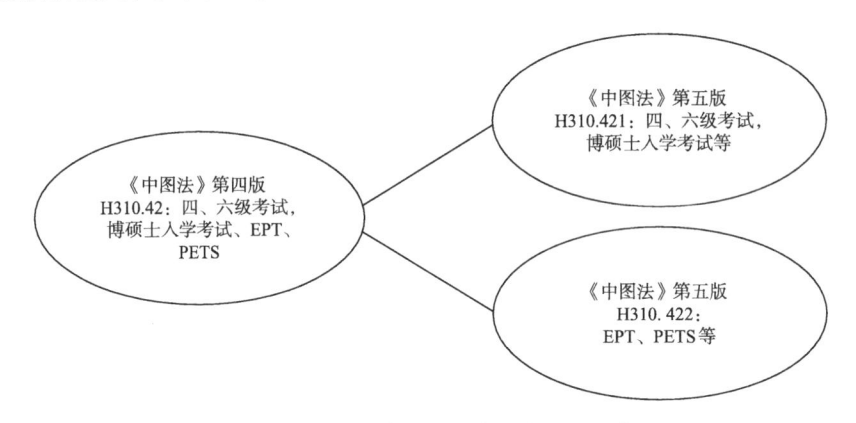

图4-1 中国英语考试类图书归类比较示意图

3. 教学参考书由分散改为集中

通过扩展新增H319.3教学法的下位类实现。在《中图法》第四版中教学参考书没有专号，和其他图书共用类号，而在《中图法》第五版中教学参考书集中取号且专号专用，尤其是综合性英语教材从H31归入H319.39，详见表4-6。

表4-6　教学参考书的归类比较（实例来源于北京大学图书馆）

书名	《中图法》第四版分类	《中图法》第五版分类	备注
现代大学英语	H31	H319.39	新增类
大学英语语音教程	H311	H319.9	不入语音教学
大学英语语法新编教程	H314	H319.35	新增类
大学英语写作教程	H315	H319.36	新增类
新大学英语听说教程	H319.9	H319.9	新旧类相同
大学英语泛读教程	H319.4	H319.37	新增类

4. H319.6的新增注释明确了英语水平考试试题、习题的归属——入H310.4有关各类

在《中图法》第四版的 H31 类中，英语水平考试试题、习题类的图书一直有两种归类方式，一种是归入"H319.6习题、试题"，另一种则归入"H310.4英语水平考试"有关各类下，这导致了图书归类不一致。

《中图法》第五版通过注释"英语水平考试试题、习题入H310.4有关各类"，明确了英语考试试题的归类，结束了此类书有两种归类方式的现象。

5. 通过改变类名，扩大了类名的内涵

如 H313 原"语义、词汇、词义"，现改为"语义、语用、词汇、词义"。"语用学"是以语言意义为研究对象的新兴学科领域。

H314.1 原"构词法"，现改为"词法"。

通过 H041 的注释可以看出："词法"包括"构词法"和"构形法"，它的内涵比"构词法"要广。

6. 规范了类名

如 H319 原"语文教学"现改为"英语教学"。

（二）H31类的修订导致部分英语类图书"同书异号"

由于 H31 类的修订，部分类目改号，导致部分图书"同书异号"。具体实例见表4-7。

表4-7 同书异号实例分析

图书类别	《中图法》第四版	《中图法》第五版	《中图法》第五版改号实例	《中图法》第四版改编问题
教学参考书总论	H31	H319.39	《英语》(许国璋编) H31改入H319.39	改编
教学参考书专论	H311/H317	H319有关各类	《大学英语语法教程》H314改入H319.35	改编（H319.9及部分H319.4，可以不改编）
英语水平考试试题、习题	H319.6	H310.4有关各类	《GRE试题汇编》H319.6改入H310.41-44	改编
专业英语	H31有关各类	各专业有关各类	《国际商务英语》H31改入F7-43	改编
中国大学英语水平考试	H310.42	H310.421	《大学英语六级》H310.42改入H310.421	可以不改编
全国等级英语水平考试	H310.42	H310.422	《PETS》H310.42改入H310.422	可以不改编
WSK	H310.42	H3	特例	改编

三、问题及修改建议

H31类通过修订更具实用性和可操作性，但是由于分类法的修订要考虑连续性和完整性，加上受整个分类体系、分类标准及分类规则的约束，在类目设置上还是有一些问题。在讨论这些问题之前，我们有必要先了解《中图法》第五版中H31类的分类体系（见表4-8）。

表 4-8　H31 英语分类体系

大体系	教学小体系	考试小体系	其他特别设置
H31英语	H319.3教学法、教材、教学参考书	H310.4英语水平考试	H319.4读物
H311语音	H319.31儿童语言研究	H310.41世界	H319.6习题试题
H312文字	H312.32语音教学	H310.42中国	H319.9会话
H313词汇	H312.33文字教学	H310.421大学英语水平考试	
H314语法	H312.34词汇教学	H310.422全国英语等级考试	
H315写作	H312.35语法教学	H310.43/47各国	
H316词汇	H312.36写作教学		
H317方言	H312.37阅读教学		
H319教学	H312.39教材、教学参考书		

H31类的分类体系即"大体系"。从总体上来说还是遵守从总到分的原则，按语言构成要素展开下位类。"教学小体系"下位类的展开方式和"大体系"很类似。"考试小体系"按照国家和考试种类展开下位类。"一大两小加其他"这种特别的分类体系既是它的特色，但也是问题所在。

（一）体系自身的问题

问题1：众所周知，英语的语言基本构成要素有语音、词汇、语法、写作、翻译、阅读理解，但是在H31的"大体系"中缺少"阅读理解"。用H319.4来归类"阅读理解"已不是很合适，它不仅游离于H31类的"大体系"，隶属于H319英语教学，且和大量的英汉对照等读物混在一起，不利于读者查阅。

修改建议：增加H318阅读理解。

问题2："教学小体系"中缺少"翻译"。如《汉英交替传译教程》归类H315.9同样不合适,这将导致翻译类教材游离于整个H319.3教材系列之外。

修改建议:在H319.36类下增加注释"翻译入此"。

问题3:"考试小体系"中H310.421四、六级和考研、考博书共用一类,不利于读者按考试名称来查找文献。

修改建议:增加H310.423入学英语资格考试,如研究生、博士生入学资格考试入此。

(二)体系之间的问题

问题1:由于三个体系是从不同的角度列类,导致同类考试用书归类分散。

第一种:"考试小体系"和"大体系"导致的同类考试用书分散,如"考研综合习题"入H310.421,但"考研词汇"却入H313.1,"考研语法"入H314等。

第二种:"考试小体系"和"教材小体系"导致的同类书分散,如一套四级用书"四级试题"入H310.421－44,但它的教材用书如"四级语法教学"却入H319.35等。

修改建议:

在H310.4－H310.44／.47类前加设一条:"以下H310.4／H310.47如愿细分,可仿H311／H318分。"对于愿意按考试名称来集中文献的收藏单位,可依此仿分,如"六级词汇"入H310.421.3,"六级写作"入H310.421.5等。

在H311－H318类前加设一条〔3〕:"以下H311／H318如愿细分,可仿H310.4分。"由此,英语考试的专项用书能按考试名称相对集中,如在"H313词汇"类下,所有"四六级的词汇书"都入H313.021,所有"GRE、托福的词汇书"都入H313.01等。

在H319－H319.9类前加设一条:"以下H319／H319.9如愿细分者,可仿H310.42分。"之所以没选择"仿H310.4分"是为了缩短类号的长度。如"四级英语教材"入H319.391,"PETS教材"入H319.392等。

问题2：这三个体系从不同角度列类，导致部分图书归类无所适从。

第一种："大体系"和"教学小体系"下位类部分类目重复设置，导致英语考试专项用书归类纠结，如《2011考研英语核心词汇笔记》（北京新航道培训教材）是入 H313 还是 H319.34 更合适呢？

第二种："考试小体系"和"教学小体系"的纠结，《大学英语四级考试巅峰训练》（王长喜网络教学讲授课本）是入 H310.421 还是 H319.39 呢？

修改建议：为了改变体系间纠结情况，可在 H310.4 类下直接加注"除习题、试题及考试大纲入此外，其他含各种考试字样，属教材或教学性质的，如自学参考资料等皆入 H319.3 相关各类"。

（三）"其他特别设置"和体系中类目的纠结

问题1：H319.4 和 H319.37 的纠结。

主要是阅读理解方面的图书，如《2011考研英语阅读理解精读200篇》是入 H319.4 还是 H319.37 呢？

修改建议：在 H319.4 类下加注"英语水平考试类的阅读理解入 H319.37"。

问题2：H319.6 和"大体系"的下位类 H311—H317 的纠结。

如《大学英语四级考试语法结构题精选》是入 H319.6 还是 H314-44 呢？甚至 H319.35-44 呢？

修改建议：在 H319.6 类下加注"专论入有关各类和教学有关著作入 H319.3 各类"或者直接停用该类并注"试题可在各类号后加'—44'"。

问题3：H319.9 和 H319.32、H311 的纠结。

在实际图书分类中发现，基本上"听说类"的英语书都归类 H319.9，很少归类 H311 和 H319.32，归入 H311 的基本上都是音标和演讲类，H319.32 由于类下注释"教材、听说读练等入 H319.9"，则归入 H319.32 的文献很少。

修改建议：将 H319.9 停用，原类名及注释直接改入新增类"H311.1 会话"，并加注"口语、会话、听说练习、视听入此"；将"H319.32 语音教学"改为"H319.32 语音、会话教学"，并加注"口语、会话教材、听说练习、视听教材入此"。

（四）注释中的问题

问题1：英语对照读物的归类问题。

H319.4的注释"如愿细分，可用组配编号法。例：《解剖学》（英汉对照）为H319.4：R322"很容易被理解为只要是对照读物，皆入H319.4且用冒号组配。

首先，这种组配归类方式和《〈中国图书馆分类法〉（第四版）使用手册》中对"H319.4"提出的"凡两种或多种语文对照的科学文献，则应依其内容入有关学科"的规定相矛盾。

其次，在实际分编中，有些单位已将部分专业对照读物直接归入各类，如北大图书馆将《英汉对照分子生物学导论》归类Q7—43，《中国保险业和保险监管》（英汉对照）归类F842等。

修改建议：在H319.4类下补充注释"除文学名著和综合性学科外，专业对照读物入有关各类，可做H类参见"。

问题2：H31类下注释"专业英语入有关各类"，对是否将H类原号做参见没有明确要求，如此将导致无论是英语、德语还是俄语直接归入各专业类下，无法识别原专业语种。

修改建议：将H31类下原注释"专业英语入有关各类"，改为"专业英语（含英汉对照）入有关各类，可做H类参见"。

第三节 《中国图书馆分类法》（第五版）法律类修订

一、《中国图书馆分类法》（第五版）法律类目设置概况

从法律发展史看，是先有法律，而后才有法学，因此，法律体系应先于法学体系。法律是国家立法机关依照一定程序制定的，具有一定文字形式，并由国家强制力保证执行的行为规则。

《中图法》（第五版）法律类目设置如下[①]：

D90 法律理论（法学）

D91 法学各部门

D92 中国法律

D93/97 各国法律

D99 国际法

二、《中国图书馆分类法》（第五版）法律类修订概述

（一）改动类目

与《中图法》第四版相比，《中图法》第五版主要有以下改动：

D90 法的理论（法学）更改为"法律理论（法学）"

D902 法制与民主更改为"法社会学"……

……

D998 国籍法更改为"国际法上的居民"

D998.8 各国国籍法更改为"国籍法"

---

① 国家图书馆《中国图书馆分类法》编辑委员会.中国图书馆分类法（第5版）[M].北京：国家图书馆出版社，2010.

《中图法》(第五版)法律类共65个类目有所改动,有许多类目只是文字上的改动,内涵与外延并没有实质性改变。如"D922.287 证券法"下面注释:债务、股票、票据管理法等入此,与第四版"D922.287 证券管理法令"下的注释相同。还有"D997.4 国际商事仲裁法",下面注释:国际海事仲裁法入此,与第四版"D997.4 国际商事仲裁与国际海事仲裁法"是一致的[①]。另外,在"D93/97 各国法律"类目下改动:土地法、房地产法,劳动法、社会保障法,亲属法3个类目。

(二)停用类目

D90-052 法律社会学,入D902 法社会学

D905 社会主义国家的法,入D904.4 社会主义国家的法

D910 各国法律综合汇编,入D910.9 法律汇编

D915.14 调解制度,入D915.1 诉讼制度

D915.15 回避与辩护制度,入D915.1 诉讼制度

D915.181 起诉,入D915.18 诉讼程序

D915.182 审判程序,入D915.18 诉讼程序

D915.183 执行程序,入D915.18 诉讼程序

D915.185 特别程序,入D915.18 诉讼程序

D922.183 青少年法,入D922.7 人权法

D922.31 土地改革法,入D922.36 各种用途土地法

D922.35 建筑用地法令,入D922.36 各种用途土地法

D922.37 森林用地法令,入D922.36 各种用途土地法

D922.39 国家建设征用土地法,入D922.36 各种用途土地法

D925.115 回避与辩护制度,入D925.11 诉讼制度

D926.34 司法监督,入D926.4 司法监督

中图法第五版法律类共16个停用类目,这些类目都被合并到其他类目中。如:D90-052 法律社会学,入D902 法社会学;D922.183 青少年法,

---

① 何杰锋.《中图法》第四版法律类问题研究.图书馆论坛[J].2006(1):147-149.

入 D922.7 人权法。

（三）新增类目

D90-056 法律经济学

D904.4 社会主义国家的法

D904.6 英美法系、大陆法系……

《中图法》第五版法律类共新增85个类目，主要是在D91法学各部门类目，"D92 中国法律"类目下增加较多，类目分得更细、更精确。

在"D912.1 行政法"类目下新增"D912.11 总论"及其下位类等12个类目。

在"D912.28 金融法"类目下新增"D912.281 银行法"等6个类目。

在"D912.29 经济法"类目下新增"D912.291 宏观调控法"等6个类目。

在"D913 民法"类目下新增"D913.1 总则"等8个类目。

在"D913.99 商法"类目下新增"D913.991 企业法、公司法""D913.993 海商法"两个类目。在D914类目下新增"D914.1 总则""D914.3 分则"两个类目，在"D914.3 分则"类目下增加"D914.31 危害国家安全罪"等10个类目。

在"D916.1 司法行政"类目下新增"D916.12 司法行政机构"等5个类目。

在"D921 国家法、宪法"类目下新增"D921.3 国旗法、国徽法""D921.6 国家赔偿法"两个类目。

在"D922.11（行政法）总论"下新增"D922.112 行政行为法""D922.114 行政监督法"两个类目。

在"D922.68 环境保护法"类目下新增"D922.681 野生生物资源保护法""D922.682 特定区域环境保护法""D922.683 环境污染防治法"3个类目。

新增了"D922.7 人权法"（注释：未成年人保护法、青少年法、老年人权益保障法、妇女权益保障法、残疾人保障法等入此）。

在"D923.9 婚姻家庭法"类目下新增"D923.91 婚姻制度""D923.92 家庭关系""D923.97 人口与计划生育"3个类目。

在"D923.99 商法"类目下新增"D923.993 海商法"1个类目。

在"D93/97 各国法律"类目下新增"国旗法、国徽法、国家赔偿法"等40个类目。

新增"D998.82/.87 各国国籍法"类目。

（四）删减类目

《中图法》第五版删除了两个类目："D905.1（社会主义国家的法）本质与作用""D905.2（社会主义国家的法）制定与实施"。

《中图法》第五版调整了法律体系，增补了新类，理顺了"D90 法学理论"和"D91 应用法学"的体系，如增补"D904.6 英美法系、大陆法系""D910.1/.9 理论及法律汇编"等。为满足新型法归类问题，修改"D911/D919 各部门法"的类目并增补下位类，同时修改调整D92/92相对应的类目体系。

《中图法》第五版在第四版的基础上改动65个类目，停用16个类目，新增85个类目，删除两个类目。由此可见，法律类的类目变化较多。与《中图法》第四版相比较，《中图法》第五版类目设置更科学、更完善、更精确，更能适应法律学科发展的需要。

第四节 《中国图书馆分类法》(第五版) 关于MBA类图书归类

一、MBA类图书分类标引现状

MBA即工商管理硕士，全称为Master of Business Administration，是

20世纪的一个热门学科。据笔者粗略统计，以"MBA"作为题名检索词，CALIS联合编目数据库中有相关文献1212种，国家图书馆收藏有相关文献2332种，武汉大学图书馆收藏有相关文献1049种。经查阅对比，各馆对MBA类文献分类标引各异。笔者选取几种典型的分类，见表4-9。

表4-9　CALIS联合编目及国家图书馆MBA类图书分类标引情况

题名	国家图书馆类号	CALIS联合编目类号
中国MBA论文选（陈维政，张丽华主编）	F203.9-53	F270-53
MBA自学通（庄涛，雷伟著）	F203.9	F203.9
21世纪商学院MBA全球最新案例	F203.9	F279.1
MBA实务：市场营销速成教程	F713.5	F270
MBA实务：技术管理及应用速成教程	F204	F203.9　F273.1
MBA实务：财务管理速成教程（约翰·A.崔西著）	F203.9	F203.9
MBA实务：企业经营速成教程（弗吉尼亚·欧布莱恩著）	F270	F270
MBA实务，企业管理速成教程（保罗·阿基提著）	F203.9	F203.9
管理者而非MBA（明茨伯格著）	F270	C93
MBA教育理论·实践·案例：云南大学MBA师生文集（田卫民，高核，王桀主编）	F203.9-4	G643.0-53
MBA微观经济学（理查德·B·麦肯齐，德怀特·R·李著）	F016	F016

从上表可见：

（1）总论MBA管理类图书，有的归入F203.9类目，有的归入F270类目，还有的归入C93类目。

（2）论述MBA财务管理、技术管理、会计管理等类图书，有的归入F20国民经济管理类目之下，有的归入F27企业经济类目之下，有的归入经济理论类目。

二、MBA类图书分类标引各异的原因

（1）《中国图书馆分类法》（第五版）对新主题、新事物没有及时补充，在整个分类体系中，没有"工商管理"这个类名，也没有容纳此文献的规范说明的类目注释。

（2）在《中国分类主题词》里查询"工商管理"这个主题词，查询结果如图4-2所示：

工商行政管理
Industry and commerce administration
F203.9
D 工商管理
S 经济管理
F 商标管理
　市场管理
　销售管理
Z 经济管理

图4-2　查询"工商管理"主题词结果

在主题词表里，"D"是指代替相应的非正式主题词。可见，在分类主题词表里，把"工商行政管理"与"工商管理"两个概念等同。其实两者大不相同。

（3）编目人员对MBA类文献科学属性的理解不深入，仅从字面望文生义，简单地理解。

（4）编目人员只沿用本馆习惯的分类方法；或参照CALIS联机编目中心以往类似文献的归类，没有深入分析。

（5）编目人员没有对复合主题加以深入分析。例如：对《MBA教育理论·实践·案例》一书，仅看到"教育理论"两个字，就放入"G643.0 研究生教育理论"类目，没有看到副标题"云南大学MBA师生论文集"，没有深入分析书的主题。

上述各种原因，致使MBA类图书在入库上架时出现分类不一致的混乱，由此给读者检索、利用此类图书带来诸多不便。

三、关于MBA类图书分类辨析

（一）MBA类图书分类入F203.9工商行政管理类目

在CALIS联机编目数据中心与国家图书馆收录的不少文献中，把MBA管理类图书归入F203.9（类名：工商行政管理），笔者认为，这是片面的，理由如下：

1. 历史沿革不同

（1）MBA历史沿革

MBA即工商管理硕士，诞生于美国。[①]1908年哈佛大学商学院成立，并创办了世界上第一个两年制的MBA教育项目。在早期的MBA教育中，过分强调学术性。1959年，在充分分析研究美国社会和企业现状的基础上，教育界认为工商管理教育应以培育企业所需的领导人和职业经理人为目标，属于职业教育。1961年，在美国大学管理学院联合会的学位认证标准中，正式确定了MBA学位的名称。从此，MBA教育得以蓬勃发展，成为世界管理教育的主要模式。

我国的MBA教育是在改革开放和经济发展急切需要掌握市场经济一般规律的企业经营管理人才的背景下产生的，相对美国MBA教育起步较晚。社会主义市场经济的迅猛发展与企业改革的严峻现实，促使政府和企业的广大管理干部积极攻读MBA。

（2）工商行政管理概念

工商行政管理，英文industry and commerce administration，是国家为了建立和维护市场经济秩序，通过其主管市场监督管理和行政执法机关，运用行政和法律手段，对市场经营主体及其市场行为进行的监督管理。[②]

[①] 陈晓红.MBA教育的起源、本质和发展趋势[J].现代大学教育，2002（3）：29-30.

[②] 陈季修，赵韵玲.工商行政管理新论[M].北京：中国人民大学出版社.2009：31.

工商行政管理工作政策性强、涉及面广，是一项综合性的行政执法工作，涉及国家的政治、经济、文化生活等各个领域。

在《中图法》（第五版）F203.9类目下，新增类目注释"世界各国工商行政管理入F11/F17有关各类"，此类目注释清晰地表明，工商行政管理有国家属性，依据不同国家政府管理经济活动的不同而有所不同。在武汉大学图书馆西文图书编目中，查阅美国国会主题词表，"工商管理"对应的英文主题词是"business administration"；"工商行政管理"对应的英文主题词是用"business administration – management"组配表示。可见，在英文里，"工商行政管理"也仅仅是"工商管理"的一个侧面、一个分支。笔者认为，MBA确切的中文翻译应为"工商企业管理硕士"。

2. 工商管理专业与工商行政管理专业对比

（1）工商行政管理专业

在我国许多高校开设工商行政管理专业，该专业学生主要学习行政学、政治学、管理学、法学等方面的基本理论和基本知识，受到行政学理论研究、公共政策分析、社会调查与统计、外语、公文写作和办公自动化等方面的基本训练，具备行政管理的基本能力及科研的初步能力。

（2）工商管理专业

MBA教育从本质上讲是一种职业训练，强调在掌握现代管理理论和经济学知识的基础上，通过商业案例分析、实战观摩、分析与决策技能训练，培养学生具有对企业实际问题进行决策和分析的能力，掌握企业研究方法。

综上所述，工商行政管理的直接目标是建立和维护市场经济秩序，其根本目标是实现资源的优化配置，创建良好的市场环境。MBA教育培养学生的宏观视野，使得企业家和企业高级管理人员能够站在把握宏观经济发展趋势和商业环境变化规律的高度去研究企业的具体管理问题。[1]这两个专业培养人才的目标、研究领域的侧重点是不同的。

---

[1] 林木. 我在北大读国际MBA[M]. 现代出版社. 2009：247-248.

第四章 《中国图书馆分类法》(第五版)修订的相关研究

(二) MBA类图书分类入C93类目

CALIS联机编目数据中心把《管理者而非MBA》(明茨伯格著,2010年出版)一书归入C93管理学类目,笔者认为,这是不妥当的。

《中图法》第四版使用手册中明确解释:凡属总论管理理论与方法的文献入"C93管理学";专论某学科、专业领域的管理理论与技术方法的文献,分别入有关各学科。[①] 上面列举的图书内容简介中介绍:明茨伯格一直是当今盛行的MBA教育模式的激烈抨击者,他认为"MBA是因为错误的理由用错误的方法教育错误的人",由此,他提出要彻底改革传统的MBA教育,这就是《管理者而非MBA》。可见本书是围绕MBA教育而展开的批判,具有应用专业学科属性,不适合放入总论管理理论的C93管理学类目。

(三) MBA类图书分类入F270类目

CALIS联合编目数据中心和国家图书馆把《MBA实务 企业经营速成教程》一书放入F270类目。《中图法》第五版已于2010年9月出版,其中F类的增删改数最多。根据改版后的《中图法》,笔者认为MBA类图书分类入F270类目是不妥当的。

在《中图法》第四版中,对F270类目的类名和注释如下:

F270 企业经济理论和方法[②]

总论企业经营管理的理论与方法,企业行为学,企业经济关系,企业文化,企业形象等入此。

专论某种企业经济管理入F276有关各类。

在《中图法》(第五版)中,对F270类目的类名和注释如下:

F270 企业经济理论和方法[③]

[①] 中国图书馆分类法编辑委员会.《中国图书馆分类法》(第四版)使用手册[M].北京:北京图书馆出版社,1999:224,249

[②] 中国图书馆分类法编辑委员会.中国图书馆分类法(第4版)[M].北京:北京图书馆出版社,1999:86-91.

[③] 中国图书馆分类法编辑委员会.中国图书馆分类法(第五版)[M].北京:国家图书馆出版社,2010:85-91.

企业经济学、企业经济关系等入此

专论某种企业经济管理的理论入F276有关各类。

总论企业经营管理的理论与方法、企业行为学，《中图法》（第五版）改入F272-0；企业文化、企业形象，《中图法》（第五版）改入F272-05。

对比改版后F270类目的类名沿革注释可知，原来归入《中图法》第四版中F270类目的文献，在第五版的分类分为三部分："有关企业经济理论的文献"依然放入F270类目；而有关"总论企业经营管理的理论与方法、企业行为学"的文献分类改入F272-0类目；有关"企业文化、企业形象"的文献分类入F272-05。这种类目变迁符合《中图法》分类体系先理论后应用的编制原则，使《中图法》第五版更具实用性、科学性。

四、MBA类图书分类合理归类建议

文献分类法的类目体系是表达一系列概括文献内容的概念及其相互关系的概念标识系统。我们要确立MBA类图书在《中图法》中的合理归类，不仅要对该类文献内容的科学属性有充分的理解，还要对《中图法》的类目体系有清晰的概念。

（一）MBA教育的学科属性

结合国内外的研究趋势和实际情况，我国国家自然科学基金委员会管理科学部将工商管理分为11个类别，如下所示[①]：

企业战略管理

企业文化

企业理论

企业人力资源管理

企业财务管理

市场营销

---

① 史慧恩，张群，李群霞. 国内外工商管理现状比较及发展建议[J]. 中国科技论坛，2007（9）：125-129.

企业运作管理

企业技术管理

项目管理

信息管理与应用

非营利组织管理

从工商管理学科结构可以看出，MBA教育的理论基础是经济学和管理学，它的研究对象涵盖了企业经济运作中的财务管理、资金筹措、投资、营销和资源有效配置等各个方面，充分体现了市场经济运行的典型特征。

(二)《中图法》(第五版)F2类目体系分析

《中图法》(第五版)类目序列是按从总到分、从一般到具体的分类原则编排，能入具体问题、事物类目的，不入总论性或理论方法性类目。分类标准的使用次序决定文献聚合成类的次序和按某种属性集中的程度，决定着分类法局部的类目体系。优先使用的分类标准一般是该学科、事物的主要分类标准。[①]

《中图法》(第五版)"F2 经济计划与管理"类目分为三个部分：F20/23类目收国民经济计划与宏观经济理论的一般理论与方法方面的文献；F24/F28类目按照经济管理范畴和研究领域分类；F3/F8类目只收专论某一经济部门管理的文献。

分析整个类目体系结构可知，经济类首先使用经济活动的领域作为主要分类标准。从前面所论述的MBA教育起源发展、培养目标、研究领域可以看出，MBA教育以培育企业所需的领导人和职业经理人为目标，研究的领域都是有关企业这个经济组织的活动，所以有关MBA类图书适宜归入企业经济类目下。

在《中图法》第四版中，F27类目与F272类目类名与注释如下：

F27 企业经济

[①] 俞君立，陈树年. 文献分类学[M]. 武汉：武汉大学出版社，2002：124.

总论企业管理如此

...

F272 企业计划与经营决策

而在《中图法》第五版中，以上类目的类名与类目注释如下：

F27 企业经济

...

F272 企业管理（总论）

对比《中图法》第四版与《中图法》第五版类名与类目注释的变化不难发现，原来收入"总论企业管理"的文献已从F27类目调整到F272。

（三）MBA类图书在《中图法》（第五版）中合理归类

综上所述，笔者认为：

1. 总论MBA管理类图书或MBA论文选适宜归入F272类目

例：《中国MBA论文选》（陈维政，张丽华主编）

宜归类：F272-53

例：《MBA自学通》（庄涛，雷伟著）

宜归类：F272

例：《21世纪商学院MBA全球最新案例》

本书选编了经营战略、组织与文化、市场营销、人力资源、兼并与收购、生产与运营、财务会计与法律等不同方面的案例。

宜归类：F272

例：《MBA教育理论·实践·案例：云南大学MBA师生文集》（主编田卫民，高核，王桀）

宜归类：F272-53

2. 总论MBA经营管理的理论与方法、企业行为学的图书入F272-0类目

例：《MBA实务：企业经营速成教程》（弗吉尼亚·欧布莱恩著）

宜归类：F272-0

3. 论述 MBA 论文写作方法的图书，入 G642.477

例：《MBA 论文写作与研究方法》

宜归类：G642.477

4. 论述 MBA 财务管理、技术管理、会计管理等类图书的分类

对于这些专论某一学科的 MBA 类图书，若图书主题内容的展开是在企业经济环境下，则分类归入 F27 企业经济各子类目；若图书内容论述的是一般经济理论，不仅仅局限于企业经济类目范畴，则依其内容属性归入各学科类目。

《财务报表分析》（王化成主编，2007 年出版）一书主要论述财务分析的基础、财务分析的主体、财务分析的延伸和扩展。虽然本书是《21 世纪 MBA 规划教材·会计与财务管理系列丛书》，但整本书内容的展开并不是在企业经济范畴内，所以作为经济理论书归入 F231.5 类目。

《财务管理》（栾庆伟、迟国泰主编，2006 年出版）一书以资金运动为研究对象，探讨利用价值形式对企业各种资源进行优化配置的综合性管理活动，分类归入 F275 类目。

《MBA 核心课程解读：市场营销》（2003 年中国档案出版社出版）一书从不同侧面对企业市场营销的各个环节做了深入全面的剖析，是一本帮助提高营销水平、实现营销目标的经典手册，分类归入 F274 类目。

《市场营销管理》（张圣亮编著）全面、系统介绍了市场营销学的相关知识，并不仅仅针对企业。虽然丛书名为《中国科学技术大学管理学院 MBA 系列教材》，但分类归入市场营销经济理论 F713.50 类目。

例：《MBA 实务：技术管理及应用速成教程》

宜归类：F273.1

例：《MBA 案例精选，生产运作管理》

宜归类：F273

例：《MBA 微观经济学》

宜归类：F016

5. 论述 MBA 考试类的书，依其学科属性入各类

例:《MBA 联考逻辑习题归类精编》

宜归类：B81-44

例:《MBA 联考同步复习指导系列：英语分册》

宜归类：H310.421

第五节 《中国图书馆分类法》(第五版) TP 类修订

一、《中国图书馆分类法》(第五版) TP 类目修订汇总

TP 大类是自动化技术、计算机技术。新增类目[①] 见表4-10。

表4-10 《中国图书馆分类法》(第五版) TP 类新增类目

分类号及类名	分类号及类名
TP212.4 各种材料传感器	TP368.4 工业控制计算机
TP212.41 半导体传感器	TP385 量子计算机
TP212.42 超声波传感器	TP391.411 计算机图形学
TP212.43 电子传感器	TP391.412 图形识别
TP212.44 光纤传感器	TP391.413 图像识别
TP242.4 空间机器人	TP391.414 三维动画制作
TP277.1 报警系统	TP391.45 无线射频识别（RFID）
TP277.2 监控系统	TP391.91 计算机仿真原理
TP277.3 故障诊断系统	TP391.92 计算机仿真技术，仿真系统
TP305.3 组装，改装	TP391.97 计算机仿真测试，评估

---

① 中国图书馆分类法编辑委员会. 中国图书馆分类法（第五版）[M]. 北京：国家图书馆出版社, 2010.

续表

分类号及类名	分类号及类名
TP311.135.9 其他	TP391.98 计算机虚拟现实
TP311.521 系统分析与设计	TP391.99 计算机仿真应用
TP311.522 软件开发安全技术	TP393.021 计算机网络体系结构
TP311.523 软件组构与互操作技术	TP393.022 网络拓扑结构
TP311.55 软件测试	TP393.027 网络计算与计算模式
TP311.561 软件工具	TP393.027.1 集中式计算模式
TP311.562 计算机测试软件	TP393.027.2 分布式计算模式
TP311.563 安全软件	TP393.027.3Web 计算模式
TP311.563.1 防火墙软件	TP393.028 网络技术
TP311.563.2 杀病毒软件	TP393.031 网络互连原理
TP311.563.3 数据恢复，数据备份软件	TP393.032 组网技术
TP311.564 文件处理工具软件	TP393.033 网络综合布线
TP311.564.1 压缩与解压软件	TP393.071 网络管理理论与技术
TP311.564.2 加密与解密软件	TP393.072 网络管理系统开发与应用
TP311.564.3 文件备份，数据恢复软件	TP393.081 网络攻击与防御
TP311.567 驱动程序	TP393.082 防火墙技术
TP311.569 其他	TP393.083 网络数据安全技术
TP312.8 算法语言	TP393.084 网络加密技术
TP316.85Linux 操作系统	TP393.092.1 网站建设与管理
TP317.48 动画制作软件	TP393.092.2 网页设计与制作
TP317.49 其他	TP393.092.3 各种网站
TP317.5 多媒体软件	TP393.092.4 网络浏览器
TP317.52 音频软件	TP393.096 网络辅助工具
TP317.53 视频软件	TP393.099 其他
TP317.55 网络影音软件	TP393.19 其他
TP317.59 其他	TP393.4-0 互联网理论

续表

分类号及类名	分类号及类名
TP317.6 游戏软件	TP393.4-1 现状与发展
TP317.61 游戏机软件	TP393.4-2 互联网组织
TP317.62 电脑游戏软件	TP393.4-4 教育与普及
TP317.63 网络游戏软件	TP393.4-49 普及读物
TP317.67 手机游戏软件	TP393.4-4 教育与普及
TP317.68 游戏辅助软件	TP393.4-49 普及读物
TP317.69 其他	TP732+.3 紫外遥感传感器
TP368.33 超微型计算机	TP732+.4 可见光遥感传感器
TP368.39 其他	

（二）修改类目（见表4-11）

表4-11 《中国图书馆分类法》（第五版）TP类修改类目

修改前类目名称	修改后类目名称
TP311 程序设计，软件工程	TP311 程序设计，数据库，软件工程
TP311.51 程序设计自动化	TP311.51 软件设计自动化
TP313 汇编程序	TP313 汇编语言，汇编程序
TP316.86 WindowsNT 操作系统	TP316.86 Windows 网络操作系统
TP317 程序包（应用软件）	TP317 应用软件（程序包）
TP317.4 图像处理软件	TP317.4 图形图像处理软件
TP319 专用应用软件	TP319 专用软件
TP333.96 虚拟存储器	TP333.96 虚拟存储器，缓冲存储器
TP387 第五代计算机	TP387 智能型计算机
TP391.2 翻译机	TP391.2 翻译系统
TP391.3 检索机	TP391.3 检索系统

续表

修改前类目名称	修改后类目名称
TP391.4 模式识别，射频识别	TP391.4 模式识别与装置
TP391.41 图像识别及其装置，计算机绘图	TP391.41 图形图像识别
TP391.42 声音识别及其装置	TP391.42 声音识别
TP391.43 文字识别及其装置	TP391.43 文字识别
TP391.44 光模式识别及其装置	TP391.44 光模式识别
TP391.7 机器辅助技术	TP391.7 计算机辅助技术
TP391.72 机器辅助设计（CAD），辅助制图	TP391.72 计算机辅助设计（CAD），辅助制图
TP391.73 机器辅助技术制造（CAM）	TP391.73 计算机辅助技术制造（CAM）
TP391.75 机器辅助计算（CAC）	TP391.75 计算机辅助计算（CAC）
TP391.76 机器辅助测试（CAT）	TP391.76 计算机辅助测试（CAT）
TP391.77 机器辅助分析（CAA）	TP391.77 计算机辅助分析（CAA）
TP393.09 计算机网络应用程序	TP393.09 计算机网络应用
TP393.092 网络浏览器，网址资源管理	TP393.092 网站，网页，网络浏览器
TP393.093 文件传送程序（FTP）	TP393.093 文件传送程序（FTP），远程登录（Telnet）
TP393.094 远程登录（Telnet）	TP393.094 网络交互技术
TP393.4 国际互联网	TP393.4-2 互联网组织
TP732.1 微波遥感传感器	TP732+.1 微波遥感传感器
TP732.2 红外遥感传感器	TP732+.2 红外遥感传感器

（三）停用类目（见表4-12）

表4-12 《中国图书馆分类法》（第五版）TP类停用类目

停用类号与类目名称	改入分类
TP307 检修，维护	TP306
TP311.134.1 模糊数据库	TP311.135.9
TP311.135.1 文献型数据库	TP311.135.9
TP311.135.3 事实型数据库	TP311.135.9
TP311.135.4 超文本数据库	TP311.135.9
TP316.82 XENIX 操作系统	TP316.81
TP321.1 求积仪，曲线仪	TP321
TP321.2 积分器	TP321
TP321.21 机械积分器	TP321
TP321.22 液压积分器	TP321
TP321.23 气压积分器	TP321
TP321.24 电气，机电积分器	TP321
TP321.3 手动计算机	TP321
TP321.5 电动计算机	TP321
TP322.1 穿孔机	TP321
TP322.2 验孔机	TP322
TP322.3 分类机	TP322
TP322.5 制表机	TP322
TP323.1 台式计算机	TP323
TP323.2 袖珍计算机	TP323
TP333.31 磁芯存储器	TP333.3
TP333.311 单孔磁芯存储器	TP333.3
TP333.312 多孔磁芯存储器	TP333.3
TP333.32 磁薄膜存储器	TP333.3

二、TP类修订的主要特色

（一）保持类目稳定性，方便用户

"TP自动化技术、计算机技术"为《中图法》（第五版）重点修订大类。[1]但从修订结果来看，它的分类体系并没有发生根本性的变化，所有修改的类目皆为五级以下类目，保持了类目的稳定。

（二）大量增补新学科、新技术等主题概念

《中图法》（第五版）TP类增删改幅度最大，其中新增89个类，新增比率为14%，在各类新增类目中比率最高；[2]修改类目100多个，主要是类名、注释和类目体系的调整，修改比率16%，仅次于F、G类。主要使用如下技术。

1. 启用空号，增补新类目，增补新主题

在类目"TP242.3"与类目"TP242.6"之间启用空号TP242.4，增补"空间机器人"新类目。[3]

2. 启用空号，增补新类目，以容纳删除的多个类目或将多个类目合并为一个新增类目，以缩减中图法篇幅，提高类目表的使用效率

停用"TP311.134.1模糊数据库""TP311.135.1 文献型数据库""TP311.135.3事实型数据库""TP311.135.4超文本数据库"几个类目，将停用的几个类目改入"TP311.135.9其他"新增类目。

3. 通过原有类目扩充加细，增补新类目

通过原有类目扩充加细，可提高类目的专指度，而且使新学科、新主题文献在分类体系中得到充分反映。

在"计算机网络结构与设计"类目下扩充加细了7（含资料法）个

---

[1] 卜书庆，汪东波.《中国图书馆分类法》（第四版）修订构想[J].国家图书馆学刊，2008（2）：27–31.

[2] 中国图书馆分类法编辑委员会.中国图书馆分类法（第五版）[M].北京：国家图书馆出版社，2010.

[3] 吴海燕.简评《中图法》第四版的变化[J].大学图书馆学报，2004（3）：75–78.

子目。

4. 通过添加注释,增补新主题

"TP333.91移动存储器"类目下新增注释:USB闪存盘、移动硬盘、读卡器与闪存卡等移动存储器入此。

(三)大量增补、修改、订正类目注释

1. 增加类目注释,以进一步明确学科内涵或补充新的学科概念[①]

在"TP316操作系统"类目下新增注释"手机操作系统入此"。

2. 增注释,以进一步明确类目的内容范围

"TP311.5软件工程"类目下新增类目注释:标准化、项目管理等入此。

3. 增加类目注释,以进一步明确学科内涵或补充新的学科概念,[②] 通过列举实例,以指示具体分类操作

在"TP316.7Window操作系统"类目下,增加注释:Windows 3x、Windows 9x、Windows XP、Windows Vista、Windows CE等入此。专为服务器配置的网络操作系统入TP316.86。

(四)调整类目的字体,类名与类号的间隔

通过缩短类号与类目注释的间隔,TP14原类目注释由5行缩减至3行;TP311.132原类目注释由6行缩减至3行;TP311.138原类目注释由8行缩减至6行。

(五)增加"一般性问题"禁用标志

《中图法》第五版对专类下一组具有总论性和通用复分性问题,设置"一般性问题"类加以概括;此类只起仿分概括说明作用,不用于类分文献,其主题归入"一般性问题"类的直接上位类。据统计,在TP类共增加禁用类5处,分别为TP30类目、TP60类目、TP70类目、TP80类目、

---

① 韩立栋,贾西梅,谢瑞霞,等.《中国图书馆分类法》第4版修订的增补统计分析[J].图书情报工作,2000(7):29-31.

② 杨柏婷,金晓东,罗葆森,等.关于个人计算机类图书分类的一点看法[J].图书馆建设,2000(2):62-63.

TP393.0类目。

（六）增加复分标记

《中图法》第五版为增强类目复分注释而在复分的类目的类名后增加了相应标记，并区别8个通用附表、专类复分或仿分的标记，与《中国分类主题词表》主题词对应类号的复分标记一致。据统计，TP大类共增加专类复分或仿分的标记共290处。

（七）删除陈旧、过时以及虚设的类目

《中图法》第五版TP大类删除53个类目，删除率8%，仅次于TS、TF、TG、TD，而且TP类的删除是因为技术发展变化，原设类目已无文献，需要以新出现的技术和设备替代。对于那些陈旧过时及虚设的类目，令其停用，以缩短分类表的篇幅，提高类目表的使用效率。

（八）扩充十类类目

对"TP212.4各种材料传感器""TP311.52软件开发""TP311.56软件工具、工具软件""TP317.4图形图像处理软件""TP317.5多媒体软件""TP317.6游戏机软件""TP319.9计算机仿真""TP393.02计算机网络结构与设计""TP393.07计算机网络管理""TP393.4国际互联网"约十类进行了系统扩充。

三、TP类目设置存在问题

1. 临近类目仿分问题

《中图法》第五版新增加了指示性类目，如图4-3所示：

> TP368.1/6（类目复分仿分规定）
> 以下各类可仿TP331/337分，必要时再仿TP30分，例：个人计算机逻辑设计为TP368.302.2；
> 个人计算机存储器的性能分析为TP368.303.027

图4-3 指示性类目

分析类目注释所举的例子可知，论述个人计算机存储器的性能分析文献的归类"TP368.303.027"是通过"TP368.3个人计算机"类号，先仿分"TP333存储器"类号，再仿分"TP302.7性能分析、功能分析"类号后新产生的类号。从例子可知，因为"TP368.3"类目有下位类，仿分时为了区分与下位类混淆，无论是仿TP331/337分，还是仿TP30分，都需要加0。如此一来，仿分后的类号就容易产生歧义，不知是仿分TP331/337后的类号，还是仿分TP30后的类号。

例如：类号TP368.302.2

上述类号既可以是仿分"TP302.2逻辑设计"类目后新产生的类号，也可以是仿分"TP332.2运算器"类目后新产生的类号。

同样仿分的上位类TP36，却不会出现这种状况。究其原因：一是TP36类目仿TP331/337分时，直接仿分，不需要加0；二是TP36类目的下位类TP368是以8开头，仿分TP331/337后，产生以1至7开头的类目不会重复。

笔者曾以分类号作为检索点，得到查询结果如表4-13所示：

表4-13　TP368.3/ TP368.39书目种类

查询分类	国家图书馆书目库查询种数	CALIS书目库查询种数
TP368.3	134种	456种
TP368.32	94种	69种
TP368.33	17种	17种
TP368.39	0种	0种

根据查询结果，得到如下结论：

（1）分布于TP368.3的文献较多，根据文献发展原则，有必要细分；

（2）分布于TP368.32、TP368.33、TP368.39这三个类目的文献并不多，如果改号，不会增加图书馆太多负担。

据此，笔者建议，借鉴TP36类目的仿分规则和下位类的排列，修改

TP368类目仿分规则和TP368.3下位类，如图4-4：

> TP368.1/6（类目复分仿分规定）
> 以下各类可仿TP331/337分，无需加0；必要时再仿TP30分，需加0。例：个人计算机逻辑设计为TP368.302.2；个人计算机存储器的性能分析为TP368.330.27（略TP368.1、TP368.2类目）
> TP368.3 个人计算机
> TP368.82 笔记本计算机
> TP368.83 超微型计算机
> TP368.89 其他

图 4-4　TP368.1/6（类目复分仿分规定）

2.相邻类目，类目内涵重复，界线不分明

类目应内涵、外延清楚，具有专指的检索意义。因为类目内涵重复，类目界线不分明，《中图法》（第五版）修订时，将单机管理"TP307检修、维护"类目改入"TP306调整、测试、检验"类目[①]。同样的道理，在计算机网络管理类目中也存在这种情况。如图4-5所示：

> TP393.06 计算机网络测试、运行
> 网络监控、流量控制、故障排除、维护等入此。
> TP393.07 计算机网络管理
> 兼论计算机网络运行、维护的著作入此。

图 4-5　TP393.06、TP393.07 类目

计算机网络管理就包含着网络监控，流量控制，故障排除、维护等过程，TP393.06类目与TP393.07类目，类目内涵界线不分明，增加了分类人员的困惑。考虑计算机网络管理类目还存在着下位类，建议借鉴单机管理类目的调整，删除TP393.06类目，改入TP393.07类目，以精简分类法篇幅。

---

① 曹玉强.关于《中图法》1207.22诗歌等类目设置问题的探讨[J].图书馆论坛，2007（2）：127-129.

3. 第五版新增注释与第四版使用手册，自相矛盾

《中图法》(第五版)"TP312程序语言"类目下，新增注释：若语言名称具有通用简称时，依简称字符为取号依据，如Visual C++语言为TP312VC。而在《中图法》第四版使用手册（第376页）上[①]，明确解释：若语言前冠以Quick、Visua等限定语时，应在编号时略去。例如Visual Basic语言，以BA编号。以此推理，"Visual C++"语言，按第四版规则，应为TP312 C++。如此一来，《中图法》第四版手册与第五版的例子相矛盾。

（1）Visual C++是微软出品的C++集成化开发环境（IDE），包括编译器、MFC等类库。VC++作为开发工具，本质上是利用C++语言编程。C++是语言规范，学习C++不一定要使用VC++，也可以用其他开发环境，例如：Borland C++ Builder和GNU C++等。如果对每种C++开发环境都单独命名，将会造成有关C++编程的书大量分散。

（2）VC++是可视化开发环境，和VB（Visual Basic）、VJ（Visual Java）等是微软的系列产品，是C++基础程序语言在不断升级换代的同时与软件相结合的产物。按《中图法》第五版的规则，TP312 C++和TP312VC作为两个类号，使同样论述C++编程的书将分散排列。按照这种规则分类，VB语言、VJ语言等书也将分散排列。

（3）因为与第四版的规则不同，将增加旧书改号的负担。

综合考虑以上三个因素，对编程语言类的书，启用TP321C++、TP312C#类目，但不启用TP321VC、TP312VB、TP312VJ等简称类目取分类号方式。例如：Visual C++语言的书，取分类号TP312C++。

4. 新增相关联的类目，缺乏参见注释

计算机软件开发的分类较集中于TP317类，与之相对应的软件应用较集中于TP391类，但TP类新增类目却有例外。

《中图法》第五版新增以下两个类目：G898.3电子游戏和TP317.6游

[①] 中国图书馆分类法编辑委员会.《中国图书馆分类法》（第四版）使用手册[M]. 北京：北京图书馆出版社，1999：376.

戏软件。前者类目是论述游戏软件产业或软件的使用，后者是论述游戏软件的开发，建议在这两个相关联的类目中增加参见注释。

5. 规范类名：类名简洁性

类名是类目名称的简称，决定着所表述事物概念的内涵和外延。类名所用词语在不影响类目含义表达的情况下，必须简练概括，切忌冗长重复。[1]在《中图法》中，类名通常承接上位类概念的内涵，下位类的类名只表达它区别于其他同位类的最本质特征。下位类的含义受上位类的限定。下位类类名重复上位类内容的部分应省略。

（1）计算机仿真类目存在类名重复，调整后的类名如下（划删除线的语词应删除）：

TP391.9 计算机仿真

TP391.91 计算机仿真原理

TP391.92 计算机仿真技术、仿真系统

TP391.97 计算机仿真测试

TP391.99 计算机仿真应用

（2）"TP393.02 计算机网络结构"的下位类含有"计算机网络"或"网络"语词，应删去。同样为下位类的"网格"类目，并没用前面加"网络"语词限定。精简TP393.02类目下位类的类名，调整后的类名如下（划删除线的语词应删除）：

TP393 计算机网络

TP393.02 计算机网络结构

TP393.021 计算机网络体系结构

TP393.022 网络拓扑结构

TP393.027 网络计算与计算模式

TP393.028 网格技术

据笔者统计，在"计算机网络"下位类中，多处存在"网络"的重复

---

[1] 曾德良. 关于《中图法》第四版类名规范化研究[J]. 中国图书馆学报，2006（5）：102-104.

类名，限于篇幅，不再一一列举。

6. 规范类名：类名准确性

类名准确性是指类名所用语词或短语能确切反映类目的实际内容范围，内涵、外延清楚，具有专指的检索意义。《中图法》第五版TP类的一些类名表述不准确。

在同位类"TP312程序语言、算法语言"类目与"TP313汇编语言、汇编程序"类目，两个类目的类名概念外延有交叉，不够准确。

（1）程序语言、算法语言、汇编语言、机器语言区别。

算法语言是用于描述数值计算的一种程序设计语言。ALGOL（全称：AlGOrithmic Language）这个名称是算法语言的简称，这种语言不是计算机制造公司为某种特定机器设计的，而是纯粹面向描述计算过程的。

在计算机学科领域内，程序语言通常是一个能完整、准确和规则地表达人们的意图，并用以指挥或控制计算机工作的"符号系统"，也就是计算机在编制程序时所采用的语言。它可分为以下几类。

①第一代程序语言——机器语言。

机器语言是用二进制代码表示的计算机能直接识别和执行的一种机器指令的集合。它是计算机的设计者通过计算机的硬件结构赋予计算机的操作功能。

②第二代程序语言——汇编语言。

汇编语言（Assembly Language）是计算机科学家为了简化机器语言所设计的程序语言，它使用一些易记的文字或符号来代替机器语言的数字信号组。汇编语言亦称符号语言。

③第三代程序语言——高级语言。

高级语言（Hight Level Language）是一种类似英文语法的程序语言，是与自然语言相近并为计算机所接受和执行的计算机语言，它并不是特指某一种具体的语言，而是包括了很多编程语言。机器语言和汇编语言通称低级语言，它们的共同点就是面向机器；而高级语言是面向用户，无论何种机型的计算机，只要配备上相应的高级语言的编译或解释程序，则用该高级语言编写的程序就可以通用。

从程序语言分类和算法语言定义不难得出如下结论：

①程序语言包含了汇编语言、机器语言、高级语言，前者与后者的关系是总与分的概念。所以TP312程序语言类目与TP313汇编语言类目列为同位关系，是不符合事物的概念逻辑；

②汇编语言与机器语言是两种属性的语言，它们是并行关系；

③算法语言是早期的高级语言，两者是一个概念，隶属于程序语言；

④程序语言以字母的前两个字符区分，已能满足文献的分类需要，不需要新增"TP312.8算法语言"类目以区分。

据此，建议将它们的类名修改如表4-14所示：

表4-14 程序语言类名修改

修改前类名	修改后类名
TP312程序语言、算法语言	TP312高级程序语言
TP312.8算法语言	删除
TP313汇编语言、汇编程序	TP313低级程序语言 （汇编语言、机器语言入此）

（2）"文字"与"汉字"区别。

查询新华字典，得到如下解释："文字"是指记录语言的符号系统，包括英文、中文、拉丁文字等多语种。"汉字"是记录汉语的文字。显然"文字"的内涵包括"汉字"。在TP317.2类目里，将WORD等软件的开发称为"文字处理软件"，但在TP391软件使用的类目中，却将WORD的使用称为"汉字处理系统"。为了保持类名的科学性与一致性，建议将"TP3913.12汉字处理系统"类名改为"TP3913.12文字处理软件"。

（3）"网络语言"与"网络语言编程语言"区别。

"TP393.09计算机网络应用"类目下，类目注释"网络语言入TP312"。其中"网络语言"语词不够准确，易产生歧义。网络语言是伴随着网络的发展而新兴的一种有别于传统平面媒介的语言形式。[①] 它以简洁生动的形式从一诞生就得到了广大网友的偏爱，发展神速。简言之就是网络流行语。例如："火星"指的是啥都不知道的人；看不懂不叫看不懂，叫"晕"；提意见不叫提意见，叫"拍砖"，等等。从类名的严谨性角度考虑，建议将类目注释"网络语言"修改为"网络编程语言"或"网络程序语言"。

虽然《中图法》第五版TP类的修订，新增了许多新概念、新主题、新技术，使日益增长的新文献在《中图法》中有合理的归类；但《中图法》的修订，若能解决以上不足，并能照顾广大用户的实践体会，对一些长期困扰用户的疑难问题，如图形图像处理软件的应用分类过于粗泛，计算机水平考试丛书没有明确的类目等进行彻底解决，将会大大增强《中图法》的实用性，更好地适应图书馆类分文献的需要。

四、TP类分类要点

自动化技术是能自动控制、调节、检测机器进行数据处理、作业、加工的技术，它是电工、电子、通信、机械等多种技术的综合。

计算机技术文献根据其研究的对象和内容特点可分为计算机理论、计算机硬件技术、计算机软件技术和计算机技术应用等领域。

（1）"TP18 人工智能理论"，收智能模拟、智能控制方面的理论文献；凡属智能语言、智能程序设计方面的文献入TP31有关各类；有关智能计算机、神经网络计算机等文献入TP387、TP389.1；有关智能机器人文献入TP242.6。例：

《知识工程与知识管理》，陈文伟，陈晟编著，分类入TP182

《置信规则库专家系统与复杂系统建模》，周志杰著，分类入TP182

《神经网络结构优化方法及应用》，韩丽著，分类入TP183

---

① 孔正毅，张喧.试析网络语言的构成特征及其编辑管理[J].中国出版，2010（9）：63-65.

《生物计算机：日本的下一计算机》，神沼二真，松本元著，分类入TP387

《神经计算机》，王熙法等编著，分类入TP389.1

《机器人视觉测量与控制》，徐德等编著，分类入TP242.6

（2）有关自动控制理论入TP13，总论自动化系统的文献或智能控制系统入TP273，专论在某一方面的自动化具体应用入有关各类。例：

《自动控制原理》，谢昭莉主编，分类入TP13

《MATLAB自动控制系统设计》，张德丰等编著，分类入TP273

《电力拖动自动控制系统习题集》，白晶，吴勇编著，分类入TM921.5-44

《热工自动控制系统》，主编潘笑，潘维加，分类入TK323

《图书馆自动化集成系统》，李欣编著，分类入G250.71

《电网监控与调度自动化》，张永健主编，分类入TM734

（3）有关数据挖掘技术的入类。

数据挖掘（data mining），又译为资料探勘、数据采矿。它是数据库知识发现（knowledge-discovery in databases, KDD）中的一个步骤。数据挖掘一般是指从大量的数据中自动搜索隐藏于其中的有着特殊关系性的信息的过程。数据挖掘通常与计算机科学有关，并通过统计、在线分析处理、情报检索、机器学习、专家系统（依靠过去的经验法则）和模式识别等诸多方法来实现上述目标。data mining在各领域的应用非常广泛，只要该产业拥有具分析价值与需求的数据仓储或数据库，皆可利用mining工具进行有目的的挖掘分析。一般较常见的应用案例多发生在零售业、直效行销界、制造业、财务金融保险业、通信业以及医疗服务业等。

总论数据挖掘技术，涉及人工智能、神经网络，则入类TP18；若是涉及数据库基础理论，例如数据库仓库，则入类TP311.13，不能统一归入数据处理TP274。例：

《数据仓库与数据挖掘技术》，张兴会等编著，分类入TP311.13

《基于模糊推理系统的工业过程数据挖掘》，张立权著，分类入TP18

《数据挖掘技术》，谭建豪...[等]编著，分类入TP18

若应用到具体学科，则归入该学科。例：

《化学数据挖掘方法与应用》，陆文聪著，分类入O6-39

《地学数据挖掘与知识发现》，石广仁编著，分类入P-37

《SPSS统计分析与数据挖掘》，谢龙汉，尚涛编著，分类入C819

《生物信息学中的数据挖掘方法及应用》，梁艳春著，分类入Q811.4

《SAS编程与数据挖掘商业案例》，姚志勇编著，分类号入F712.3

（4）总论传感技术、灵敏元件、接收元件、测量元件及多功能传感器的著作入TP212，在某一方面具体应用的入应用类。例：

《传感与检测技术》，耿淬，刘冉冉主编，分类入TP212

《光纤光栅传感应用问题解析》，孙丽著，分类入TP212.1

《基于多光谱图像的高光谱遥感传感器辐射定标》，贾斐著，分类入TP732

《航天飞行器传感器》，阿比德著，分类入V443

（5）有关数据库文献的分类：总论数据库系统入TP311.132；各种具体数据库系统入TP311.138，依数据库系统名称的前两个字符区分；专用数据库总论入TP392，各种专用数据库入有关各类。例：

《数据库系统分析与实现》，刘云生编著，分类入TP311.132

《粗糙关系数据库》，安秋生著，分类入TP311.132.3

《Oracle Database 9i/10g/11g编程艺术》，凯特著，分类入TP311.138OR

《Visual FoxPro 9.0实用教程》，李明，顾振山主编，分类入TP311.138FO

《Visual Basic数据库系统开发自学手册》，安剑，孙秀梅编著，分类入TP311.138BA

《中国数据库大全》，佘健明主编，分类入TP392-62

《电子商务数据库技术》，冀汶莉主编，分类入F713.361.1

《林业科学数据库和数据共享技术标准与规范》，林业科学数据中心编，分类入S7-65

（6）关于手机操作系统的入类。

智能手机操作系统是一种运算能力及功能比传统功能手机系统更强的手机系统。目前应用在手机上的操作系统主要有Symbian（中文译为塞班）、Windows Phone（6.5之前的版本为Windows Mobile）、Android（中文译为安卓、安致）、iOS（iPhone）、Black Berry（中文译为黑莓）、Bada（仅适用于三星）、MeeGo（诺基亚和Intel的产物）、Maemo（仅适用于诺基亚）、Palm（后被惠普收购）、MTK（由联发科研发，国内手机主流操作系统）。《中图法》第五版明确规定：手机操作系统入类TP316。基于安卓、iOS、塞班、WP等的操作系统的程序设计综合论述入TP316；如果应用在某个领域，入相应的类。例如，有关手机操作系统动画应用开发、Flash嵌入应用开发，入TP317.48；多媒体应用开发，入TP317.5；手机游戏软件开发，入TP317.67。例：

《Android应用开发实战》，李宁著，分类入TP316

《Android平台开发之旅》，汪永松编著，分类入TP316

《Android游戏开发大全》，吴亚峰，苏亚光编著，分类入TP316.67

《移动多媒体应用程序设计》，吴中海，张齐勋编，分类入TP317.5

注：区别于类目TN929.53（类名：蜂窝式移动通信系统）。此类目侧重于从通信角度论述网络。就是说移动台的移动交换中心与公共的电话交换网（就是我们平时所说的电话网PSTN）之间相连，移动交换中心负责连接基站之间的通信，通话过程中，移动台（比如手机）与所属基站建立联系，由基站再与移动交换中心连接，最后接入公共电话网。

（7）关于CAD软件（计算机辅助设计）分类。

CAD是一类计算机辅助设计软件的总称。具体包括以下软件：UG软件、Solidworks软件、PRO/E软件、AutoCAD软件、PCCAD软件、CAXA-EB软件、Mastercam软件、3DSMAX软件、CATIA软件、Solid Edge软件、Creo软件、CAXA实体设计等。CAD软件广泛应用于建筑、机械、电子、汽车、航空航天、模具、仪表、轻工等制造行业。总论CAD软件入类TP391.72，具体应用则归入被应用学科。例：

《UG NX 7.5应用教程》，主编缪德建，分类入TP391.72

《UG NX 7.5数控编程基础与典型范例》，黄成，张文丽编著，分类入TG659.022

《UG NX 7.5模具设计基础与典型范例》，黄成，胡兴波编著，分类入TG760.2-39

《SolidWorks 2008三维机械设计》，葛正浩，李宗民，蔡小霞等编著，分类入TH122

《SolidWorks 2012宝典》，北京兆迪科技有限公司编著，分类入TP391.72

关于曲面造型的分类。主要是看书的内容，若是机械产品某个零部件的曲面造型，分类入TH122；若是工业产品的曲面造型，则入类TB472.2-，若应用到计算机技术，则入类TB472.2-39。例：

《UG NX 6中文版工业造型曲面设计案例解析》，王咏梅等编著，分类入TB472.2-39

《SolidWorks 2011中文版曲面造型从入门到精通》，贾雪艳等编著，分类入TH122

（8）TP317.1/.4，只收软件的开发、研制。有关软件的使用，入TP391各类。在TP391，收专用应用软件的总论性文件，专用应用软件均入有关各类，愿意集中，可用组配编号法。例：

《Office SharePoint Server 2007 OBA开发技术精解》TP317.1

《Word 2010中文版入门与实例教程》TP391.12

《计算机图形学》TP391.411

《条码技术及程序设计案例》TP391.44

（9）关于设计模式分类。若从软件工程，系统建模角度论述，分类入TP311.5（类名：软件工程）。例：

《软件设计精要与模式》，张逸著，分类入TP311.5

《软件秘笈：设计模式那点事》，郑阿奇主编，分类入TP311.5

若从编程角度，主要以方法为主导，结合某种编程语言，把程序设计方法学研究中若干成熟的理论和方法用通俗易懂的语言描述出来，阐述编程共性的部分，分类入TP311.11（类名：程序设计方法）。例：

《设计模式.NET并行编程》，（美）Colin Campbell ... [等] 著，分类入TP311.11

（10）关于射频识别（RFID）的分类。

射频识别即RFID（Radio Frequency IDentification）技术，又称电子标签、无线射频识别，是一种通信技术，可通过无线电讯号识别特定目标并读写相关数据，而无需识别系统与特定目标之间建立机械或光学接触。

总论射频识别原理、技术，分类为TP391.45；专论射频识别在各领域的应用入有关各类，例如：若是从物联网角度论述，分类为TP393.4。例：

《无线射频识别（RFID）技术基础》，彭力编著，分类入TP391.45

《物联网条码技术与射频识别技术》，庞明主编，分类入TP393.4

在四版分类中，射频识别技术放入TN911.23，启用五版后，停止放入此类

（11）关于网址资源管理分类。

在《中图法》第四版有关网址资源管理，先分入互联网TP393.4后，再仿分TP393.092，最后分类为TP393.409.2。但《中图法》第五版明确有关网址资源管理，改入TP393.071，直接入此类，不再仿分。例：

《实用网址速查手册》，东方工作室编，分类入TP393.071

（12）关于计算机语言分类。

那些围绕语言而产生的开发环境，如visual等。在第五版中作为计算机语言的代码的举例不恰当。所以我们依然去掉这些环境代码，而直接取语言本身，如visual C++就是C++，取号TP312C++，而不是TP312VC。

（13）总论计算机语言编程技术，入TP312各语言类目；专论计算机语言应用在各领域，分类入被应用学科。例：

《Visual Basic .NET自动化系统监控》，范逸之，廖锦棋编著，分类入TN919，不入TP312BA

《51单片机C语言程序设计经典实例》，陈忠平编著，分类入TP368.1，不入TP312C

《数字图像处理原理与实践：基于Visual C++开发》，左飞，万晋森，刘航著，分类入TN911.73，既不入类TP312C++，也不入类TP312VC

《Visual C++数字图像模式识别典型案例详解》，冯伟业，梁洪，王臣业编著，分类入TP317.4

《计算机图形学实验及课程设计：Visual C++版》，孔令德编著，分类入TP391.411

（14）关于计算机网络安全的分类。

有关计算机网络安全理论、安全评估、网络安全软件的应用等入类TP393.08；有关网络安全软件的开发入TP311.563。例：

《网络安全高级软件编程技术》，吴功宜主编，分类入TP311.563

《网络攻防原理与实践》，田俊峰，杜瑞忠，杨晓晖编著，分类入TP393.08

（15）关于嵌入式系统的分类。

嵌入式系统（embedded system）是一种"完全嵌入受控器件内部，为特定应用而设计的专用计算机系统"，嵌入式系统本身是一个外延极广的名词，凡是与产品结合在一起的具有嵌入式特点的控制系统都可以叫嵌入式系统。嵌入式计算机系统起源于微型机时代。国内学界普遍认同的嵌入式系统定义为：以应用为中心，以计算机技术为基础，软硬件可裁剪，适应应用系统对功能、可靠性、成本、体积、功耗等严格要求的专用计算机系统。嵌入式微处理器目前主要有X86、Am186/88、ARM、MIPS、PowerPC68K等系列。嵌入式操作系统是指用于嵌入式系统的操作系统，通常包括与硬件相关的底层驱动软件、系统内核、设备驱动接口、通信协议、图形界面、标准化浏览器等。目前在嵌入式领域广泛使用的操作系统有：嵌入式Linux、Windows Embedded、VxWorks等，以及应用在智能手机和平板电脑的Android、iOS等侧重论述嵌入式系统的微处理器，控制器，分类入TP332；侧重论述嵌入式操作系统，分类入TP316下位类；综合论述嵌入式系统原理、系统设计，包括软件、硬件部分，分类入TP360.21；侧重论述嵌入式DSP系统，分类入TN911.72 [注：DSP是数字信号处理（digital signal processing）的简称]。例：

《ARM嵌入式微控制器程序设计入门》，机器人实习教材研究会主编，分类入TP332.1

《ARM嵌入式系统移植实战开发》，韩少云、奚海蛟、谌利编著，分类入TP316.85

《嵌入式系统原理、设计及开发》，（美）Shibu K V著，分类入TP360.21

《嵌入式系统原理与应用：基于ARM微处理器和Linux操作系统》，朱华生等编著，分类入TP360.21

《嵌入式DSP应用系统设计及实例剖析》，郑红，刘振强，李振编著，分类入TN911.72

《FPGA嵌入式系统设计与开发指南》，林英撑，童晓华，刘向宇编著，分类入TP332.2（注：FPGA是可编程序逻辑器件）

《物联网与嵌入式系统开发》，刘连浩编著，分类入TP393.4

《STM32F207高性能网络型MCU嵌入式系统设计》，分类入TP332.3

注：现场可编程门阵列（FPGA）是可编程器件，与传统逻辑电路和门阵列（如PAL，GAL及CPLD器件）相比，FPGA具有不同的结构。

（16）关于数控加工、数控编程的分类。

用计算机应用软件进行数控加工、数控编程，在《中图法》（第四版）分类是TG659或TG659-39，第五版新增分类号后，统一入类：TG659.022。例：

《Creo Parametric 1.0中文版数控加工从入门到精通》，胡仁喜，王宏等编著，分类入TG659.022

（17）论述云计算，普适计算等WEB计算模式入类：TP393.027。例：

《云计算普适计算及其商务应用》，朱珍民...[等]译，分类入TP393.027

（18）关于系统集成项目管理工程师分类。

系统集成项目管理工程师是全国计算机技术与软件专业技术资格（水平）考试新增开的一门考试，系统集成项目管理工程师主要在计算机信息系统建设和集成工作中担任相关的项目管理工作。宜分类：TP311.5软件工程，而不是入类G203信息管理。例：

《准项目经理（系统集成项目管理工程师）的5天修炼》，邓子云，刘毅编著，分类入TP311.5

（19）关于计算机数据中心的分类。

数据中心是一整套复杂的设施。它不仅仅包括计算机系统和其他与之配套的设备（例如通信和存储系统），还包含冗余的数据通信连接、环境控制设备、监控设备以及各种安全装置。谷歌在其发布的 *The Datacenter as a Computer* 一书中，将数据中心解释为"多功能的建筑物，能容纳多个服务器以及通信设备。这些设备被放置在一起是因为它们具有相同的对环境的要求以及物理安全上的需求，并且这样放置便于维护"，而"并不仅仅是一些服务器的集合"，更不是一个数据库系统。从传统数据中心到云计算数据中心是一个渐进的过程。综合和论述计算机数据中心管理的文献，宜入类TP308，而不是TP311.13。例：

《新一代数据中心建设理论与实践》，朱伟雄，王德安，蔡建华编译，分类入TP308

《云计算时代的数据中心》，袁玉宇，刘川意，郭松柳著，分类入TP308

论述计算中心房屋建筑结构设计与施工的文献，入类TU244.5，侧重于计算中心电气设备的文献，入类TU85。例：

《数据通信设备中心结构与抗震指南》，陈亮译，分类宜入TU244.5，不入类TP308

《数据中心电气设计》，欧阳东主编，分类宜入TU85，不入类TP308

（20）关于网站开发与计算机网络编程语言区分。

网站开发一般综合运用到编程语言、数据库系统、服务器配置等，不是单纯论述编程语言。例：

《PHP+MySQL网站开发全程实例》，于荷云编著，分类入TP393.09，而不是TP312PH

（21）关于计算机软件升级所引起的版本变化。

例：

第一版题名：《UG NX 5.0数控加工教程》；第四版题名：《UG NX 8.0数控加工教程》第四版，在著录第四版时，要注意计算机软件升级所引起的题名变化

```
311    a 本书第一版题名《UG NX 5.0数控加工教程》
451  0 1 001000651965
       1 001CAL 0120008182401
       1 2001^
       a UG NX 5.0数控加工教程
       1 210^^
       a 北京
       c 机械工业出版社
       d 2009
       1 701^0
       a 展迪优
```

五、计算机语言分类说明

计算机语言有高级语言和低级语言之分。而高级语言又主要是相对于汇编语言而言的，它是较接近自然语言和数学公式的编程，基本脱离了机器的硬件系统，用人们更易理解的方式编写程序。编写的程序称为源程序。

在《中图法》TP312类目如下注释："高级语言等入此 依语言名称的前两个字符（以英文字母开始）区分，并按字母序列排，若程序语言名称的前两个字符相同时，取第三个位字母，以此类推。"高级语言并不是特指的某一种具体的语言，而是包括很多编程语言，如流行的java、c、c++、C#、pascal、python、lisp、prolog、FoxPro、易语言、中文版的C语言等等，这些语言的语法、命令格式都不相同。《中图法》虽然给出了类目的注释，但并未给出具体的分类号，由于编员理解偏差，同一个编程语言不同版本，却误分为不同类目，易造成分类混乱。例如：BASIC语言是一种设计给初学者使用的程序设计语言，计算机厂商不断地在原有的BASIC基础上进行功能扩充，出现了多种BASIC版本，例如TRS-

80 BASIC、Apple BASIC、GWBASIC、IBM BASIC（BASICA）、True BASIC、Quick BASIC、QBASIC、Visual Basic、Visual Basic .NET，在分类时，这些不同版本的语言统一取分类号TP312BA。计算机高级语言分类及说明见表4-15。

表4-15 计算机高级语言分类及说明

计算机语言	统一分类	主要说明
Ada语言	TP312AD	Ada是一种表现能力很强的通用程序设计语言，它是美国国防部为克服软件开发危机，耗费巨资，历时近20年研制成功的。它被誉为第四代计算机语言的成功代表。
ALGOL语言	TP312AL	ALGOL国际代数语言是计算机发展史上首批产生的高级语言，当时还是晶体管计算机流行的时代，由于ALGOL语句和普通语言表达式接近，更适于数值计算，所以ALGOL多用于科学计算机。
APL语言	TP312AP	APL是A Programming Language或Array Processing Language的缩写。肯尼斯·艾佛森1962年设计这个语言时正在哈佛大学工作。APL是一种非常有力的、表达丰富的和简明的编程语言。它一般被用在一个与用户接口的环境中。
BASIC语言	TP312BA	BASIC是一种设计给初学者使用的程序设计语言。BASIC是一种直译式的编程语言，在完成编写后不需经由编译及连结等手续即可执行，但如果需要单独执行时仍然需要将其建成执行档。
Borland C++	TP312C++	Borland C++是C++的一种开发环境。
C语言	TP312C	C语言是1972年由美国的Dennis Ritchie设计发明的。它由早期的编程语言BCPL（Basic Combind Programming Language）发展演变而来。C语言具有绘图能力强、可移植性的特点，并具备很强的数据处理能力，因此适于编写系统软件，三维、二维图形动画及需要对硬件进行操作的场合。它也是数值计算的高级语言。

续表

计算机语言	统一分类	主要说明
C#语言	TP312C#	C#（读作"C sharp"，中文译音暂时没有，专业人士一般读"C sharp"，现在很多非专业一般读"C井"）。C#是微软公司在2000年6月发布的一种新的编程语言，由C和C++衍生出来的面向对象的编程语言。
C++语言	TP312C++	C++语言是一种优秀的面向对象程序设计语言，它在C语言的基础上发展而来，但它比C语言更容易为人们学习和掌握。常用的开发环境有Microsoft Visual C++, Borland C++, Watcom C++, borland c++ Builder, Borland C++ 3.1 for DOS, Watcom C++ 11.0 for DOS, GNU DJGPP C++。
CGI	TP312CG	CGI是一个用于定Web服务器与外部程序之间通信方式的标准，使得外部程序能生成HTML、图像或者其他内容，而服务器处理的方式与那些非外部程序生成的HTML、图像或其他内容的处理方式是相同的。
CHILL语言	TP312CH	用于程控交换系统程序设计的高级语言。
COBOL语言	TP312CO	COBOL（面向商业的通用语言，又称为企业管理语言、数据处理语言等, Common Business Oriented Langauge）是最早的高阶程式语言之一，是世界上第一个商用语言。
[DHTML]	TP312HT	DHTML是Dynamic HTML的简称，就是动态的html，是相对传统的静态的html而言的一种制作网页的概念。所谓动态HTML（Dynamic HTML，简称DHTML），其实并不是一门新的语言，它只是HTML、CSS和客户端脚本的一种集成，即一个页面中包括html+css+javascript（或其他客户端脚本），其中css和客户端脚本是直接在页面上写而不是链接上相关文件。DHTML不是一种技术、标准或规范，只是一种将目前已有的网页技术、语言标准整合运用，制作出能在下载后仍然能实时变换页面元素效果的网页设计概念。
Erlang语言	TP312ER	Erlang是一种通用的面向并发的编程语言，它由瑞典电信设备制造商爱立信所辖的CS-Lab开发，目的是创造一种可以应对大规模并发活动的编程语言和运行环境。

续表

计算机语言	统一分类	主要说明
F#语言	TP312F#	F#是由微软开发的为微软.NET语言提供运行环境的程序设计语言。它是基于Ocaml的，而Ocaml是基于ML函数程序设计语言的。
FORTRAN语言	TP312FO	FORTRAN语言是世界上第一个被正式推广使用的高级语言。它是1954年被提出来的，1956年开始正式使用，至今已有五十多年的历史。
GPSS语言	TP312GP	一种离散系统仿真语言，又称通用仿真系统语言，英文缩写为GPSS。GPSS语言是面向框图的进程型语言，已在离散系统仿真中得到广泛应用。
Groovy语言	TP312GR	Groovy是一种基于JVM的敏捷开发语言，它结合了Python、Ruby和Smalltalk的许多强大的特性。
HyperScript语言	TP312HY	HyperScript是一种解释性编程语言，用于构建事件驱动的自动化应用的一个类似C的语法。
HTML语言	TP312HT	超文本标记语言，即HTML（Hypertext Markup Language），是用于描述网页文档的一种标记语言。
ICON语言	TP312IC	ICON语言是一种高级编程语言，具有强有力的字符串及结构分析和处理能力，适合于解决人文科学领域中的问题，在欧美许多大学的文科院系，ICON语言为必修课程。
JAVA语言	TP312JA	Java是一种可以撰写跨平台应用软件的面向对象的程序设计语言，是由Sun Microsystems公司于1995年5月推出的Java程序设计语言和Java平台（JavaSE，JavaEE，JavaME）的总称。
LISP语言	TP312LI	Lisp 语言最早是在 20 世纪 50 年代末由麻省理工学院（MIT）为研究人工智能而开发的。AutoLISP是由Autodesk公司开发的一种LISP程序语言。通过autolisp编程，可以节省工程师很多时间。AutoLISP语言作为嵌入在AutoCAD内部的具有智能特点的编程语言，是开发应用AutoCAD不可缺少的工具。
LOGO语言	TP312LO	LOGO语言是一种早期的编程语言，也是一种与自然语言非常接近的编程语言，它通过"绘图"的方式来学习编程，对初学者特别是儿童进行寓教于乐的教学。

续表

计算机语言	统一分类	主要说明
Lua脚本语言	TP312LU	Lua是一个小巧的脚本语言。
MATLAB语言	TP312MA	MATLAB语言是一种高级的基于矩阵/数组的语言，它有程序流控制、函数、数据结构、输入/输出和面向对象编程等特色。
ML语言	TP312ML	ML是一个通用的函数式编程语言，它是由爱丁堡大学的Robin Milner及他人在20世纪70年代晚期开发的。
Modula语言	TP312MO	20世纪70年代中期，为适应并发程序设计的需要，沃思成功开发了一个获得广泛应用的语言Modula。Modula除了提供并发程序设计功能之外，还引进了模块概念。Modula—2是在Modula的基础上开发的新版本。
MUMPS语言	TP312MU	MUMPS语言，简称：M技术，全称：Massachusetts General Hospital Utility Multi-Programming System，麻省总医院多用途程序设计系统；算起来也是一种古老的语言了，与FORTRAN和COBOL属于同时代的语言。因为这门语言最主要是用于医疗数据库方面，所以其应用并不像SQL Server、Oracal等那么广泛。
OCCAM语言	TP312OC	Occam是INMOS公司和C.A.R Hoare一起提出的一种新的语言。Occam的设计基于并发（Concurrency）和通讯（Communication）的概念，它不仅能够有效地实现今日的应用，而且也为未来的多处理机系统打下了基础，能满足第五代计算机的设计目标。
PASCAL语言	TP312PA	Pascal是一种计算机通用的高级程序设计语言，是使用最广泛的基于DOS的语言之一。Pascal有5个主要的版本，分别是Unextended Pascal、Extended Pascal、Object-Oriented Extensions to Pascal、Borland Pascal和Delphi Object Pascal。Turbo Pascal系列软件是由美国Borland公司设计、研制的一种适用于微机的Pascal编译系统。
Perl语言	TP312PE	Perl最初的设计者为拉里·沃尔（Larry Wall），他于1987年发表。Perl借取了C、sed、awk、shell scripting以及很多其他程序语言的特性。其中最重要的特性是它内部集成了正则表达式的功能，以及巨大的第三方代码库CPAN。

续表

计算机语言	统一分类	主要说明
PHP语言	TP312PH	PHP，是英文超文本预处理语言Hypertext Preprocessor的缩写。PHP是一种HTML内嵌式的语言，是一种在服务器端执行的嵌入HTML文档的脚本语言，语言的风格有类似于C语言，被广泛地运用。
PL/I语言	TP312PL	PL/I语言是Programming Language One的简写，是IBM公司在1950年代发明的第三代高级编程语言，用于IBM的MVS或迪吉多的VAX/VMS等操作系统中。在系统软件、图像、仿真、文字处理、网络、商业软件等领域均可应用。有些类似PASCAL语言。
PL/M语言	TP312PLM	PL/M语言是一种高级语言，它由美国INTEL公司设计，主要用于Intel公司生产的单片机和微处理器系统软件和应用软件的开发。作为高级语言，它更接近和体现人的设计思想。
Prolog语言	TP312PR	Prolog（Programming in Logic的缩写）是一种逻辑编程语言。它建立在逻辑学的理论基础之上，最初被运用于自然语言等研究领域。现在它已广泛地应用在人工智能的研究中，它可以用来建造专家系统、自然语言理解、智能知识库等。20世纪80年代Borland开发的Turbo Prolog开发环境，进一步普及了Prolog的使用。
Python语言	TP312PY	Python语言是一种面向对象、直译式计算机程序设计语言，由Guido van Rossum于1989年底发明，第一个公开发行版发行于1991年。Python语法简捷而清晰，具有丰富和强大的类库。它常被昵称为胶水语言，它能够很轻松地把用其他语言制作的各种模块（尤其是C/C++）轻松地联结在一起。
R语言	TP312R	R语言主要用于统计分析、绘图的语言和操作环境。R本来是由来自新西兰奥克兰大学的Ross Ihaka和Robert Gentleman开发（也因此称为R），现在由"R开发核心团队"负责开发。R是基于S语言的一个GNU项目，所以也可以当作S语言的一种实现，通常用S语言编写的代码都可以不作修改的在R环境下运行。
REDUCE语言	TP312RE	REDUCE语言是一种计算机代数语言，是指借助于电子计算机进行解析运算的一种程序语言。

续表

计算机语言	统一分类	主要说明
Ruby语言	TP312RU	Ruby语言是一种简单快捷面向对象程序设计的脚本语言，由日本人松本行弘开发，是一个语法像Smalltalk一样完全面向对象、脚本执行、又有Perl强大的文字处理功能的编程语言。
SystemC语言	TP312SY	System C语言是一种软/硬件协同设计语言，一种新的系统级建模语言。它包含了一系列C++的类和宏，并且提供了一个事件驱动的模拟核，使得系统的设计者能够用C++的词法模拟并行的进程，特别是在SoC系统中。SystemC是在C++的基础上扩展了硬件类和仿真核形成的，由于结合了面向对象编程和硬件建模机制原理两方面的优点，可在抽象层次的不同级进行系统设计。
System Verilog语言	TP312SV	SystemVerilog简称为SV语言，是一种相当新的语言，它建立在Verilog语言的基础上，是 IEEE 1364 Verilog-2001 标准的扩展增强，兼容Verilog 2001，并新近成为下一代硬件设计和验证的语言。
TCL语言	TP312TC	TCL语言，最早称为"工具命令语言"，是一种脚本语言，由John Ousterhout创建。TCL很好学，功能很强大。TCL经常被用于快速原型开发、脚本编程、GUI和测试等方面。
True BASIC	TP312BA	BASIC语言的开发环境之一。
Turbo C	TP312C	C语言开发环境之一。
TURBO PROLOG	TP312PR	一种逻辑编程语言，prolog的变种之一。
UML语言	TP312UM	UML中文名称：统一建模语言；英文名称：unified modeling language；是一种面向对象的建模语言，它是运用统一的、标准化的标记和定义实现对软件系统进行面向对象的描述和建模。
Visual Basic语言	TP312BA	Basic语言的可视化开发环境。
Visual C++语言	TP312C++	C++语言可视化开发环境。

续表

计算机语言	统一分类	主要说明
Verilog HDL 语言	TP312VE	Verilog HDL是一种硬件描述语言（HDL：Hardware Discription Language），是一种以文本形式来描述数字系统硬件的结构和行为的语言，用它可以表示逻辑电路图、逻辑表达式，还可以表示数字逻辑系统所完成的逻辑功能。Verilog HDL和VHDL是目前世界上最流行的两种硬件描述语言，都是在20世纪80年代中期开发出来的。
VHDL语言	TP312VH	VHDL的英文全名是 Very-High-Speed Integrated Circuit Hardware Description Language，而VHSIC则是 Very High Speed Integrated Circuit的缩写，意为甚高速集成电路，故VHDL准确的中文译名为高速集成电路的硬件描述语言。1987年底，VHDL被IEEE和美国国防部确认为标准硬件描述语言。VHDL主要用于描述数字系统的结构、行为、功能和接口。除了含有许多具有硬件特征的语句外，VHDL的语言形式和描述风格与句法是十分类似于一般的计算机高级语言。
Verilog HDL 语言	TP312VHD	Verilog HDL是一种硬件描述语言（HDL：Hardware Discription Language），是一种以文本形式来描述数字系统硬件的结构和行为的语言，用它可以表示逻辑电路图、逻辑表达式，还可以表示数字逻辑系统所完成的逻辑功能。
Visual J++	TP312JA	Visual J++是微软公司研制的一款Java集成开发环境，使用的语言是J++。J++语言是Java语言的一个变种，其语法、关键字等均与Java相同，宜入类TP312JA。
VRML语言	TP312VR	VRML的英文全称为Virtual Reality Modeling Language，即虚拟现实建模语言。按照Web3D协会的定义，VRML语言是一种用于在Internet上构筑3D多媒体和共享虚拟世界的开放式语言标准。
WML语言	TP312WM	WML（Wireless Markup Language－无线标记语言）。它是一种从HTML继承而来的标记语言，但是WML基于XML，因此它较HTML更严格。

续表

计算机语言	统一分类	主要说明
XBRL语言	TP312XB	XBRL（The Extensible Business Reporting Language），即可扩展商业报告语言，是互联网企业财务报告编制、发布（可以采用各种格式）、数据交换和财务报表及所含信息分析的一种标准方法。在XBRL出现之前，网上通用的是HTML（Hyper Text Markup Language，超媒体标记语言）格式的网络财务报告。但HTML只是一种简单的表示性语言，无法表达和区分数据的具体内涵和自动处理文件，可扩展性差，用户也不能自定义有意义的标签。为解决这些问题，XBRL应运而生。
XHTML语言	TP312XH	XHTML是The Extensible HyperText Markup Language（可扩展超文本标识语言）的缩写。HTML是一种基本的WEB网页设计语言，XHTML是一个基于XML的置标语言。
XML语言	TP312XM	可扩展置标语言（Extensible Markup Language，简称XML），又称可扩展标记语言。它与HTML一样，都是SGML（标准通用标记语言）。XML是Internet环境中跨平台的、依赖于内容的技术，是当前处理结构化文档信息的有力工具。
XSLT语言	TP312XS	XSLT是一种用于将XML文档转换成任意文本的描述语言。
Visual C#	TP312C#	
Visual D++	TP312D++	
uvm	TP312UV	基于System Verilog的验证方法学。
Clojure	TP312CL	Clojure是一种运行在Java平台上的Lisp语言。

第六节 《中国图书馆分类法》（第五版）TN类修订

一、TN类目修订汇总

《中图法》第五版TN大类是无线电电子学、电信技术。

（一）新增类目①（见表4-16）

表4-16 《中国图书馆分类法》（第五版）TN类新增类目

分类号及类名	分类号及类名
TN702.2计算机辅助设计	TN929.537第四代移动通信系统（4G）
TN224红外夜视技术、红外夜视仪	TN929.59其他
TN710.4模拟电路	TN948.50一般性问题
TN710.6各种频率的电子电路	TN948.501理论
TN914.54空分多址（SDMA）通信	TN948.502设计与计算
TN916.54网络电话	TN948.503结构
TN926.1无线接入技术	TN948.504材料
TN926.21超宽带（UWB）技术	TN948.505制造工艺
TN926.22蓝牙（Bluetooth）技术	TN948.506测试，调整
TN926.23ZigBee协议	TN948.507维修，保养
TN926.24无线保真（Wi-Fi）技术	TN948.509应用
TN929.2散射通信	TN948.65视频监控系统
TN929.534空分多址（SDMA）移动通信	TN949.293移动电视

① 中国图书馆分类法编辑委员会.中国图书馆分类法（第五版）[M].北京：北京图书馆出版社，2010.

续表

分类号及类名	分类号及类名
TN929.536第三代移动通信系统（3G）	TN967各种方式和用途的导航系统

（二）修改类目（见表4-17）

表4-17 《中国图书馆分类法》（第五版）TN类修改类目

修改前类目名称	修改后类目名称
TN无线电电子学、电信技术	TN电子技术、通信技术
TN643扬声器（耳机入此）	TN642受话器（耳机入此）
TN912.23放音机	TN912.23放音机，录放机
TN912.231光学放音机	TN912.231数字放音机
TN916.52载波电话：按传输途径分	TN916.52各种传输途径的载波电话
TN916.53载波电话：按调制途径分	TN916.53各种调制方式的载波电话
TN921无线电话	TN921无线电通信基础
TN926散射通信	TN926无线接入技术与无线通信网
TN926.2电离层散射通信	TN926.2无线个域网（WPAN）通信
TN926.3平流层散射通信	TN926.3无线局域网（WLAN）通信
TN916.52载波电话：按传输途径分	TN916.52各种传输途径的载波电话
TN916.53载波电话：按调制途径分	TN916.53各种调制方式的载波电话

（三）停用类目（见表4-18）

表4-18 《中国图书馆分类法》（第五版）TN类停用类目

停用类号与类目名称	改入分类
TN104.7–TN104.8	TN104电真空器件材料
TN221、TN222	TN22夜视技术、夜视仪
TN351–TN359.2	TN35半导体整流器（增加注释）

续表

停用类号与类目名称	改入分类
TN387.1-TN387.5	TN387体效应器件（增加注释）
TN913.311通信架空裸线线路	TN913.31
TN913.312通信架空电缆线路	TN913.31
TN913.313通信线和高压线混合架空线路	TN913.31
TN913.314架空光缆线路	TN913.31
TN913.321地下通信电缆线路	TN913.32
TN913.322水底通信电缆线路	TN913.32
TN913.323充油通信电缆线路	TN913.32
TN913.324充气通信电缆线路	TN913.32
TN913.325同轴通信电缆线路	TN913.32
TN913.326空心通信电缆线路	TN913.32
TN913.331地下光缆线路	TN913.33
TN913.332水底光缆线路	TN913.33
TN915.18模拟通信网	TN915.9
TN915.19模拟-数字通信网	TN915.9
TN916.411磁石交换机	TN916.41
TN916.412共电交换机	TN916.41
TN916.413复式塞孔交换机	TN916.41
TN916.414无塞绳交换机	TN916.41
TN916.512增音站，增音站设备，增音机	TN916.51
TN916.513信号装置	TN916.51
TN916.514载供装置，主振器	TN916.51
TN916.515长途通信控制和调整设备	TN916.51
TN916.516长途电话接续制度	TN916.51
TN916.511终端站，终端站设备，载波机	TN916.51
TN916.521明线载波电话	TN916.52

续表

停用类号与类目名称	改入分类
TN916.522 电缆载波电话	TN916.52
TN916.523 同轴电缆载波电话	TN916.52
TN916.524 电力线载波电话	TN916.52
TN916.525 短距离载波电话	TN916.52
TN916.531 调幅载波电话	TN916.53
TN916.532 调频载波电话	TN916.53
TN916.533 调相载波电话，多相载波电话	TN916.53
TN916.534 脉冲调制载波电话，脉码调制载波电话	TN916.53
TN916.535 增量调制载波电话	TN916.53
TN916.536 时间复用载波电话	TN916.53
TN917.111 频率分配	TN917.11
TN917.112 传输速度和带宽	TN917.11
TN917.113 信号畸变	TN917.11
TN917.114 信号的同步	TN917.11
TN917.21 电报电码波形	TN917.2
TN917.22 电报编码制式	TN917.2
TN917.31 直流电路线路	TN917.3
TN917.32 实践	TN917.3
TN917.33 幻线	TN917.3
TN917.61 中继器	TN917.6
TN917.62 电报交换系统	TN917.6
TN917.63 人工转接系统	TN917.6
TN917.64 自动转接系统	TN917.6
TN917.65 电子式转接系统	TN917.6
TN917.66 专用交换系统	TN917.6

续表

停用类号与类目名称	改入分类
TN917.67 载波电报及直流电报交的转接	TN917.6
TN917.71 人工电报，人工电报机，莫尔斯电报机	TN917.7
TN917.72 自动电报，高速电报，自动电报机	TN917.7
TN917.75 单工电报	TN917.7
TN917.76 半双工电报	TN917.7
TN917.77 双工电报	TN917.7
TN917.831 照相式	TN917.83
TN917.832 电势记录式	TN917.83
TN917.833 磁电打印式	TN917.83
TN917.834 波纹式	TN917.83
TN917.835 电解记录式	TN917.83
TN917.836 电热记录式	TN917.83
TN917.837 静电记录式	TN917.83
TN917.841 简易传真	TN917.84
TN917.842 真迹传真	TN917.84
TN917.843 相片传真	TN917.84
TN917.844 摹写传真	TN917.84
TN917.845 彩色传真	TN917.84
TN917.846 市内传真	TN917.84
TN917.847 干线传真	TN917.84
TN917.951 无线印字电报	TN917.95
TN917.952 无线传真电报	TN917.95
TN917.953 多路无线电报	TN917.95
TN925.93 无线用户环路（无线接入网）	TN926
TN926.6 人造反射物通信	TN929.2

续表

停用类号与类目名称	改入分类
TN967.3他备式无线电导航系统	TN967
TN967.4盲目着陆导航系统	TN967

（四）删除类目（见表4-19）

表4-19 《中国图书馆分类法》（第五版）TN类删除类目

TN815空腔谐振器，谐振腔	TN912.29电声设备的维修
TN913.2--------TN913.27	TN914.54空分多址（SDMA）通信
TN922无线电报	TN917.41------TN917.54
TN917.742-----TN917.748	TN949.195单通道电视
TN949.196双通道电视	

二、TN类分类细则

（1）注意区分从物理学角度研究无线电物理学、电子物理学等理论的文献和从应用技术角度研究无线电电子学技术的文献。

本类中的"TN011电波传播、传播机理""TN1真空电子技术""TN3半导体技术""TN701基本电子半导体物理学"与自然科学类的"O45无线电物理学""O46真空电子学""O47半导体物理学"等在内容上有一定的交叉，类分文献时应注意文献论述的重点和写作意思。凡侧重于物理现象研究的文献，应归入物理学有关类目；凡侧重于研究无线电电子器件理论、设计、制造的文献，应归入本类。例：

《无线电波传播基础》，克里斯托弗·哈斯利特著，分类入TN011

《半导体物理学》，黄昆，谢希德著，分类入TN011

《真空电子技术》，廖复疆主编，分类入TN1

《阴极电子学》，林祖伦，王小菊编著，分类入O462

《硅基光电子学》，周治平主编，分类入TN304.2

（2）总论电子技术基础理论，分类入TN01。例：

《电子技术应用实验教程》，主编陈瑜，分类入TN01-33

《光电子技术》，安毓英…[等]编著，分类入TN2

《数字电子技术基础实验教程》，丛红侠，郭振武，刘广伟编著，分类入TN79-33

《微电子技术专业英语》，王波，谈向萍主编，分类入TN4-43

《〈模拟电子技术基础〉（第2版）学习指导与习题解答》，耿苏燕主编，分类入TN710.4（新增类目）

《电力电子技术》，李彦梅，王卓主编，分类入TM1

《电工电子技术》，陈佳新主编，分类入TM

（3）TN7基本电子电路类目，新增类号：TN702.2计算机辅助设计、TN710.4模拟电路、TN710.6各种频率的电子电路。

论述EDA技术、分析、计算的文献入类TN702.2，而不是上位类TN702；论述模拟电路，分类入TN710.4，而不是上位类TN710。例：

《EDA技术与VHDL编程》，李俊编著，分类入TN702.2

《嵌入式系统中的模拟电路设计》，黄智伟编著，分类入TN710.4

《模拟电路实验》，李宁主编，分类入TN710.4

《高频电路原理及应用》，朱代先主编，分类入TN710.6

（4）注意电工电路与电子电路二者著作的区别。

前者系以电能传输为对象的电路，其有关文献应入TM13有关各类；后者以电子信号传输为对象的电路，其有关文献入TN7各类。有关总论电路理论的著作入TM13，电路分析的著作入TM133；总论电子管电路或晶体管电路、模拟电路、各种频率的电子电路入TN710.1/.6，凡属关于某一种具体电器产品的电子电路的著作，则各入其类。例：

《电路基础》，王超红主编，分类入TM13

《电路分析实用教程》，窦建华主编，分类入TM133

《晶体管电路活用技巧》，柴田肇著，分类入TN710.2

（5）数字逻辑是数字电路逻辑设计的简称，其内容是应用数字电路进行数字系统逻辑设计。在《中国分类主题词表》里查询如下：

《数字逻辑》，周德仿，胡家宝主编，分类入 TP302.2

（6）无线传感器网络（Wireless Sensor Network，简称 WSN）是由大量的静止或移动的传感器以自组织和多跳的方式构成的无线网络，以协作地感知、采集、处理和传输网络覆盖地理区域内被感知对象的信息，并最终把这些信息发送给网络所有者。

从传感器到无线传感器再到无线传感器网络，其技术的发展经历了三个阶段。总体来说属于无线网络的范畴。宜入 TN926 类。

例：

《无线传感器网络安全技术概论》，沈玉龙 … [等] 编著，分类宜入 TN926，不宜入类 TP212

（7）总论无线电技术的文献入 TN014，总论无线电设备、电信设备的入 TN8，专论性文献入有关各类。如无线通信入 TN92，无线广播入 TN934，无线电定位入 TN95，无线电导航入 TN96，船舶无线电导航系统入 U666.14，航空无线电导航仪入 V241.62。例：

《认知无线电技术与应用》，党建武，李翠然，谢健骊编著，分类入 TN014

《无线通信原理与应用》，Theodore S. Rappaport 著，分类入 TN92

《无线电定位理论与技术》，田孝华，周义建著，分类入 TN95

《无线电导航原理及应用》，吴苗 … [等] 编著，分类入 TN961

（8）图像识别是利用计算机对图像进行处理、分析和理解，以识别各种不同模式的目标和对象的技术，所以图像识别技术包含有图像处理。论述图像处理，并把处理结果应用到图像识别中，分类入 TP391.412；计算机图像信号处理及总论数字图像处理入 TN911.73；计算机图像处理入 TP391.41；；图像处理软件的应用，分类入 TP391.41；传真信号处理入 TN917.81；图像编码入 TN919.81；电视图像信号处理入 TN941.1 类。例：

《数字图像处理与分析》，王志明主编，分类入 TN911.73

《人脸图像信息处理与识别技术》，史东承著，分类入 TP391.412，不

宜入类TN911.73

《24小时学会Photoshop CS5图像处理》，导向工作室编著，分类入TP391.41

《达芬奇技术——数字图像/视频信号处理新平台》，彭启琮主编，分类入TN911.73

（9）总论微波技术入TN015，专论微波技术应用的入有关类。

如：微波电子管入TN12，微波元件方面入TN61，微波通信入TN925，微波加热入TM924.76，微波测量与仪表入TM931。

例：《微波技术基础》，全绍辉编著，分类入TN015

《微波器件原理》，杨祥林等编著，分类入TN12

《毫米波铁氧体器件理论与技术》，窦文斌等著，分类入TN61

《数字微波通信》，唐贤远，邓兴成编著，分类入TN925

《微波加热技术基础》，张兆镗，钟若青编译，分类入TM924.76

《微波射频测量技术基础》，李秀萍，高建军编著，分类入TM931

（10）论述通信电子电路的文献，宜入类TN7基本电子电路，不宜入类TN91通信。例：

《通信电子电路》，余萍，李然，贾惠彬编著，分类入TN7

（11）MATLAB（矩阵实验室）是MATrix LABoratory的缩写，是一款由美国The MathWorks公司出品的商业数学软件。尽管MATLAB主要用于数值运算，但利用为数众多的附加工具箱（Toolbox），它也适合不同领域的应用，例如控制系统设计与分析、图像处理、信号处理与通讯、金融建模和分析等。另外还有一个配套软件包Simulink，提供了一个可视化开发环境，常用于系统模拟、动态/嵌入式系统开发等方面。总论MATLAB软件在计算数学的应用，分类入TB115.7，不入O245；MATLAB语言是一种交互性的数学脚本语言，其语法与C/C++类似，总论MATLAB语言，分类入TP312MA；论述MATLAB软件应用到各学科领域，分类入被应用学科。例：

《工程与科学数值方法的MATLAB实现》，Steven C. Chapra著，分类

入TB115.7

《机械工程设计分析和MATLAB应用》，郭仁生等编著，分类入TH122

《MATLAB概率与数理统计分析》，何正风等编著，分类入O21

《电工原理的MATLAB实现》，黄忠霖，黄京编著，分类入TM1-39

《精通Matlab与C/C++混合程序设计》，刘维编著，分类入TP312MA

《基于MATLAB的图像处理》，于万波编著，分类入TP391.41

（12）凡从一般通信角度（通信网理论、结构、设计、网络规程、协议、网络管理与安全等问题）论述通信网的文献入TN915，凡从局域网、广域网、国际互联网角度论述计算机网的文献入TP393。

例：

《西门子PLC工业通信网络应用案例精讲》，向晓汉，陆彬编著，分类入TN915

《网络融合与交叉业务竞争研究》，胡汉辉，顾成彦著，分类入TN915

《TCP/IP网络编程技术与实例》，孙飞显主编，分类入TN915.04

《现代通信网络管理技术与实践》，韩卫占编著，分类入TN915.07

《计算机网络管理》，雷震甲编著，分类入TP393.07

《多媒体通信网络》，李国辉，涂丹，张军编著，分类入TN919.85

《IP虚拟专用网技术》，何宝宏，田辉等编著，分类入TP393.01

《VPN虚拟专用网安全实践教程》，金汉均，仲红，汪双顶编著，分类入TP393.08

（13）智能网技术是为了向通信网引入智能业务发展起来的网络技术，较多地在电话网中得到应用，如：电话卡付费业务（200业务）、被叫付费业务（800业务）、虚拟专用网业务等，入"TN915.5智能网"，移动通信智能网入TN929.5。例：

《宽带智能网》，廖建新...[等]编著，分类入TN915.5

《移动智能网》，廖建新，王晶，郭力编著，分类入TN929.5

（14）凡属通信网理论、结构、设计、网络规程、协议、网络管理与安全等问题的总论性文献均集中归入"TN915.0一般性问题"所属有关各类，例如："TN915.6接入网"只收总论性文献；凡属计算机通信网络的上述有关问题的文献则集中归入"TP393计算机网络"各类。例：

《接入网技术》，余智豪，胡春萍，李娅编著，分类入 TN915.6

《WiMAX技术原理及应用》，谢刚主编，分类入 TN915.6

注：WiMax（Worldwide Interoperability for Microwave Access），即全球微波互联接入，是一项新兴的宽带无线接入技术。

《宽带光接入技术》，原荣编著，分类入 TN915.62

《局域网技术与组网方案》，黎连业...[等]编著，分类入 TP393.1

《高校校园网管理与网上引导工作研究》，成孝予主编，分类入 TP393.18

（15）论述开关电源电路，分类入TN43半导体集成电路，而不是开关电源TN86。

例：《开关电源功率因数校正电路设计与应用实例》，周志敏，纪爱华编，分类入 TN43

（16）以"信息安全"作题名检索，在《中国分类主题词表》检索，在类号G203。

信息安全技术，侧重于密码学，密码通信协议，分类入TN918.1

例如：《现代密码学》侧重于通信安全技术概论，不分无线与有线，分类入TN918.91

例如：《无线通信安全理论与技术》，不宜入类无线网TN92

侧重于网络安全技术，不分无线与有线，分类入TP393.08

例如：《无线网络攻防原理与实践》《黑客大曝光：无线网络安全》侧重于信息资源安全管理，分类入G203

例如：《中国信息安全报告》《信息系统安全》《信息内容安全》侧重于计算机技术概论角度论述信息系统安全或计算机设备安全、数据安全、计算机病毒与防治、加密与解密，分类入TP309

例如：《信息安全概述》《访问控制原理与实践》《身份认证技术及应

用》《信息安全保密技术》从协议角度论述网络安全，入 TN915.04

例如：《安全协议模型与设计》《安全协议原理与验证》《安全协议分析与设计》侧重于软件安全，分类入 TP311.522

例如：《软件安全》侧重于电子政务信息安全，分类入 D035-39

第七节 《中国图书馆分类法》（第五版）TU类修订

一、TU大类类目修订汇总

《中图法》第五版TU类为建筑科学。

（一）修改类目[①]（见表4-20）

表4-20 《中国图书馆分类法》（第五版）TU类修改类目

修改前类目名称	修改后类目名称
TU-856（建筑艺术）与城市规划、环境布置的关系	TU-856（建筑艺术）与城市规划的关系
TU201.5 建筑节能设计	TU201.5 绿色建筑与节能设计
TU204+.1 建筑画技法	TU204.1 建筑绘画
TU204+.2 建筑工程制图	TU204.2 建筑工程制图
TU238+.1 立面处理	TU238.1 立面处理
TU238+.2 室内装饰	TU238.2 室内装饰设计
TU238+.3 室外装饰与设施	TU238.3 室外装饰与设施
TU238+.7 节日装饰	TU238.7 节日装饰

---

① 中国图书馆分类法编辑委员会. 中国图书馆分类法（第五版）[M]. 北京：国家图书馆出版社，2010.

续表

修改前类目名称	修改后类目名称
TU238+.9 其他（建筑装饰）	TU238.9 其他（建筑装饰）
TU241.91 新能源住宅	TU241.91 绿色住宅
TU262.1 拖拉机农机站	TU262+.1 拖拉机农机站
TU262.2 拖拉机农机修理厂与保养站	TU262+.2 拖拉机农机修理厂与保养站
TU262.3 简易农具厂、铁工厂、木工厂	TU262+.3 简易农具厂、铁工厂、木工厂
TU262.5 农村动力用房	TU262+.5 农村动力用房
TU311 结构力学	TU311 建筑结构力学
TU311.41 计算机辅助结构设计与计算	TU311.41 计算机辅助结构分析
TU318+.1 设计理论	TU318.1 设计理论
TU318+.2 设计经验	TU318.2 设计经验
TU318+.3 设计图	TU318.3 设计图
TU318+.4 定型化、标准化、规范化、规格标准	TU318.4 定型化、标准化、规范化、规格标准
TU318+.5 绘图、制图	TU318.5 绘图、制图
TU318+.6 计算图表	TU318.6 计算图表
TU352.1+1 抗震结构	TU352.11 抗震结构
TU352.1+2 隔震结构	TU352.12 隔震结构
TU352.1+3 防爆结构	TU352.13 防爆结构
TU525 水泥制品	TU525 及其下位类资料分类可仿 TU522.+0 分
TU528.042 外加剂	原下位类现只用于资料分类
TU528.58 纤维增强水泥	原下位类现只用于资料分类
TU531.1 木材	原下位类现只用于资料分类
TU54 耐高温材料，防火材料	原下位类现只用于资料分类
TU623 平整机械，铲运机	原下位类现只用于资料分类
TU64 混凝土机械与设备	原下位类现只用于资料分类
TU65 砖瓦砌筑机具	原下位类现只用于资料分类

续表

修改前类目名称	修改后类目名称
TU66 压实机械	原下位类现只用于资料分类
TU712 技术管理	TU712 项目管理，技术管理
	原资料法下位类现改为正式类，并修改类名
TU712+.1 施工调度管理	TU712.1 项目管理
TU712+.2 施工监督	TU712.2 施工监理与监督
TU712+.3 质量检查	TU712.3 质量管理
TU712+.4 事故检查和处理	TU712.4 工程事故分析，检查和处理
TU712+.5 工程验收	TU712.5 工程验收
TU721 施工组织	原资料法下位类现改为正式类，并修改类名
TU721+.1 施工准备工作	TU721.1 施工组织设计
TU721+.2 施工现场组织，管理工作	TU721.2 施工现场组织与管理
TU721+.3 施工组织法	TU721.3 施工组织法
TU721+.4 施工管理组织，劳动组织	TU721.4 施工管理组织，劳动组织
TU723.1 施工合同	TU723.1 施工合同及管理
TU723.2 投标	TU723.2 招标，投标
TU723.3 造价管理	TU723.3 造价管理，工程定额
TU753.6 水下基础	原下位类现只用于资料分类
TU767 建筑装饰，装修工程	原资料法下位类现改为正式类，并修改类名
TU767+.1 粉刷工程	TU767.1 粉刷工程
TU767+.2 贴面，裱糊工程	TU767.2 贴面，裱糊工程
TU767+.3 油漆，彩绘工程	TU767.3 涂装工程
TU767+.4 地板，地面铺设	TU767.4 室内细部装修
TU767+.5 外墙，屋顶装修	TU767.5 室外装修
TU767+.6 玻璃安装工程	TU767.6 各种材料的装修
TU767+.7 内部装饰	TU767.7 居室装修

续表

修改前类目名称	修改后类目名称
TU767+.8 塑造工程	TU767.8 各种风格的装修
TU767+.9 其他装修，装饰工程	TU767.9 其他装修，装饰工程
TU834.2 机械通风	原下位类现只用于资料分类
TU973 高层建筑结构	原资料法一级下位类现改为正式类，更细化下位类仍用于资料分类
TU973+.1 结构类型与体系	TU973.1 结构类型与体系
TU973+.2 结构分析与计算	TU973.2 结构分析与计算
TU973+.3 各种结构设计	TU973.3 各种结构设计
TU986.4 园林建筑	原资料法下位类现改为正式类，并修改部分类名
TU986.4+1 园门	TU986.41 园门
TU986.4+2 园路	TU986.42 园路
TU986.4+3 喷泉，瀑布，湖水，池沼，溪流	TU986.43 水景
TU986.4+4 假山，土丘，露台	TU986.44 假山，土丘，露台
TU986.4+5 庭园建筑物	TU986.45 庭园建筑物
TU986.4+6 各种辅助建筑	TU986.46 各种辅助建筑
TU986.4+7 桥，阶梯，围墙，栅栏	TU986.47 桥，阶梯，围墙，栅栏
TU986.4+8 园林小品	TU986.48 园林小品
TU986.4+9 其他	TU986.49 其他
TU992.01（排水工程）勘测，规划	TU992.01（排水工程）勘测，规划，预算

（二）停用类目（见表4-21）

表4-21 《中国图书馆分类法》（第五版）TU类停用类目

停用类号与类目名称	改入分类
TU-091.1 各时代建筑史	TU-091 世界建筑史

续表

停用类号与类目名称	改入分类
TU243.3 会议厅	TU243 行政建筑、办公建筑
TU528.063 成型工艺及设备	原下位类现停用，入上位类
TU57+3 油毡，防水卷材	原下位类现停用，入上位类
TU58+1 有机黏结剂	原下位类现停用，入上位类

（三）修订要点（见表4-22）

表4-22 《中国图书馆分类法》(第五版) TU类修订要点

"TU111.19+5 建筑能耗计算、节能标准"下的下位类均改入上位类。
"TU111.3 建筑物热工观测"下的下位类均改入上位类。
"TU112.2 建筑声学测量、实验及设计参数"下的下位类均改入上位类。
"TU112.59 声学处理及其装置"下的下位类均改入上位类。
"TU113.19+2 照明计算法及设计参数"下的下位类均改入上位类。
"TU113.2 建筑光照技术测量"下的下位类均改入上位类。
"TU113.4 光的需要与调节"下的下位类均改入上位类。
"TU113.5+4 各种建筑物、构筑物的天然采光及计算"下的下位类均改入上位类。
"TU113.6+4 照明设计原理与计算方法"下的下位类均改入上位类。
"TU113.6+5 照明计算方法"下的下位类均改入上位类。
"TU113.8 控照器材、人工光源"下的下位类均改入上位类。
喷水池设计入TU986.43。
TU7 建筑施工，增加注释，明晰下位类复分问题。
TU712 技术管理，通过立为正式类和类名修改使得分类更细化，容纳更多相关资源。
TU983 景观规划设计，增加该类目及其注释，并在相关类目"TU984 城市规划""TU984.1 城市规划布局""TU986 园林规划与建设"下增加注释，明晰相关文献的分类。

（四）修订特色

本次建筑类修订不多，有三种修订趋势比较明显。

（1）突出绿色概念。如TU201.5"建筑节能设计"类目名称改为"绿色建筑与节能设计"；TU241.91"新能源住宅"改为"绿色住宅"，对"绿色"概念的注重，反映了分类法的修订与社会发展的一致性。

（2）注重与生活的关系。生活水平提高，改善型和刚需型住房需求大量增加，室内装饰需求大量涌现，因此TU204+和TU238+由资料类目变成正式类目。

（3）近年来地震灾害的发生以及造成的灾难，引起人们对建筑抗震功能更多的关注，所以TU352.1+改成正式类目。

包括其他TU318等的修改，都是现实生活中民生改善的直接体现。结论是：分类法的修订与现实生活及社会发展息息相关。

二、TU类分类细则

（1）"TU-0建筑理论"只收建筑哲学、建筑功能理论、建筑空间理论等方面的文献。

"TU-05建筑与其他学科的关系"只收建筑与社会科学、人文科学关系的文献，建筑与艺术的关系入TU-8，建筑与自然科学各学科的关系入TU1，这是与其他类中-05外延不同的，分类时应予注意。例：

《建筑环境与能源应用工程概论》，刘立主编，分类入TU-023

《绿色建筑底线：可持续建筑的实际成本》，麦勒维尔，穆勒著，分类入TU-023

《建筑文化学六义》，王冬梅著，分类入TU-09

《晋系风土建筑彩画研究》著者张昕，分类入TU-851

《数学与建筑》，蒋声，蒋文蓓，刘浩著，分类入TU12

（2）生态建筑、绿色建筑设计入TU201.5，论述生态建筑、绿色建筑入TU18，总论生态建筑、绿色建筑、可持续建筑等人——建筑——环境之间的关系入 TU-023。例：

《生态建筑》，冉茂宇主编，分类入 TU18

《生态建筑设计指南》，斯蒂芬妮·托马斯著，分类入 TU201.5

《绿色生态建筑材料》，黄煜镔，范英儒，钱觉时等编著，分类入 TU5

《绿色建筑生态城市》，法国 AS 建筑工作室编著，分类入 TU-023

《绿色建筑概论》，刘加平，董靓，孙世钧编著，分类入 TU-023

（3）论述太阳能建筑设计入绿色住宅类 TU241.91，总论太阳能，自动化技术等在建筑中的应用入 TU18。例：

《太阳能建筑设计》，王崇杰，薛一冰等编著，分类入 TU241.91

《太阳能建筑一体化技术应用》，海涛，林波主编，分类入 TU18

（4）建筑美学入 TU-80（主要围绕建筑艺术，故入建筑艺术），城市空间入 TU984.11，建筑文化、建筑艺术史入建筑史 TU-09。中国建筑文化入中国建筑史 TU-092；中国各少数民族建筑文化入中国民族建筑史 TU-092.8 并按民族表分。例：

《建筑美学形与意》，王辉著，分类入 TU-80

《城市总体规划原理》，邹艳丽，田莉编著，分类入 TU984.11

《侗族文化的标志》，余学军著，分类入 TU-092.872

（5）总论环境艺术入 TU-856（总论环境设计入此），景观规划设计入 TU983，室内装饰设计入 TU238，景观生态学、景观美学入 P901。例：

《源于中国的现代景观设计》，俞昌斌编著，分类入 TU983

《城市景观装饰》，香港理工国际出版社主编，分类入 TU-856

《景观生态学》，何东进主编，分类入 P901

（6）建筑艺术图集非效果图，而是实际图（大部分为摄影作品）入 TU-88；效果图集入 TU204.135（大部分为电脑渲染作品）；设计图入 TU206，专类设计图入有关各类（具体带各种细节和比例尺的设计图）。例：

《屋宇霓裳：中国古代建筑装饰图说》，庄裕光主编，分类入 TU-884

《建筑细部 CAD 图集》，ThinkArchit 工作室主编，分类入 TU204.135

《世界优秀建筑设计机构精选作品集》，曾江河编，分类入 TU206

（7）电子计算机辅助建筑设计，入TU201.4；电脑建筑后期画创意入TU204.1-39。例：

《AutoCAD 2013中文版建筑设计标准教程》，张力展编著，分类入TU201.4

《AutoCAD 2012中文版建筑制图50例》，许小荣等编著，分类入TU204.1-39

（8）注意TU20不能直接类分，需要类分到下位类。

TU201.4类分计算机辅助建筑设计。

TU204.11类分各类建筑画技法（理论），包括素描、速写（一般使用铅笔、钢笔、木炭）；水彩、水粉；设计表现图（效果图表现技法）；其他类型（喷笔画、马克笔画）。

TU204.13类分建筑画作品集，注意这些是具体作品图和表现图，但不是设计图。

TU204.2类分计算机建筑工程制图。例：

《环艺设计》，邱景亮，吴静子主编，本书甄选近几年天津大学建筑学院艺术设计系三年级本科生的部分手绘作业，分类入TU204.13

《马克笔表现技法》，杨健编著，分类入TU204.11

《TArch 8.5天正建筑设计从入门到精通》，李波，吕开平编著，分类入TU201.4

《边用边学AutoCAD建筑制图》，史宇宏，张传记编著，分类入TU204.2-39

（9）TU7建筑施工注意与建筑企业管理的区别。

施工合同、造价管理、工程定额入TU723各类。

对建筑企业本身的管理入F407.9与F426.9各类。比如定额管理：一个是对工人的定额管理（企业），一个是对工程的定额计算，二者的角度和计算方法是不同的。

有关施工组织、管理入TU71/72，总论工程招标投标管理入F284，专论招投标组织管理入F407.9与F426.9等有关各类，专论建筑工程投标入

TU723.2。例：

《建设工程质量、投资、进度控制专项突破》，陈远吉，宁平主编，分类入 TU712

《工程项目成本规划与控制》，王雪青主编，分类入 F284

《建筑工程投标施工组织设计的编制》，马荣全，徐蓉主编，分类入 TU723.2

（10）TU8 建筑设备。

空调器的制造分别入 TB657.2（通用，商用等），TM925.1（家用）。

（11）景观规划设计、景观设计入 TU983（总论）。

城市景观规划入 TU984，各种区域景观入 TU984.18各类，各国景观设计入 TU982.2/.7。

道路景观设计入 U418.9；总论园林景观入 TU986，园林景观设计入 TU986.2；总论景观学，景观美学入 P901（自然景观和人文景观）；总论人文景观入 K901（历史地理的角度）；旅游景观学入 K901.7。

第五章 高校图书馆中文文献编目工作面临的变化、挑战和机遇

第一节 编目工作面临的变化

一、编目工作环境的转变：由封闭逐渐趋向开放

在图书馆系统运作中，编目工作长期扮演着不为人知的幕后角色。编目工作作为图书馆各项服务工作的基础，其工作性质决定了编目员日常主要面对的是大量待编目的图书，与外界的直接互动相对较少。随着新媒体时代到来，全球信息交流与沟通达到了前所未有的广度与深度，形成了一个真正的"地球村"。网络技术的飞速发展和新媒体平台的便捷性，使得人们能够轻松地获取世界各地的信息，仅通过几次屏幕点击，便可实现学习、交流、购物和娱乐等目的。

在这种日益开放的环境下，编目工作必须摒弃传统的封闭模式，自觉融入信息化和网络化的潮流。编目员在开展编目工作的同时，无论主观意愿如何，都不可避免地需要拓宽视野和思路，关注外界动态。编目工作所处的环境已经大大改变，编目必须与信息化、网络化紧密相连。

二、编目员角色的演变:从幕后到台前

在图书馆服务体系中,编目员的角色经历了从幕后到台前的显著变化。这一转变不仅反映了图书馆服务理念的更新,也体现了图书馆工作在新媒体时代下的创新与发展。

图书馆服务的宗旨始终是"读者至上",致力于为读者提供高质量的信息资源服务。在传统图书馆业务中,采、编、阅、藏四大环节相互协作,共同构成了图书馆服务的基础。其中,只有在"阅"这个环节,图书馆员直接与读者进行互动和接触交流。编目员的工作一直隐藏在幕后,不为人知。他们默默无闻地对馆藏资源进行整理、分类和描述,为"阅"这一环节提供必要的支撑。①

随着网络时代的到来,图书馆服务面临着前所未有的机遇和挑战。新媒体的兴起使得信息获取和交流变得更加便捷,用户对图书馆服务的需求也呈现出多样化和个性化的趋势,编目工作的核心理念也随之发生了深刻转变,从专注于文献的物理形态到注重文献内容的深度挖掘以及揭示文献之间的关联关系,以便在资源描述中融入更多评价性信息。

在新的编目工作理念下,编目员逐渐从幕后走向台前。他们不仅需要对馆藏资源进行整理和描述,还要根据读者的需求,拓展、提供参考咨询服务。他们需要对馆藏资源有深入的了解和认识,能够准确把握读者的需求,为读者提供有针对性的推荐信息和解决方案,还需要具备一定的信息技术素养,能够利用新媒体平台与读者进行交流和互动,提高服务效率和质量。

新媒体的兴起也为编目员提供了更多的机会,使其和读者的关系更加紧密。编目员可以更加便捷地与读者进行交流和互动,了解读者的需求和反馈,及时调整服务策略和方向。同时,新媒体也为编目员提供了更多的信息资源和信息获取渠道,他们可以通过网络搜索、社交媒体等方式获

---

① 崔云红,朱庆华.新媒体时代编目员面对的挑战[C]//中国图书馆学会学术研究委员会信息组织专业委员会.回顾与展望:新媒体时代下信息组织方法的创新与发展——第五届全国文献编目工作研讨会论文集[M].北京:国家图书馆出版社,2017.

取最新的文献信息和行业动态，为图书馆服务提供更加丰富和多样的资源支持。

三、编目员的素质和技能要求：新挑战与高标准

在新媒体技术的广泛应用与渗透下，编目工作的传统流程与模式正面临深刻的变化。这种变化不仅体现在编目员与外界交流得更加广泛和频繁，更体现在对编目员的专业能力和综合素质提出了前所未有的高要求。编目工作的内容不再局限于纸本文献，而是扩展到电子资源、网络资源、音像资源等多种类型的文献资源，读者对于图书馆文献信息的需求更加多元，更加个性化。

编目员的职责不再仅仅是简单的信息录入、标引和分类，编目员需要运用先进的信息技术和工具，对文献进行深度分析和挖掘，以提取出有价值的信息。从简单的书名、著者、出版社、出版年、主题分类等基本信息的揭示，到文献内容的综合、提取和整合，编目员需要具备跨学科的知识背景和丰富的专业经验，准确理解和把握文献的核心价值。

随着编目工作的内容和职责的拓展，编目员的角色也发生了深刻的变化。他们不再是单纯的文献信息的提取者，而是多学科知识与专业素养融会贯通的整合者。他们需要具备跨学科知识，能够灵活运用各种专业工具和技术，对文献进行全面的分析、评价和整合。他们需要具备良好的沟通能力和服务意识，能够积极与读者、图书馆其他工作人员和学术机构交流和合作，共同推动图书馆服务质量的提升。

从更宏观的角度看，新媒体环境不仅改变了编目员的职责和工作方式，也激发了他们的责任感和工作热情。这种变化能够使得原本传统且平凡的编目岗位焕发出新的活力与创造性，逐步成为具有广阔拓展空间的岗位。编目员可通过学习和实践，不断提高自己的专业能力和综合素质，积极参与到图书馆的创新发展中，为图书馆服务质量的提升注入新的动力，为图书馆的服务模式和业务形态创新提供有力的支持。

第二节 编目工作所面对的挑战

一、应对编目对象多样化的考验

随着阅读对象和信息获取方式的多样化，图书馆的服务对象和工作重心也在逐步转变。编目工作作为图书馆资源管理和服务的重要一环，其所面临的挑战也日益复杂。在新媒体时代，编目员不再只是简单地在封闭环境中对馆藏文献进行编目和加工，他们需要在动态、数字化的环境中对海量的、多样化的信息进行深度揭示、规范化处理与高效整合。

编目员的编目对象范畴已经远远超出了传统的图书、期刊、电子资源等文献类型，而是扩展到包括数字资源、网络资源、社交媒体等多种新兴内容形态。音频视频资源更是从传统的录像带、唱片、光盘等实物载体进化至多媒体数据库，提供更加丰富的视听体验。这些新型资源形态不仅数量庞大，而且内容复杂，给编目工作带来了前所未有的挑战。

面对这些挑战，编目员需要具备更加广泛的知识储备和更高的专业素养。编目人员需要了解各种新型资源的特点和规律，掌握相关的技术和工具，以便能够高效、准确地进行编目。编目员还需要具备敏锐的洞察力和判断力，能够筛选出有价值的信息资源，为用户提供更加精准、个性化的服务。

随着信息技术和新媒体的不断发展，编目工作也需要不断创新和改进。传统的编目方法和标准已经无法适应新媒体时代的需求，编目员需要积极探索新的编目方法和标准，以适应数字化、网络化的发展。例如，可以利用大数据、人工智能等先进技术对信息资源进行深度挖掘和分析，为读者提供更加全面、准确的信息服务。

二、应对用户层面的挑战

（一）用户检索需求的变革

传统的编目方法侧重于规则和格式，往往忽视了用户的实际需求，这在一定程度上导致图书馆用户群体的流失。2005年OCLC的调查便揭示了这一现象。调查结果显示，当时仅有1%的用户选择从图书馆网页开始信息检索。随着网络环境的持续优化和演进，用户的检索行为也发生了显著的变化。"他们希望一步到位地、无缝地、个性化地获取所需信息，不仅利用信息，还希望增值、评价、创造、与他人互动和分享信息。"[1] 当前的图书馆检索系统显然难以完全满足这些多元化的需求，因此，一场基于编目工作的深刻变革势在必行，包括编目理念的更新以及对编目规则、格式等方面进行一系列的调整和优化，以便更好地适应和满足用户的检索需求。

（二）面向用户参与的社会编目挑战

在Web 2.0的个性化浪潮中，用户生成内容（user generated content，简称UGC）崭露头角，成为新媒体时代的重要特征。UGC的概念最早起源于互联网领域，即用户将自己原创的内容通过互联网平台展示或者提供给其他用户。UGC是伴随着以个性化为主要特点的Web2.0概念而兴起的，也可叫作UCC（user-created content）。它并不是某一种具体的业务，而是一种用户使用互联网的新方式，即由原来的以下载为主变成下载和上传并重。随着互联网应用的发展，网络用户的交互作用得到更加充分的体现，在这一背景下，用户不仅是网络内容的消费者，更是网络内容的创作者和贡献者。

在图书编目领域，也出现了一种由用户参与书目建设的编目方式，称为"社会编目（social cataloging）"。社会编目作为Web2.0环境下新兴的信息组织方式，与传统编目相比，具有更大的灵活性以及汇聚大众智慧的

---

[1] 吴淑娟. 编目员的未来——元数据编目员[J]. 图书情报工作，2009, 53（19）: 92-95.

效果，为图书馆的编目模式提供了新的思路。传统的专业编目人员缺乏直接与用户交流沟通的平台，社会化编目模式的推广以及更加成熟的实现，将会减轻专业编目员的工作负担，对于深入挖掘书目信息具有重要意义，可以为用户呈现更为丰富完善的书目数据信息，提高用户信息搜索的效率和精准性。

社会编目允许用户在线检索、补充和修正书目信息，进行点评、评级、添加标签，甚至提供书评、作者介绍和上传图书封面。[①] 此外，用户还能根据个人兴趣创建小组，促进成员间的讨论、交流和分享。这种基于群体智慧的信息共享方式，无疑为社会编目带来了更加丰富和多元的数据资源。

但用户贡献编目也存在一些问题。例如：数据质量问题。用户贡献的内容可能存在不准确、不完整甚至错误的情况，这会影响到编目数据的准确性和权威性；版权和隐私保护问题。在共享内容的过程中，可能涉及版权和隐私侵犯问题，需要妥善处理。

随着用户参与度的提升，这类书目数据的数量和质量都将得到显著提升，这对传统的以编目员为主导的编目模式构成了挑战。如何有效整合用户贡献的内容，确保编目数据的准确性和权威性，成为当前编目工作面临的重要课题。

三、应对内容深度揭示与知识网络构建的挑战

传统的编目工作主要侧重于对文献进行基础性的描述性著录，包括书名、作者、出版等表面信息。尽管在著录项中，主题分析和内容附注与文献内容有所关联，但编目员在操作过程中更侧重于格式的正确性和规范性，以确保书目数据能够有序、规范地反映馆藏资源。然而，在信息化快速发展的今天，这种传统的著录方式已难以满足用户多元化的需求。

---

① 胡小菁. 编目的未来[J]. 大学图书馆学报，2008（3）：18-22+37.

《书目记录的功能需求》(简称FRBR)中定义了4项基本的"用户任务":查找、识别、选择、获取。其中"识别"和"选择"是指用户能根据编目数据对文献内容做出基本判断,因而编目数据是否能帮助用户快速准确地选择所需文献是编目工作的重要价值体现。知识关联在编目领域主要体现为书目关联,包括书目记录的关联和书目数据的关联。前者是从一条书目记录链接到其他书目记录,在有相似或相关特征的书目或不同载体形态的资源之间建立关联;后者则是首先将书目记录分解为书目数据,再将书目数据作为独立资源建立链接。①

现代读者对信息的需求已经发生了深刻的变化。他们不仅关心文献的基本信息,更关注文献的实质内容、获取途径、相关文献链接以及作者的其他作品等。特别是在碎片化阅读趋势的影响下,他们期望能够直接获取具体的知识信息,而不仅仅是文献的表面描述。因此,传统的"描述性"编目理念在海量资源组织管理和用户服务需求面前显得力不从心。

为了应对这一挑战,编目工作需要进行深刻的转变。

需要重新思考编目数据的价值。传统的编目数据主要是为了图书馆的管理和检索服务而设计的,但在新时代,编目数据的价值更多地体现在其能否有效支持用户完成查找、识别、选择和获取等核心任务上。因此,需要关注用户对信息的需求,从用户的角度出发,重新设计编目数据的结构和内容。

需要加强内容深度揭示和知识网络构建。这不仅要求编目员具备更高的专业素养和技能水平,还需要引入新的技术和工具来辅助编目工作。例如,可以利用自然语言处理、数据挖掘等技术对文献内容进行深度分析,提取关键信息和主题,形成知识节点。同时,还可以通过建立关联网络,将不同的知识节点链接起来,形成知识网络,为用户提供更为全面、深入的信息服务。

在书目关联方面,不仅要关注不同书目记录之间的链接,还要关注书

---

① 李恬.大数据理念与图书馆大数据[J].新世纪图书馆,2014(6):4.

目数据与其他资源之间的关联。例如,可以将书目数据与作者、主题、学科等领域的知识库进行关联,形成更为丰富的知识网络。这样,当用户查询某一文献时,不仅可以获取该文献的基本信息,还可以获取与之相关的其他文献、作者、主题等信息,为用户提供更为全面、深入的知识服务。

此外,为了满足用户碎片化阅读的需求,还可以将知识节点进行细分和重组,形成更为灵活、多样的信息单元。例如,可以将一篇论文中的关键段落、图表、数据等提取出来,形成独立的信息单元,为用户提供更为便捷、精准的信息服务。

编目工作需要从传统的描述性著录向内容深度揭示和知识网络构建转变,以满足新时代用户的多元化需求。这需要重新思考编目数据的价值,加强内容深度揭示和知识网络构建,并引入新的技术和工具来辅助编目工作。只有这样,才能为用户提供更为高效、便捷且富有深度的阅读体验。

第三节　编目工作如何应对挑战

一、应对编目对象多元化的策略优化与深化

随着信息技术的飞速发展,编目对象正逐渐展现出多元化的趋势,不仅包括传统的纸质文献,还涵盖了电子资源、数字出版物、社交媒体等新兴媒体内容。为了有效应对这一挑战,需要采取一系列策略来优化和深化编目工作。

深入了解和熟悉各种新兴媒体的特点至关重要。我们需要不断学习和更新知识,以便在现有编目规则体系下,以最优化的方式处理这些新兴媒体资源。不仅要了解它们的物理形态和格式,还要掌握它们的传播方式、使用习惯以及用户需求。

鉴于新媒体的特殊性,需要对现有的编目规则和标准进行审视和修

订。这包括根据新媒体的特点，对编目字段、著录规则、分类体系等进行必要的增补和调整。同时还需要关注国际上的编目动态和标准更新，确保我们的编目工作与国际接轨。在必要时，我们还可以制定新的规则和标准，以适应新媒体的发展需求。

在这一过程中，编目员的角色至关重要。他们需要保持高度的专业性和前瞻性，积极关注并深入研究相关问题。他们需要不断学习和掌握新的知识和技能，以便更好地应对编目工作的挑战。同时，他们还需要与图书馆的其他部门以及用户保持良好的沟通和协作，确保编目工作的准确性和实用性。

为了更好地适应新的编目需求，还需要熟悉并掌握新的数据格式以及多样化的知识信息组织方法。这包括了解XML、JSON、CSV等新型数据格式的特点和应用，以及掌握元数据、本体等知识组织工具的使用方法。通过运用这些新的技术和方法，我们可以更加高效地对各种形式载体的资源进行编目，并实现不同格式资源的有效整合和互操作。

需要加强编目工作的质量控制和评估。我们需要建立完善的编目质量评估体系，对编目工作的各个环节进行监督和检查。同时，我们还需要鼓励用户参与编目工作，收集他们的反馈和建议，以便不断改进和优化我们的编目工作。

二、应对用户挑战的策略探讨

需将"用户友好性"作为核心工作原则，贯穿于整个编目流程中。在编目实践中，编目员不仅要深入了解和洞察社会动态和用户需求的变化，还要敏锐地捕捉这些变化对编目工作带来的影响。根据用户环境、行为特征以及阅读习惯，编目员应灵活地调整编目策略和方法，以确保所提供的编目服务能够最大限度地满足用户的期望和需求。

编目员在编目过程中应发挥主观能动性和灵活性。虽然严格遵循编目规则能带来操作上的便捷和一致性，但为了满足用户的实际习惯和需求，有时需要突破规则的限制，灵活调整编目方式。这要求编目员不仅要具备扎实的专业知识，还要具备良好的沟通能力和创新思维，以便与用户进行有效的沟通和互动，共同推动编目工作的改进和优化。

需要转变传统的编目观念，积极引入用户参与，以用户为中心来丰富和补充图书馆的编目数据。通过建立用户反馈机制，可以及时收集用户对编目工作的意见和建议，并根据这些反馈进行有针对性的改进。同时，还可以鼓励用户参与编目工作，如开展用户编目项目，让用户自行添加、修改和完善书目信息。这种做法不仅能有效减轻专业编目员的工作负担，还能为用户提供更加个性化、精准和实用的服务。

为了进一步提高编目工作的效率和质量，编目员还应加强与其他部门的合作与沟通。例如，与采购部门合作，确保新采购的图书能够及时、准确地被编目；与流通部门合作，了解用户对图书的使用情况和需求变化；与技术部门合作，利用先进的技术手段来提高编目的自动化水平和准确性。通过多部门之间的紧密合作和协同工作，我们可以共同推动编目工作的不断改进和创新。

深入探索专业编目与用户编目之间的融合机制。在确保书目数据规范性和准确性的前提下，应妥善管理用户编目数据，通过有效的整合和筛选，将用户编目与专业编目有机结合。这不仅可以为用户提供更加全面、准确和便捷的信息服务，还可以促进编目工作的不断创新和发展。通过引入用户参与和多元合作的方式，可以共同构建一个更加完善、高效和智能的图书馆编目系统。

三、内容深度揭示与知识网络构建的策略

在当前数字化和信息化的时代背景下，编目工作的核心目标已从简单的数据录入转变为内容深度揭示与知识网络构建。编目员作为这一过程中的关键角色，其职责与任务也相应发生了变化。

确保书目数据的高质量标准是编目工作的基础。特别是在数据互联互

通的现代环境中，数据质量成为决定性的因素。面对编目工作外包增多的趋势，必须强化质量控制，严格进行数据校验，并确保规范性的执行。这要求编目员不仅要具备扎实的专业知识，还要具备高度的责任感和严谨的工作态度。

编目员需要采用多种技术手段和方法来实现从文献形式到文献内容的精准揭示。除了传统的分类和主题标引方法外，还应积极利用标签、评论、社交媒体等现代技术手段来深入挖掘文献内容。同时，为了提供更丰富的信息资源，编目员还需要做好图像、音频、视频等多媒体信息的整合和关联工作。通过关联数据技术，编目员可以将本馆资源与外部资源整合成一个庞大的知识网络，为用户提供一个全面、开放、互联的信息环境。

为了应对社会环境和用户需求的变化，编目员还需要加强对FRBR、编目规则以及新兴编目格式的理论与实践研究。这些新的理论和规则不仅有助于我们更好地理解用户需求，还能帮助我们更好地组织和管理信息资源。通过不断学习和掌握最新的理论和技术知识，可以实现书目数据从机器可读向机器可理解的转变。这样，图书馆将不仅仅是一个藏书的地方，更将成为知识网络中心，实现知识的普遍互联和共享。

在这个过程中，"需求驱动"是编目工作持续进化的内在动力。社会环境和用户需求的变迁不断给编目员带来新的挑战和机遇。为了保持竞争力，编目员需要紧跟时代步伐，打破传统思维的桎梏，拓宽视野，勇于探索和创新。在日常工作中，应注重与用户的沟通和互动，了解他们的需求，收集反馈，不断改进和优化工作方法和流程。同时，编目员还应积极寻求与其他部门的合作与协作，共同推动图书馆事业的发展。

第四节　编目工作的机遇

一、积极应对新媒体挑战，提升编目员的心理素质与适应能力

在图书馆的传统运营模式中，编目员长期担任着基础性、核心性的工作，这是一项既需要脑力又需要体力的任务。他们不仅需要精通编目规则，还需具备足够的体力以应对图书的搬运与整理工作。优秀编目员的培养，离不开长年累月的实践锤炼，通过不断的实际操作，他们对各种编目规则与理论有了深入的理解，并能根据图书的出版形式灵活运用。

随着经验的积累，每位成熟的编目员都会形成自己独特的编目习惯，而编目部门也构建了一套行之有效的培养机制。这种长期实践不仅塑造了编目员吃苦耐劳、追求卓越的品质，也使得编目工作在一定程度上形成了固定的模式。然而，这种固定的模式也带来了一定的局限性，使得编目员在面对新媒体冲击时显得较为被动。

新媒体的崛起打破了这一长期形成的稳定格局。信息和需求的瞬息万变成为新常态，要求编目员必须对现有的工作方法和流程进行相应的调整与改进。新媒体的引入无疑为编目工作带来了新的活力，但同时也对编目员提出了更高的要求。他们需要不断提升自己的综合素质，特别是心理抗压能力，以应对社会环境变化对既有工作模式带来的冲击。

在这个过程中，编目员需要认识到新媒体对图书馆行业的深远影响。新媒体不仅改变了信息的传播方式和获取途径，也改变了用户的阅读习惯和需求。编目员需要关注这些变化，及时调整自己的工作策略和方法，以满足用户的多样化需求。

编目员可能由于深受传统图书馆观念的影响，对编目工作的认知存在局限性。长期的工作习惯使他们面对新事物时显得较为保守，难以迅速融入新的工作模式。对新时代编目员的职责、权利、义务等缺乏明确的认

识,导致角色定位模糊,产生焦虑与抵触心理。

为了克服这些困难,编目员需要主动寻求变革和创新。可以通过参加培训、阅读相关书籍和文章、与同行交流等方式,了解新媒体的发展趋势和应用场景,掌握新的工作技能和方法。同时,编目员还需要学会调整自己的心态,以更加开放、包容和积极的心态面对新媒体带来的挑战。

图书馆管理层也应该加强对编目员的支持和引导。一方面,可以为编目员提供必要的培训资源和学习机会,帮助他们适应新媒体环境下的工作要求。另一方面,管理层应建立和完善激励机制,鼓励编目员积极创新、勇于探索,提高图书馆编目工作的效能。

面对新媒体的挑战,编目员需要不断提升自己的心理素质和适应能力。通过主动寻求变革和创新、积极学习新知识和技能、调整自己的心态和角色定位等方式,编目员可以更好地适应新媒体环境下的工作要求,为图书馆事业的发展贡献自己的力量。

二、深化新媒体认知,强化以读者需求为导向的服务观念

在当今新媒体时代背景下,编目员的角色和职责正经历着前所未有的变革。他们不仅需要摒弃传统的图书编目与借阅者隔绝、服务读者仅由参考咨询人员负责的观念,还需要更加深入地理解和融入新媒体环境,以满足日益增长的读者需求。

编目工作是读者与馆藏文献信息之间的桥梁,编目工作的目的就是将无序的文献信息有序化,使编目后的文献按照一定的顺序排列,编制目录提供给读者查阅。目录编制要考虑到读者的检索习惯,提供全面合理方便的检索点,提高检索效率。编目工作也为图书馆的各项读者服务工作提供支持,新书推荐、馆际互借、学科服务、阅览借阅等工作都依赖于高质量的编目工作。①

---

① 张茵.以读者至上理念进行编目工作探讨[C]//地方版文献联合采编协作网编,文献编目工作的继承与变革,北京:国家图书馆出版社,2012.

在开展编目工作时，编目员应确立以读者需求为核心的服务理念，并全面提升自身的专业素养。他们不仅要精通编目规则，还需紧跟学科发展的最新动态，了解读者在新媒体环境下的阅读习惯和检索偏好。通过深入理解并灵活运用各类编目规则，编目员可以将这些规则与读者的实际需求相结合，为读者提供更加精准、便捷的检索服务。

除了确保著录工作的准确性、全面性和完善性外，编目员还应深入探究图书内容，力求从多个维度揭示图书的内涵。他们可以通过阅读图书、分析内容、研究读者反馈等方式，加深对图书内容的理解，并尝试从多个不同角度对图书进行揭示。这样不仅可以提高检索结果的精确度，还可以为读者提供更加全面、深入的信息资源。

"以读者为本"不仅是编目工作的核心理念，也是新时代社会发展的必然趋势。这一理念强调以用户为中心，注重用户需求，致力于为用户提供更加便捷、高效的服务。在编目领域，这一理念要求编目员始终将读者需求放在首位，关注读者的阅读需求和检索习惯，积极研究读者的反馈和建议，不断优化编目工作和服务质量。

为实现以读者需求为导向的服务观念转变，编目员需要关注互联网时代下读者需求的新趋势。可以通过微博、微信等新媒体平台了解读者的阅读偏好、需求变化以及使用图书馆的新方式。同时，编目员还应积极研究读者阅读习惯的改变和图书馆使用的新需求，以更好地满足读者的个性化需求。

编目员还应树立主动服务新媒体时代读者的意识。应摒弃仅为到馆读者提供服务的观念，积极拓展服务渠道和方式，利用新媒体技术为读者提供更加便捷、高效的服务。例如，编目员可以通过图书馆网站、移动应用等渠道为读者提供在线咨询、资源推荐等服务，吸引更多读者使用图书馆资源。

三、加强编目工作中新技术的整合与应用

在网络化时代,图书馆编目工作的实施方式正经历着显著的转变。除了继续依赖人工的原始数据录入外,共建共享的理念已深入人心,编目工作的联机协作模式已全面展开。这一模式不仅提高了编目工作的效率,也加强了各图书馆之间的合作与交流,共同促进了编目工作的标准化和规范化。

"套录"与"下载"书目数据已成为编目流程中不可或缺的一环。这些方式通过利用已有的、经过标准化处理的书目数据,大大减少了编目员的工作量,提高了数据录入的准确性和一致性。同时,也为编目员提供了更多时间和精力去关注图书内容的深度揭示和读者服务。

随着计算机技术的飞速发展,原本完全依赖于人工的著录编目流程正逐步向自动化、智能化转变。许多大型图书馆纷纷引入计算机辅助系统进行自动著录编目。这些系统利用图像识别、自然语言处理等技术,能够自动识别图书信息、提取关键词、生成摘要等,极大地提高了编目工作的效率和准确性。

当图书馆系统与互联网相连后,图书的基本信息如书名、作者、ISBN号、分类等便可自动录入图书馆的系统中。操作员仅需进行简单的配置和审核,即可高效完成著录编目任务。这不仅提高了编目工作的效率,也降低了人为错误的可能性。

随着新技术的广泛应用,传统的编目工作正逐步向边缘化过渡。而编目工作的最终目的是提供书目情报服务,满足读者的需求。在新媒体时代,人们更加注重的是信息的情报价值,而非单纯的信息载体揭示。因此,编目工作对文献的揭示正逐渐从实体描述转向深度揭示。

面对这一趋势,编目员不仅需正视现实,更应积极拥抱新技术。通过新技术的整合与应用,编目员可以从繁重的著录工作中解放出来,转而投入到为读者提供更高质量的"知识服务"中去。这包括利用大数据技术挖掘读者的阅读习惯和偏好,为他们推荐合适的图书和文献;利用社交媒体

等新媒体平台与读者进行互动和交流，了解他们的需求和反馈；以及利用虚拟现实、增强现实等技术为读者提供更加沉浸式的阅读体验等。

编目员还需要不断提升自身的专业素养和技能水平，以适应新技术的发展和应用。他们需要掌握最新的编目规则和标准，了解最新的信息技术和工具，以及具备较强的数据分析和处理能力。只有这样，他们才能更好地利用新技术为编目工作提供支持，为读者提供更加优质的服务。

加强编目工作中新技术的整合与应用是图书馆编目工作的重要发展方向。通过引入新技术、优化工作流程、提升专业素养等方式，编目员可以不断提高编目工作的效率和质量，为读者提供更加全面、准确、便捷的服务。

四、强化编目员业务培训，提升其新媒体时代适应性

编目技术服务作为图书馆技术服务的基石，在图书馆整体运营中占据着重要的地位，对于提升图书馆的服务质量和科研能力具有决定性的作用。随着信息时代的到来，技术的飞速发展不仅使图书馆有了全新的功能与角色，同时也为编目工作注入了新的活力，使其面临着前所未有的机遇与挑战。在这一背景下，编目员的综合素质和业务能力显得尤为重要。

编目员应深刻认识到终身学习的重要性，并积极参与各类业务培训。通过系统的学习和实践，不断更新自己的知识体系，了解和掌握编目领域的新标准、新趋势，以奠定坚实的专业理论基础。同时，编目员还应注重理论与实践的结合，将所学知识有效运用于实际工作中，以发挥现代编目工作的优势，提高编目工作的效率和质量。

编目员还需进一步提升综合素质。新媒体时代对编目员的要求更加多元化和全面化，包括出色的外语能力、精湛的计算机操作技能、敏锐的信息感知能力以及强大的学习沟通能力等。这些素质的提升将有助于编目员更好地适应新媒体时代的发展需求，为读者提供更高质量的服务。

为了实现编目员综合素质的提升，图书馆应采取多种措施加强编目员的业务培训。一方面，可以邀请行业内的专家学者来图书馆举办讲座或研讨会，为编目员提供最新的行业信息和前沿技术。另一方面，可以组织编目员参加各类培训班或进修课程，帮助他们系统地学习和掌握编目领域的新知识、新技能。此外，图书馆还可以鼓励编目员积极参与学术交流活动，与同行进行交流和分享，拓宽视野，提升学术水平。

除了业务培训外，图书馆还应注重编目员的实践锻炼和职业发展。可以安排编目员参与图书馆的课题研究或项目实践，让他们在实践中学习和成长。同时，图书馆还应为编目员提供职业发展的机会和平台，如设立晋升通道、提供晋升机会等，激励他们不断提升自己的业务能力和综合素质。

强化编目员的业务培训，提升其新媒体时代的适应性是图书馆发展的重要任务之一。通过加强编目员的业务培训、提高他们的综合素质和业务能力，图书馆将能够更好地应对新媒体时代的挑战和机遇，为读者提供更高质量的服务和更加丰富的文献资源。

五、构建参与氛围，创造编目员服务读者的契机

服务是图书馆工作永恒的主题，而编目员作为图书馆服务体系中不可或缺的一部分，其角色和定位在新媒体时代愈发重要。随着社会的进步与新媒体的崛起，读者需求日趋多样化和个性化，这对图书馆服务模式和内容提出了新的挑战和机遇。在这一背景下，编目员的角色和职能也需要进行相应的调整和创新，以更好地适应读者需求的变化。

编目员应树立积极主动的参与意识，在立足编目基础性工作的同时，还要时刻关注编目领域的新变化，关注读者对图书馆需求的新变化，拓展和丰富工作内容，注重与直接服务读者一线的阅览部门和参考咨询部门的同事及时进行沟通，拓展业务合作。

编目员的工作与书目数据库建设密切相关，对图书馆的馆藏结构、分

类体系及文献内容有着深入而全面的了解。在日常编目工作中，培养了扎实的情报信息检索能力，这使得编目员稍加培训就能成为优秀的参考咨询人员。然而，传统上编目员的工作更多是局限于后台的数据处理和分类工作，与读者直接接触和交流的机会较少。

为了创造编目员服务读者的契机，图书馆需要积极构建一种鼓励编目员参与读者服务的氛围。这可以通过组织多样化的读者活动、设立编目员咨询窗口、加强编目员与读者之间的沟通等方式实现。通过这些活动，编目员可以更加直接地了解读者的需求和期望，从而为他们提供更加精准和个性化的服务。

图书馆应为编目员提供必要的培训和支持，帮助他们提升服务读者的能力和水平。这包括提高编目员的沟通能力、增强他们的服务意识、培养他们的创新思维和团队协作能力等。通过培训，编目员可以更加自信地面对读者，更加有效地解决问题，提供更加优质的服务。

在新媒体时代，图书馆传统编目工作逐渐边缘化，但编目员的作用和价值并未减弱。相反，随着图书馆向数字化、网络化和智能化方向发展，编目员的工作内容和服务方式也将发生深刻的变化。编目工作者应抓住新技术带来的机遇，积极学习应用新媒体平台，拓展服务渠道和内容。他们可以通过开设在线课程、编写电子教程、参与社交媒体互动等方式，为读者提供更加便捷、高效的服务。同时，编目员还应不断探索新的编目方法和工具，提高编目效率和质量，为图书馆的发展贡献力量。

图书馆各个部门和岗位之间应加强合作与交流，共同推动图书馆服务的创新与发展。编目员可以与阅览、咨询等一线服务部门的同事进行密切合作，共同为读者提供更加全面、深入的服务。同时，图书馆管理层也应给予编目员足够的支持和关注，为他们提供必要的资源和平台，帮助他们实现自我价值和发展。

构建参与氛围，创造编目员服务读者的契机是图书馆在新媒体时代实现服务升级和转型的重要举措。通过加强编目员的业务培训、提升他们的服务能力和水平、拓展服务渠道和内容，以及加强部门之间的合作与交流，图书馆可以为读者提供更加优质、高效的服务，实现自身的发展目标。这不仅有助于提升图书馆的竞争力，也有助于满足读者日益增长的需求，推动图书馆事业的持续发展。

参考文献

专著

[1] 朱青青.中文图书编目理论与实践[M],北京：知识产权出版社有限责任公司，2020.

[2] 李晓新.新编文献编目[M],天津：南开大学出版社，2006.

[3] 卢炎香.普通中文图书的编目技巧及实战案例[M].北京：光明日报出版社，2018.

[4] 刘小玲.CNMARC书目数据编制方法及操作实例[M].北京：国家图书馆出版社，2008.

[5] 沈阳市图书馆.中文普通图书CNMARC格式实用图例[M].北京：国家图书馆出版社，2016.

[6] 万爱雯.中文图书机读编目规则与实践[M].北京：知识出版社，2012.

[7] CALIS联机合作编目中心.CALIS中文图书编目业务培训教材（普通班）[M].2009.

[8] 国家图书馆《中国图书馆分类法》编辑委员会.中国图书馆分类法（第5版）[M].北京：国家图书馆出版社，2010.

[9] 潘太明，朱岩，宋华斐.中国机读目录格式使用手册[M].北京：科学技术文献出版社，2001.

[10]熊光莹.计算机编目技术手册[M].北京：北京图书馆出版社，

1999.

[11]全国图书馆联合编目中心,国家图书馆图书采选编目部.中文图书机读目录格式使用手册[M].北京:华艺出版社,2000.

[12]富平.中文普通图书编目手册[M].北京:北京图书馆图书采选编目部,1998.

[13]王松林.现代文献编目[M].北京:书目文献出版社,1996.

[14]刁维汉.现代文献编目教程[M].上海:华东师范大学出版社,1994.

[15]韦衣昶.普通图书机读书目数据[M].北京:北京图书馆出版社,2003.

[16]北京图书馆《中国机读目录格式使用手册》编委会.中国机读目录格式使用手册[M].北京:华艺出版社,1995.

[17]张明东,喻乒乒,潘筠.CALIS联机合作编目手册例解(中文部分)[M].北京:北京大学出版社,2004.

[18]谢琴芳.CALIS联机合作编目手册(上册)[M].北京:北京大学出版社,2000.

[19]安徽省质量技术监督局,安徽省标准化院.标准化知识与实务[M].北京:中国标准出版社,2014.

[20]李学京.标准与标准化教程[M].北京:中国标准出版社,2010.

[21]李春田,房庆,王平.标准化概论(第7版)[M].北京:中国人民大学出版社,2022.

[22]上海市标准化研究院,中国标准化协会,上海信星认证培训中心.标准化实用教程[M].北京:中国质检出版社,中国标准出版社,2011.

[23]国家标准技术审查部.标准研制与审查[M].北京:中国标准出版社,2013.

[24]中国标准化研究院国家标准馆.国际标准分类法ICS(第七版)[M].北京:中国标准出版社,2019.

[25]中国标准出版社,全国标准化原理与方法标准化技术委员会.标

准化工作导则国家标准汇编（第七版）[M].北京：中国标准出版社，2020.

[26]国家图书馆.新版中国机读目录格式使用手册[M].北京：北京图书馆出版社，2004.

[27]刘峥,音像电子资源编目工作实例解析[M].北京：地质出版社，2022.

[28]中国图书馆分类法编辑委员会.中国图书馆分类法（第4版）[M].北京：北京图书馆出版社，1999.

[29]陈季修，赵韵玲.工商行政管理新论[M].北京：中国人民大学出版社，2009.

[30]林木.我在北大读国际MBA[M].北京：现代出版社，2009.

[31]中国图书馆分类法编辑委员会.《中国图书馆分类法》（第四版）使用手册[M].北京：北京图书馆出版社，1999.

[32]俞君立，陈树年.文献分类学[M].武汉：武汉大学出版社，2002.

[33]地方版文献联合采编协作网.文献编目工作的继承与变革[M].北京：国家图书馆出版社，2012.

[34]国家图书馆中文采编部.编目：新的变化与应对之策——第三届全国文献编目工作研讨会论文集[M].北京：国家图书馆出版社，2013.

[35]万爱雯，周建清.图书馆资源建设与编目工作研究[M].北京：当代中国出版社，2013.

[36]苏品红，陆希泰.测绘制图资料机读目录格式使用手册[M].北京：北京图书馆出版社，2004.

期刊论文类

[1]孙更新，张燕飞，《国际标准书目著录（2011年统一版）》的新变化——纪念ISBD发表40周年[J].图书情报知识，2013（06）.

[2]林明.《国际编目原则声明》的几点重要修改[J].大学图书馆学报，2010（04）.

[3] 顾犇.《国际标准书目著录》统一版之更新版引发的思考[J].图书馆建设，2023（05）.

[4] 张秀兰，我国文献编目规则的历史沿革[J].图书馆论坛，2016（10）.

[5] 卜书庆，汪东波.网络时代《中国分类主题词表》的发展与应用[J].图书情报工作，2005（07）.

[6] 曾伟忠，刘琼琼，洪芳林，等.《中国文献编目规则（第二版）》电子资源与ISBD（ER）、ISBD（统一版）著录方式的比较[J].图书馆理论与实践，2019（06）.

[7] 崔江，崔波.多卷书的集中和分散著录与标引[J].情报杂志，2004（05）.

[8] 裴成发，李嘉琳.中国数字图书馆建设的现状与策略研究[J].图书馆建设，2002（05）.

[9] 柯平，陈学清，陈成桂.数字化环境下编目工作的变化及对策[J].图书与情报，2004（05）.

[10] 韩宁，杨鸣放.网络环境下公共图书馆联合编目工作探要[J].图书馆学刊，2006（02）.

[11] 夏红兵.也谈多卷书的CNMARC著录——兼与崔江、崔波二君商榷[J].图书馆建设，2005（4）.

[12] 段燕，王虹.谈谈中文多卷书CNMARC著录[J].甘肃广播电视大学学报，2014，24（04）.

[13] 库睿.丛书与多卷书的辨识与著录——以西安医学院图书馆为例[J].科技情报开发与经济，2014，24（17）.

[14] 邓福泉.多卷书著录应坚持"五化"[J].国家图书馆学刊，2012（06）.

[15] 陈松喜.丛书、多卷书编目实践的差异及思考[J].图书馆建设，2011（02）.

[16] 卜延庆.中文合订期刊分类著录问题探析[J].赤峰学院学报（自然

科学版），2014（01）.

[17]朱玉玲.关于集中著录与分散著录适用范围的探讨[J].图书馆学研究，2002（06）.

[18]蔡蓉华.连续出版物编目难点解析[J].大学图书馆学报，1996，14（04）.

[19]杜建华.译著文献题名检索点著录之我见[J].图书馆杂志，2008（05）.

[20]司徒凯.关于并列题名的CNMARC规范著录[J].图书馆工作与研究，2007（06）.

[21]邱轶.中文普通图书计算机著录中若干问题的处理[J].图书馆，2008（06）.

[22]郁笑春.关于CNMARC中普通图书责任者规范著录的探讨[J].图书馆理论与实践，2007（03）.

[23]朱晓燕.译著文献编目著录探析[J].情报探索，2010（07）.

[24]刘琨，白福春.标准文献著录研究——兼论CALIS和国家图书馆著录之差异[J].图书馆建设，2014（12）.

[25]周洁.标准文献分类规则研究与例证[J].中国标准化，2017（12）.

[26]詹达天.标准文献分类号[J].电信网技术，1998（02）.

[27]王德银.GreyNet灰色文献服务实践及其启示[J].图书馆建设，2019（02）.

[28]马学立.灰色文献内涵与外延的辨析及界定——关于文献等级结构研究系列之三[J].图书馆建设，2003（01）.

[29]刘锦山.第一届全国灰色文献年会综述[J].图书馆建设，2019（02）.

[30]赵志刚.国家图书馆非正式出版物收藏的国内外比较[J].图书情报知识，2011（04）.

[31]张天亮，姜文.非正式出版文献的种类、特点与开发利用[J].图书情报知识，1989（01）.

[32]马宏惠,伍亚萍.影像资料的CNMARC著录格式[J].新世纪图书馆,2006(06).

[33]王冠华.影像资料CNMARC著录格式例析[J].图书馆工作与研究,2006(01).

[34]苏新宁.音像资料的MARC格式研究[J].中国图书馆学报,2000(03).

[35]梁静.录音、影像资料的CNMARC格式例析[J].现代情报,2004(02).

[36]周明.影像资料主题标引问题分析[J].图书馆学研究,2004(04).

[37]杨艳红,赵会平,钱春元,等,音像制品和机读资料的部分编目字段使用探讨,大学图书情报学刊,2005.23(05).

[38]方习国.《中图法》法律类的类目设置[J].大学图书情报学刊,2000(02).

[39]何杰锋.《中图法》第四版法律类问题研究[J].图书馆论坛,2006(01).

[40]何少真.《中图法》(第5版)法律类的更新[J].图书馆学刊,2011,33(03).

[41]陈晓红.MBA教育的起源、本质和发展趋势[J].现代大学教育,2002(03).

[42]罗国亮,于立海.MBA的发展变化及应对措施——以华北电力大学MBA教育中心为例[J].中国电力教育,2010年第28期.

[43]陈淑英.初级阶段的社会主义工商行政管理的浅析[J].商场现代化,2007(24).

[44]史慧恩,张群,李群霞.国内外工商管理现状比较及发展建议[J].中国科技论坛,2007(09).

[45]朱晓燕,宋登汉.关于MBA类图书在《中国图书馆分类法》(第五版)中合理归类的探讨[J].图书馆论坛,2011,31(05).

[46]卜书庆 汪东波.《中国图书馆分类法》(第四版)修订构想[J].国

家图书馆学刊，2008（02）.

[47]吴海燕.简评《中图法》第四版的变化[J].大学图书馆学报，2004（03）.

[48]韩立栋，贾西梅，谢瑞霞，等.《中国图书馆分类法》第4版修订的增补统计分析[J].图书情报工作，2000（07）.

[49]曾德良.关于《中图法》第四版类名规范化研究[J].中国图书馆学报，2006（05）.

[50]《中国图书馆分类法》（第四版）使用手册[J].北京图书馆分类法，1999：376.

[51]陈晓波.分类法类目名称和类目注释的规范化问题[J].图书馆杂志，2003（04）.

[52]曹玉强.关于《中图法》1207.22诗歌等类目设置问题的探讨[J].图书馆论坛，2007（02）.

[53]杨柏婷，金晓东，罗葆森等.关于个人计算机类图书分类的一点看法[J].图书馆建设，2000（02）.

[54]孔正毅，张喧.试析网络语言的构成特征及其编辑管理[J].中国出版，2010（09）.

[55]朱晓燕.浅谈《中国图书馆分类法》（第五版）TP类的修订[J].图书馆论坛，2012，32（02）.

[56]吴淑娟.编目员的未来——元数据编目员[J].图书情报工作，2009（19）.

[57]胡小菁.编目的未来[J].大学图书馆学报，2008（03）.

[58]李恬.大数据理念与图书馆大数据[J].新世纪图书馆，2014（06）.

[59]曲美艳，苏敏静.中文电子版地图的CNMARC格式著录方法探讨[J].现代科技信息，2018，2（06）.

[60]曲艳华，曲美艳.中文地图的编目经验谈[J].魅力中国，2016（27）.

[61]张立功.浅谈地图资料的CNMARC格式著录[J].硅谷，2011（03）.

学位论文

何乐.数字环境下我国文献编目工作的变革与创新研究[D].南昌:南昌大学,2017.

国家标准

GB/T 3860-2009.文献主题标引规则[S].北京:中国标准出版社,2009.